问题青少年教育矫正管理丛书　主编◎苏春景

EDUCATION,CORRECTION AND MANAGEMENT OF PROBLEM YOUTH SERIES

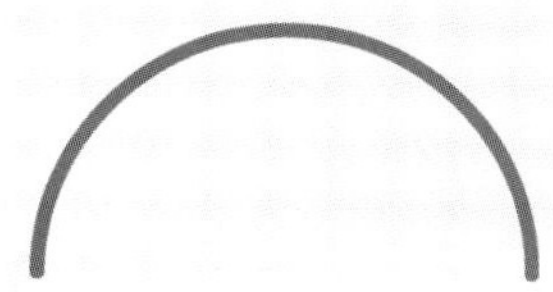

青少年犯罪与
教育矫正管理研究

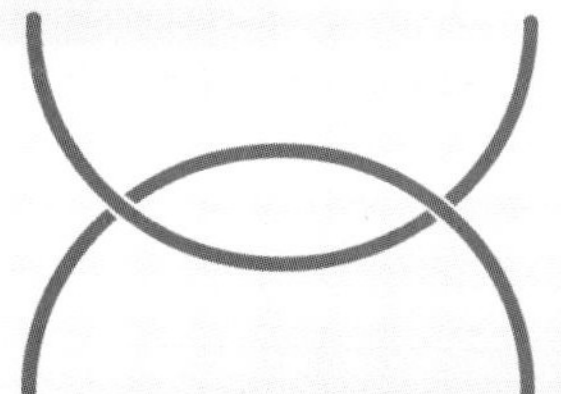

张济洲◎著

中国社会科学出版社

图书在版编目（CIP）数据

青少年犯罪与教育矫正管理研究／张济洲著．—北京：中国社会科学出版社，2018.7

ISBN 978－7－5203－2743－5

Ⅰ.①青…　Ⅱ.①张…　Ⅲ.①青少年犯罪—监督改造—研究—中国　Ⅳ.①D669.5

中国版本图书馆 CIP 数据核字(2018)第 146448 号

出 版 人　赵剑英
责任编辑　张　林
特约编辑　张艳红
责任校对　周晓东
责任印制　戴　宽

出　　版　中国社会科学出版社
社　　址　北京鼓楼西大街甲 158 号
邮　　编　100720
网　　址　http://www.csspw.cn
发 行 部　010－84083685
门 市 部　010－84029450
经　　销　新华书店及其他书店

印　　刷　北京明恒达印务有限公司
装　　订　廊坊市广阳区广增装订厂
版　　次　2018 年 7 月第 1 版
印　　次　2018 年 7 月第 1 次印刷

开　　本　710×1000　1/16
印　　张　16.25
插　　页　2
字　　数　251 千字
定　　价　69.00 元

问题青少年教育矫正管理丛书

主　　编：苏春景

副 主 编：郑淑杰　张济洲

编委会名单：（按姓氏笔画为序）

王　丹　王陵宇　孔海燕　苏春景

李克信　张济洲　郑淑杰　单爱慧

梁　静　董颖红

目　录

第一章

当前青少年犯罪特点及其理论研究走向

21世纪以来，我国社会正处于全面深化改革的转型期，社会利益关系急剧调整和各种社会矛盾凸显，违法犯罪频发。在此背景下，青少年作为特殊的社会群体，心智尚未定型，是非观念尚未健全，如果不能得到及时正确的引导，很可能将成为违法犯罪的高危群体。近年来，青少年犯罪低龄化、暴力化和团伙化日趋严重，2016年中共中央办公厅、国务院办公厅印发了《关于进一步深化预防青少年违法犯罪工作的意见》，强调加强对青少年犯罪的预防与控制，青少年犯罪问题引起社会各界日益关注。

青少年犯罪这一概念尚未在法律上作出明确的表述和界定，许多学者对这一概念只是学理上的解释，而非法律上的定义。青少年犯罪这一概念有广义和狭义之分，狭义的是指14周岁到25周岁之间实施的危害社会并应受到刑罚处罚的行为。广义的青少年犯罪从犯罪学的角度而言，不仅包括青少年所实施的触犯刑事法律的犯罪行为，也包括青少年所实施的触犯社会治安管理法规的违法行为，甚至还包括违反道德的不良行为。①

第一节　当前我国青少年犯罪现状分析

青少年犯罪是映射社会变迁的缩影，当社会文明趋向于更高的阶段

① 康树华：《青少年犯罪——未成年人犯罪的界定与涵义》，《公安学刊》2000年第2期。

时，社会性越轨的可能性就越大。青少年特有的生理和心理特点，如性早熟、猎奇心强、心理不成熟、模仿性强、感情易于冲动等。强化社会性越轨或犯罪倾向的可能性，对青少年犯罪现状的数量分析，为预防和治理青少年犯罪提供了可靠的依据。

一　我国青少年犯罪量化分析

从 2000—2007 年，我国青少年犯罪的数量总体逐渐升高，18—25 岁的青少年犯罪数量显著高于未满 18 岁的未成年。但是未满 18 岁的未成年犯罪总数增加较快，从 2000 年 41709 人上升至 2007 年 87525 人，七年之间未满 18 岁未成年犯罪人数上升 1 倍多。2007 年未成年犯罪总数占青少年犯罪总数的 38%（见表 1.1）。

表 1.1　　2000—2007 年全国法院审理青少年犯罪情况统计表　　（单位：人）

	2000 年	2001 年	2002 年	2003 年	2004 年	2005 年	2006 年	2007 年
未满 18 岁	41709	49883	50030	58870	70144	82721	83697	87525
18—25 岁	179272	203582	167879	172845	178984	203249	219934	228872

从表 1.2 中可以清楚地看出，2008—2014 年不满 18 岁青少年罪犯占青少年罪犯比重在逐年下降。自 2008 年以后，我国青少年犯罪的数量总体呈现逐渐下降趋势，从 2008—2014 年，我国青少年犯罪总数从 322011 人下降至 249576 人；不满 18 岁未成年人犯罪总数从 88891 人降至 50415 人，不满 18 岁未成年人犯罪数量占青少年犯罪总数的比重从 27.6% 下降至 20.2%，6 年间下降了 7.4%。

表 1.2　　2008—2014 年全国法院审理青少年犯罪情况统计表　　（单位：人）

	2008 年	2009 年	2010 年	2011 年	2012 年	2013 年	2014 年
未满 18 岁	88891	77604	68193	67280	63782	55817	50415
青少年犯罪总数	322011	302023	287978	282429	282990	265439	249576
未满 18 岁所占比重	27.60%	25.69%	23.68%	23.82%	22.54%	21.03%	20.20%

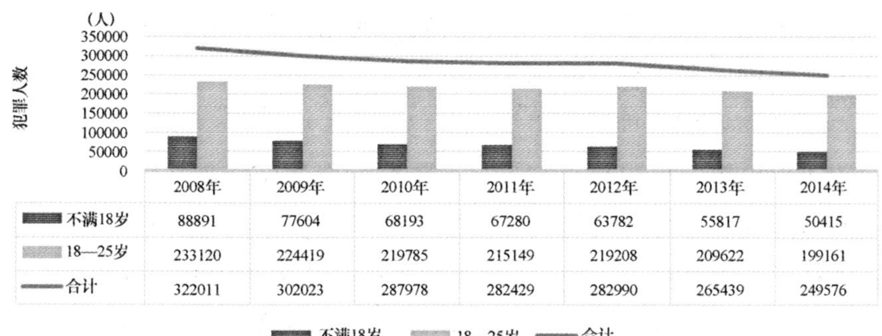

	2008年	2009年	2010年	2011年	2012年	2013年	2014年
不满18岁	88891	77604	68193	67280	63782	55817	50415
18—25岁	233120	224419	219785	215149	219208	209622	199161
合计	322011	302023	287978	282429	282990	265439	249576

图 1.1　2008—2014 年全国法院审理青少年犯罪情况统计

图 1.1 显示，从 2008—2014 年，我国 18—25 岁青年犯罪人数从 233120 人下降至 199161 人，18—25 岁青年犯罪总数占青少年犯罪的比重从 72.4% 上升至 79.8%。18—25 岁青年犯罪比重增加 7.4 个百分点，明显高于未成人犯罪减少的百分点。这表明我国青少年犯罪总体趋势呈现减缓态势，但是青少年犯罪基数仍然过大，青年犯罪比重呈现升高问题，预防青少年犯罪仍然是一个不容松懈的任务。

二　当前我国青少年犯罪特点

青少年犯罪是一个发展的、渐进的过程，最初往往表现为不健康的生活方式和问题行为，逐步发展到精神空虚、行为失范、结交不良同伴，社会联结弱化乃至断裂，最终走上违法犯罪的歧途。与其他年龄段的犯罪相比，青少年犯罪具有一些明显的特点，使用暴力手段明显高于成年人，盗窃、抢劫、故意伤害、强奸、寻衅滋事等犯罪行为高于成年人。

1. 青少年犯罪手段呈现暴力化

当前我国青少年犯罪的一个明显特点是，犯罪手段暴力化。在实施犯罪的过程中，青少年往往表现为不计后果，思维简单，只图一时之快，犯罪手段极为恶劣、残忍，伴随着很大的破坏性，故意杀人、故意伤人、强奸、绑架等案件频发。2015 年全国法院新收青少年故意杀人罪案件 10187 件，青少年故意伤害罪案件 122209 件，青少年强奸罪案件 21252 件，青少年绑架罪案件 787 件。[①] 近年来，青少年抢劫犯罪的犯罪手段由

① 资料来源：《人民法院报》2016 年 3 月 18 日。

原来的仅仅凭借拳脚施暴、口头威胁转向使用致命武器作案，由“温和型”犯罪转向“暴力型”犯罪。

2. 青少年犯罪表现呈现团伙化

由于青少年喜欢与年龄相仿、趣味相投的伙伴聚集在一起，但自己又不具备辨别善恶是非的能力，不能抵制诱惑，极其容易与小伙伴一起走上违法犯罪的道路，一些未成年犯罪人员往往是在校的“双差生”、辍学生和流失生。这些孩子一开始可能只是有些小偷小摸的不良行为，形成团伙以后，觉得自己和哥们儿有力量了，胆子大起来了，由原来偷窃犯罪转变为多种犯罪。据有关部门调查，在青少年犯罪案件中，有60%—70%属于团伙犯罪。广西百色市右江区人民法院2006—2010年未成年人犯罪调研报告中称：2006—2010年在所有117名的未成年犯中，有63人是团伙作案，占总数的54%。而在88起未成年人犯罪案件中，团伙作案有32件，占总件数的36.4%。①

3. 青少年犯罪成员趋于低龄化

随着社会经济的发展，生活水平的提高，未成年人的发育年龄提前；智能社会的到来，网络文化的影响，未成年人频繁接触不利于心理发展的知识，很容易走上不法道路。近年来，不满18周岁的未成年人实施杀人、强奸、抢劫等严重危害社会的案件频发。据有关资料显示，14—16周岁为作案高发年龄段，甚至有些青少年的不良行为已经在10周岁左右就出现。我国青少年犯罪的年龄发展态势一般是10—12岁开始有劣迹，13—14岁走上违法犯罪道路，14—17岁成为违法犯罪的高峰年龄，18岁以后成为违法犯罪的主力军。②

4. 青少年侵财类型犯罪比例高

在全部犯罪类型中，侵财犯罪的比例均居各类犯罪之首，青少年作案是以贪财为目的，作案目标是侵占公私财物。他们不懂或不顾作案所造成的严重后果，2001年全国未成年犯抽样调查结果显示，属侵财犯罪

① 罗永碧：《让未成年人健康成长——浅析未成年人犯罪的特点》，http：//www. chinaqking. com/yc/2011/198428. html。

② 罗大华、马皑：《犯罪心理学》，中国人民大学出版社2012年版，第131页。

的“抢劫”“盗窃”“诈骗”“敲诈”“贩毒”五种罪名合计占77.6%。[1]有案例显示，登封市未成年人犯罪主要集中在侵犯财产性犯罪，2007—2010年4月涉案未成年人中，盗窃、抢劫、诈骗、敲诈勒索等侵财犯罪占239人，占全部涉案人数的63.06%，尤其是“两抢一盗”案件占到侵犯财产性犯罪的98.74%。[2]

5. 青少年犯罪动机呈现偶发性

青少年犯罪易为诱因直接引发的欲望所驱使，一般伴随着突发性和偶发性色彩。青少年犯罪动机不明确，激情性犯罪的比例较大，他们对行为的后果往往缺乏考虑，因为日常生活中小的事件与别人发生冲突与争执，更多地采用暴力性制服的方式去解决，以满足自身争强好胜的心理。从2010年郑州市少管所抽阅60多份案卷，其中有26%的未成年犯罪属于无明确动机类型的犯罪。

6. 青少年区域流动性犯罪增加

青少年犯罪从区域看显示流动化的趋势，我国流动人口的日益增加，其中青年农民工成为流动的主体。随着流动人口数量的增加，流动人口犯罪也在增加。据统计，浙江省台州市椒江区在十年内所发生的刑事犯罪案件，流动人口犯罪率每年高达60%以上。未成年人流动犯罪在很大程度上是由家庭教养方式导致的，特别是一些留守家庭。父母外出将未成年人托付其他亲属照顾，使其长期得不到父母的正确引导和教育，再加上其他人的诱惑，极易和其他社会的不法分子去外地偷盗、抢劫，走上犯罪道路。

三　当前我国青少年犯罪发展趋势

当前青少年犯罪占刑事犯罪的比重不断下降，但是青少年犯罪呈现新类型，如涉毒犯罪、智能犯罪、校园犯罪和性侵犯罪呈现增长趋势，并且青少年教育改造过程中反复性强，再犯罪率高。

1. 青少年涉毒犯罪呈现增长趋势

毒品案件在当前社会是全国性的社会问题，它与各种各样的暴力

---

① 关颖、鞠青：《全国未成年犯抽样调查分析报告》，群众出版社2005年版，第118页。

② 杨军：《尚育未成年人犯罪特征、原因及预防建议》，http://hnfy.chinacourt.org/article/detail/2010/07/id/760976.shtml（2010年7月28日）。

犯罪有着密切的联系。近年来青少年中吸毒、贩毒的现象越来越严重。青少年好奇心重，易于涉毒。涉毒犯罪趋于低龄化，吸毒犯罪者居多。

2. 青少年网络智能犯罪日益突出

当前，随着时代的不断进步和发展，青少年犯罪手段也逐步多样化，采用智能化计算机犯罪手段，窃听技术、生物学、化学、医药学等专业性的犯罪技术，使犯罪呈现成人化、智能化、恶性化的犯罪趋势，产生的影响也日渐恶劣。随着网络发展出现的青少年网络犯罪，也正逐年增加，对社会发展造成了诸多不利影响。据中国青少年犯罪研究会的统计资料显示，70%的青少年犯罪因受互联网色情暴力内容影响而逐步犯罪。青少年涉网犯罪具体表现为几个方面：因沉迷网吧而导致犯罪；网络中暴力、色情的游戏和不良信息，对未成年人的行为产生越来越严重的负面影响。

3. 青少年校园犯罪频发

20世纪80年代以来，校园暴力问题开始肆虐我国。近年来，我国中小学校园暴力发展迅猛。根据最高人民法院统计，2013—2015年，在我国各级法院审结的100件校园暴力案件中，针对人身伤害的暴力已经占到88%之上，实际造成被害人重伤，甚至死亡严重后果的高达67%。

4. 青少年性侵案件日益凸显

性侵未成年人案件在整个刑事犯罪案件中总数所占比例逐年提高，性侵案件给未成年人身心健康造成严重伤害，也在社会上造成极为恶劣的影响。2014年，江苏省未成年人刑事检察部门共计办理未成年人犯罪案件1044件，其中性犯罪已成为伤害未成年人的主要犯罪类型。各级法院审理案件发现，以前多发生在农村或偏远地方的性侵案件，近几年逐渐在诊所、学校等常见的场所发生。2013年10月，最高人民法院、最高人民检察院、公安部、司法部联合下发了《关于依法惩治性侵害未成年人犯罪的意见》，要求对未成年人性侵害犯罪的判决从重从严。

第二节 青少年犯罪社会学理论分析

青少年犯罪与社会现代化发展密切相关，路易丝·谢利在《现代化与犯罪》一书中指出，犯罪是现代化的负面产物，因此从社会学视角揭示青少年犯罪生成机理，更易于逼近事实真相。社会学视角分别从功能论、冲突论和互动论揭示青少年犯罪之成因，功能论和冲突论偏重青少年犯罪的社会结构因素分析，互动论偏重青少年犯罪的微观社会学视角分析。

一　青少年犯罪之社会结构理论

犯罪行为是受制于社会结构因素的一种反社会行为，是社会生活中的一种消极现象，本质是社会上各种矛盾激化的综合反映，是社会关系失调和社会结构不平衡的一种具体表现。

（一）芝加哥学派社会生态学和社会解组理论

19 世纪末至 20 世纪初，在美国工业化的进程中，犯罪活动猖獗、犯罪率持续上升，侵犯财产犯罪成为犯罪的主要类型，青少年犯罪不断增长并呈低龄化趋势。贫困、恶化的城市环境、传统社会管理制度失效等因素是工业化时期社会结构变迁的缩影，青少年犯罪快速增长与社会结构变化密切相关。芝加哥学派是对 20 世纪 20 年代以来在芝加哥从事犯罪问题研究的社会学家和犯罪学家群体的称呼。其中的代表人物主要有罗伯特·E. 帕克、欧内斯·W. 伯吉斯、克利福德·R. 肖、亨利·D. 麦凯等。社会生态学研究是芝加哥学派研究活动的一个主要方向，强调人与自然环境的关系是可研究的，同时人作为社会环境中的一员，他的行为也是受到社会环境的影响。帕克最先将生态学的理论和方法引入到对人类社区的研究中。

1. 同心圆理论

19 世纪法国的社会学家迪尔凯姆认为，社会的急剧变迁导致社会控制体系崩溃，将会产生大量的犯罪。20 世纪 20 年代美国芝加哥社会学家罗伯特·E. 帕克（Robert E. Park）和欧内斯·W. 伯吉斯（Ernest W. Buregess）等开始研究犯罪和社会结构之间的关系。他们发展了一种被称为社会生态学路径的分析，把芝加哥分成 5 个同心圆区域，从市中心向外扩散分为第一至第五区域，通过实验发现芝加哥不同区域之间在物理和社会特征上有着非常显著的差异。例如，宽阔的街道和富裕的家庭多出现在城市的郊区，就是第五区域。相反，在靠近市中心的第二区域有着最为贫穷的居民，其中包括大量的移民，破落的房屋和与其他四个区域相比最高的犯罪率。帕克和伯吉斯根据他们的实验研究建立了一个生态学模型来解释为什么第二区域的犯罪率要高于其他区域。他们认为，在城市的发展中充满了侵入、统治和接替，而第二区域内因为新的移民入侵导致原有居民迁移到更加适宜居住的区域去，从而产生了“间隙区域”，出现了社会解组导致传统的社会控制减弱，最终产生了大量的社会问题。

2. 社会解组理论

社会解组是社会规范对社会成员的约束力减弱的一种社会状态。当人们的居住环境发生剧烈变化，旧的传统制度消失，而新的社会制度尚未建立，人们处在无规则或规则尚不明确的社会环境中就会产生更多的违法犯罪行为。社会解组理论是从社会学的角度分析犯罪原因，不单单关注犯罪行为本身，而是把犯罪放在社会中分析，考察犯罪行为的发生与社会环境、社会控制及社会联结之间的内在关系。社会解组的概念第一次是出现在W. I. 托马斯和弗洛里安·兹拉涅茨基的著作中。他们发现，波兰移民来到芝加哥后，居住环境、社会关系发生巨大变化，家庭和其他社会控制的来源和作用弱化，因此，青少年和成人犯罪比他们在原先的国家更为普遍。

克利福德·R. 肖（Clifford R. Shaw）和亨利·D. 麦凯（Henry D. Mckey）通过研究和分析芝加哥1900—1933年的青少年犯罪记录发现，芝加哥内城地区一直保持着最高的青少年犯罪率，无论哪个种族群体居住在其中，而引发高犯罪率的主要原因在于内城地区出现了社会解组的征兆，例如，恶劣的居住环境、居高不下的离婚率和贫穷。由此可见，社会解组是导致内城地区出现高犯罪率的主要原因。他们的研究是受到了帕克和伯吉斯的生态学模型的影响。

3. 社会解组理论的评价

肖和麦凯的社会解组理论的提出引起了社会的普遍关注，但也受到了诸多批评。有的人认为，社会解组是移民浪潮不可避免的结果，更多的人认为他们的研究体现了中产阶级的偏见，给穷人和有色人种打上犯罪者的标签，过多依赖于官方的犯罪数据而使他们的研究结果缺乏客观性和公正性。同时，因为肖和麦凯发起的试图通过增加非正式社会控制来降低青少年犯罪的“芝加哥区域计划”的失败，导致社会解组理论逐渐丧失了社会关注度。所以在初期阶段，社会解组理论的因果解释力被认为较弱。但是，后期由于社会学家在分析社区犯罪率的影响因素时更为关注生态学因素，社会解组理论又得到了新的发展。社会学家普遍认为社会解组理论是解释不同地区和群体犯罪和受害变化的有力工具。更多的研究者也假定社会解组会增加犯罪。社会解组一方面会削弱社会控制，削弱社区的社会联系和非制度性的控制；另一方面给青少年和社会危害分子接触创造了条件。

4. 社会生态学的发展

近年来，社会生态学观点普遍认为犯罪行为是正常的，是基于社会组织以及相互作用的正常行为反应。在剖析犯罪行为产生的原因时环境因素要比个人因素更为重要。罗德尼·斯塔克提出的“越轨区域理论”与之前肖和麦凯的社会解组理论的一些论断不谋而合。他认为，拥挤的社区是城镇地区的犯罪率一直高于农村和郊区的主要原因，城市地区相比村郊有着更为稠密的人口，人与人之间的物理距离相对较近，青少年与犯罪伙伴的接触更加容易，结果就会造成更多的犯罪。生活贫穷被认为是社会解组出现的主要征兆，而当代社会生态学研究也普遍认为影响社区犯罪率的主要方面是“极端贫困”。所谓的“下层阶级”因为贫穷所出现的挫败感，或者为了某些经济需求就会更多地实施犯罪，尤其是那些认为自己是经济被剥夺的人。基于社会解组理论和生态学焦点的复兴，更多的学者把研究的焦点集中在“犯罪型地区”，认为“犯罪型地区”比“犯罪型人员”更为重要。

（二）默顿社会失范和社会紧张理论

法国社会学家埃米尔·迪尔凯姆（Émile Durkheim）在其《社会分工论》一书中，分析因社会分工而引起的社会异常时首先使用了“失范”一词。并在其《自杀论》一书中对失范概念进行了扩大和推广，使失范理论更加成熟。美国著名社会学家罗伯特·金·默顿（Robert K. Merton）是第一个将失范和越轨行为联系起来进行论述的社会学家，在其最为著名的《社会结构与失范》一书中，他从社会结构的角度去寻找、分析犯罪的原因。默顿社会失范理论的提出对当时美国社会产生了重要影响，受到了广泛关注和赞扬。在西方犯罪学中，人们把默顿的失范理论看成是最著名的紧张理论。

1. 失范理论的基本观点

默顿的社会失范理论是建立在假设大多数犯罪都是由穷人实施的基

础上论证提出的。他认为，每个社会都有其值得追求的文化目标，同时规定了以规范、制度等形式达到目标的手段，两者之间是相辅相成、和谐存在的。一般来说，社会成员可以通过遵守社会规定的手段来实现希望的目标，就不会产生紧张和越轨行为，但是，如果个体不能通过制度性手段实现目标，或者对传统目标不感兴趣，目标和手段之间就出现了失调现象，默顿称为失范。成员在失范的状态下容易产生心理压力和失范性紧张，为了缓和压力和紧张，他们往往采取一些其他的社会适应方式。默顿认为失范压力和紧张会出现在每一个社会阶层的人，但更为集中在下层阶级，因为下层阶级的成员相较于上层阶级在实现文化目标时要面对更多的困难，比如个人能力的缺乏、社会结构的限制。紧张理论认为犯罪多发生在当社会文化和结构之间出现紧张和冲突时。当个体不能通过合法性的手段实现社会所追求的文化目标时，不合法手段的应用极有可能引发犯罪。

默顿分析当时美国社会的文化目标是“金钱的成功”，社会以金钱来衡量一个人的价值观和长处，并给拥有大量财富的人很高的地位和声望，那些在其他方面有个人长处但是并没有金钱和财富的人得不到很高的地位。美国社会对金钱的追求近乎狂热，却依然在强调这是一个平等社会，任何人都可以通过自己的努力实现目标，这就产生一种矛盾，有一部分人发现自己不能实现“金钱成功”，因为他们的贫穷和没有能力，所以很难通过合法性的手段来获得成功。梦想跟现实产生差距，这一部分穷人就极易产生挫败感和紧张。

2. 缓解紧张的社会适应方式

默顿提出了五种失范的类型来描述穷人回应他们的紧张时的态度。分别是遵从、创新、形式主义、逃避主义和反抗。其中创新是犯罪行为的重要表现形式，创新即成员接受社会所规定的文化目标但拒绝遵循原有的制度性手段进而选择新的方法。美国社会强调的文化目标是“金钱的成功”，但社会结构的限制又导致许多人不能采取合法的手段去达到目标，这种压力便会迫使许多人采取不符合制度规范的创新行为，即犯罪行为，例如，偷盗、抢劫以及各种经济犯罪。处在社会底层且目标和手段经常是分离状态的群体是最有可能采取犯罪方法去实现美国社会所强调的目标群体，这也是美国下层阶级出现高犯罪率的主要原因。

3. 社会失范理论的评价

默顿的社会失范理论认为，犯罪是由于社会结构对社会中的某些人产生一种犯罪的压力，从而使社会中的某些人产生犯罪行为。他从社会结构而不是个体出发寻找犯罪的原因，相较传统的犯罪学理论通过对犯罪个体研究寻找犯罪的原因，失范理论的研究开辟了一个更为独特的研究视角。犯罪的原因不仅仅单纯因为个人，也可能产生于社会结构的不合理。

默顿的社会失范理论和紧张理论在广受赞誉的同时也面临相当多的批评。其中最受争议的一点是默顿假设穷人比非穷人有着更多的犯罪，尽管默顿承认富人不满足于现存的状态也可能产生失范，但他仍觉得穷人间发生失范的概率要更大一些。同时，失范理论也不能解释杀人、伤害及强奸等暴力犯罪，他们并不能轻易地归结于五种失范类型中的任意一种。失范理论论述更多的是经济犯罪，而暴力犯罪的起因大多是愤怒、猜忌和刺激。

4. 社会失范理论的发展

诸如此类的批评还有很多，但默顿的失范理论因其独特的研究视角和研究路径注定了不可能分析得面面俱到，从社会结构的层面出发分析寻找犯罪原因就必须要抛开个人层面，一个理论并不能解释所有的犯罪。经过后人的实证研究，失范理论的合理性更加完整。史蒂文·F. 梅斯纳（Steven F. Messner）和理查德·罗森菲尔德（Richard Rosenfeld）提出的“制度失范理论”是对默顿失范理论强有力的扩展。他们认为无论是下层阶级还是上层阶级，在美国强大的“金钱梦”的压力下，都会对自身的财富状态感到不满，从而转向犯罪。同时，梅斯纳证实了经济的不平等是预测不同社会犯罪率的一个重要方法，经济的不平等会刺激下层阶级的经济成功的欲望，尤其当他们看到周围人都取得巨大成功，这也是犯罪率不断增长的一个主要原因。1996 年美国学者罗伯特·艾格纽（Robert Agnew）的实证研究表明，个体对当前经济状况不满会导致犯罪，这是对默顿失范理论的一个合理性检验。

罗伯特·阿格纽提出的“广义紧张理论”（也译为一般紧张理论）是对默顿观点的一个有力扩展，他使紧张理论的关注点不再局限于经济目标和成功。青少年的紧张不只来源于不能实现的经济目标，也能来自积极刺激的消失和消极刺激的出现。通过以下实证研究表明紧张直接影响着青少年犯罪，一方面可能是因为愤怒和怨恨的出现，另一方面也可能是因为社会解组的出现使青少年增加了与罪犯同伴的联系。但紧张和犯罪之间的关系依然存在争议，究竟是紧张引起愤怒进而导致犯罪还是愤怒的人们更容易紧张然后导致犯罪依旧无法确定。

（三）暴力亚文化理论

暴力亚文化是在20世纪60年代由美国的犯罪学家马文·尤金·沃尔夫冈（Marvin Eugene Wolfgang）和意大利的犯罪学家佛朗哥·费拉柯蒂（Franco Ferracuti）发展起来的，并在其合著的《暴力亚文化：关于犯罪中的一种整合理论》一书中进行了详细论述。他们提出暴力亚文化理论，用以分析寻找在下层阶级中非白人尤其是都市黑人男性暴力高水平的原因，主要解释了在贫穷的都市内城地区暴力杀人犯罪特别突出的现象和青少年群体的暴力价值观问题。亚文化是与主流文化相对应、被社会上的一部分成员所接受或者某一特定的群体所认同的价值观、采取的行为方式。亚文化是一种价值观判断和社会价值观体系，在青少年成长过程中起着潜移默化的作用。许多学者注意到在社会解组出现的地区，一旦青少年接受了提倡违法的价值观之后，发生犯罪的概率便开始增加。这些理论家开始探讨犯罪和亚文化之间的关系，例如，艾伯特·K. 科恩提出的犯罪亚文化和沃尔特·B. 米勒提出的焦点关切。

沃尔夫冈和费拉柯蒂认为，暴力亚文化有着较强的渗透性和扩散性，它会影响群体成员价值观的形成。男孩在暴力亚文化的环境中成长，会使他们在处理生活中遇到的冲突和矛盾时更倾向于使用暴力手段，以此捍卫他们的自尊和荣誉。那些进行暴力行为的人会受到群体成员的赞赏和崇拜，而那些违背了亚文化价值追求而不使用暴力手段解决问题的人，会受到亚文化中其他人的嘲笑和抛弃。在暴力亚文化中，群体成员会把用暴力解决问题当成是理所当然的事情，并且实施暴力行为的人并不会对他所施加的恶劣行为产生罪恶感，因为他们并不认为使用暴力是违法行为。那些应该使用暴力手段保护自己或其他人却没有使用的男性青年会被看作没有男子气概，可能就会被逐出暴力亚文化群。

因为阶层和种族歧视，暴力亚文化理论的发表受到了很大的争议。有全国抽样的数据研究表示，并非黑人男性要比白人男性更多地支持使用暴力手段。沃尔夫冈认为，暴力多发生在下层阶级也存在偏见，中产阶级也多产生暴力，例如家庭暴力。并且他并不能论证穷人的暴力行为是否来源于暴力亚文化，遭遇经济剥夺、生活压迫和种族歧视的人所进行的暴力行为更可能是因为产生了愤怒，愤怒的情绪增加了个体使用暴力的意愿。最后，沃尔夫冈的研究也只能解释男性青少年和成人犯罪，忽略了女性犯罪。但同时也有很多研究者认为，暴力亚文化理论有助于解释社会结构性条件和犯罪的内在关系，并很成功地解释了一些地区暴力犯罪高发生率的现象。

暴力亚文化理论的发展引起了一系列相关的研究，例如，美国研究者经过对美国南方和黑人中大量发生的暴力犯罪研究之后认为，美国存在一种南方暴力亚文化理论。意大利犯罪学家龙勃罗梭（Cesare Lombroso）在其所著的《犯罪人论》中对暴力亚文化之一的大众传媒给青少年带来的影响进行论述，认为大众媒介对犯罪产生重大的影响。我国学者李锡海的《暴力文化与暴力犯罪》一文证明暴力文化是诱发暴力犯罪的机制，他从暴力文化和暴力犯罪的表现形式及两者之间的联系来论证暴力文化对暴力犯罪的影响。

当代社会学家伊莱格·安德森（Eligah Anderson）提出的“街道编码”是对暴力亚文化理论最有影响的发展。他认为“街道编码”多存在于年轻的都市非裔美国人中，普遍因为生活中的绝望和疏离而引起。这些年轻的黑人男性渴望获得尊重，为了能够获得尊重他们非常看重自身的男子气概。穿着、行走、说话甚至于使用暴力都是他们认为能够提升男子气概的重要方式。他们普遍认为，由身体发起的暴力攻击能够显示胆量，有助于提升自尊。这也有助于解释非裔美国人一直高犯罪率的原因。同时，对司法制度的不信任也是暴力犯罪的一个重要原因，都市的边缘个体并不相信自己可以从警察和法院那里求得帮助，必须用暴力保护自己和家人朋友。

二　青少年犯罪之社会过程理论

青少年犯罪的社会过程理论偏重从微观视角探讨青少年如何在同伴交往和接触中学习犯罪，包括犯罪动机和犯罪手段等，其中以萨瑟兰差异接触学习理论和班杜拉的社会学习理论最为著名。赫希的社会控制理论从微观视角进行分析，青少年犯罪在于社会联结的断裂。

（一）萨瑟兰差异接触学习理论

埃德温·哈丁·萨瑟兰（Edwin Hardin Sutherland），美国著名的现代社会学家和犯罪学家。他的差异接触学习理论（又译为不同交往理论、差别接触理论等）是除默顿的社会失范理论之外犯罪社会学研究中最为著名的理论，对美国和世界犯罪学研究都产生了重要影响。因其在美国犯罪学中的杰出贡献，被人们称为“美国犯罪学之父”。

萨瑟兰在分析犯罪起因时，抛弃了传统的生物犯罪和遗传犯罪的视角，开始从社会学视角解释犯罪问题，写成了《犯罪学》一书，这也是萨瑟兰最著名的犯罪学著作，后更名为《犯罪学原理》并多次改版。在其1939年出版的《犯罪学原理》中明确提出差异接触学习理论，将其主要内容概括为七个主要命题，发表之后受到了人们的批评和建议，萨瑟兰本人也意识到书中的一些观点和论证存在不足，之后在1947年的修订版中提出了差异接触学习理论的最终版本，把理论扩展为九个命题：

命题1：犯罪行为是通过学习获得的。萨瑟兰否定了遗传导致犯罪的观点，认为没有接受过犯罪训练的人是不会做出犯罪行为的。

命题2：犯罪行为是在与他人的沟通和交往过程中互动习得的。萨瑟兰认为犯罪行为的习得主要发生在生活中的人际交往之中。

命题3：犯罪行为的习得主要发生在亲密的群体中。萨瑟兰认为人们的犯罪行为往往是从最亲密人的身上习得的，相对来说大众传媒的影响只发挥着次要作用。

命题4：犯罪行为的习得主要包括学习犯罪技术和动机、驱动力、合理化和态度的特定方向。

命题5：犯罪的动机和驱动力是从对赞同和不赞同法律规范中的定义中习得的。在社会中，一些人生活在法律应当遵守的环境中，而一些人却生活在法律不值得遵守的环境中。

命题6：一个人之所以成为违法者是因为其认为破坏法律带来的好处要比遵守法律大。这就是萨瑟兰差异接触学习理论的核心，既包括了与周围人的交往，也概括了合理化和态度的转变。

命题7：差异接触可能会因为接触频率、持续时间、优先性和强度的不同而不同。从四个维度分析接触的效果，如果接触频率高，持续时间长，并且发生在早期阶段同时又高度重视对方的观点和友谊。这种接触将对个体的观点行程产生重要的影响。

命题8：通过与犯罪的和反对犯罪（anti-criminal）的榜样（patterns）交往来学习犯罪行为的过程，与其他任何学习过程涉及的机制是相同（复杂）的。因此，犯罪不仅仅是一种模仿的过程，例如，一个人被诱使在交往过程中学会了犯罪，但这个过程不能仅仅被看成是模仿。

命题9：尽管犯罪行为是一般意义上的需求和价值的表现，但是它不能用一般意义上的需求和价值来解释，因为非犯罪行为也是这种需要和价值的一种表现。

萨瑟兰的差异接触学习理论对20世纪的犯罪学研究产生了巨大的影响，达到了前所未有的研究高度，但是仍然招致不少批评。

首先，这种理论不能解释所有的犯罪行为。该理论尝试用一种理论解释所有的犯罪行为，但仍有许多犯罪行为无法解释。他认为犯罪多由群体组织实施，即使是个体犯罪行为也是受到了“亲密群体”的影响。差异接触理论对于那些同伴影响非常重要的犯罪行为特别适用，但也有许多犯罪行为并不适用于这种模式：由个体实施犯罪并且不是从朋友那里学习得来的行为，例如，谋杀和强奸。

其次，鸡生蛋还是蛋生鸡。萨瑟兰认为，犯罪行为是在与他人的沟通交往中获得的，有人提出疑问究竟是因为个体与罪犯伙伴的亲密接触使个体学会并产生了犯罪行为还是相反。如果个体因为差异接触以外的原因产生了犯罪行为，他们就可能在此之后花更多的时间与罪犯伙伴待在一起。后有全国青年调查数据显示犯罪相比于罪犯同伴接触的作用要比接触相比于犯罪的作用要大。无论是哪种结果，强调罪犯同伴接触的重要性都是毫无争议的。

最后，描述差异接触效果的数据难以测量。小詹姆斯·肖特指出，要给“赞同”和“不赞同”这样的术语下定义是非常困难的，另外，难以测量“频率、持续时间、优先性和强度”的差异和内容。

萨瑟兰的差异接触学习理论是“美国犯罪学中最流行的原因学说，它主要解释了犯罪行为习得的主要内容”，指出了犯罪学习主要学习了什么？其次阐述了犯罪学习的过程，指出了犯罪行为的学习过程是怎样进行的。差异接触学习理论建立在萨瑟兰大量实证调查研究的基础上，代表了萨瑟兰对多种理论整合分析的结果，是萨瑟兰犯罪原因分析的最高发展。这种理论克服了以往一些理论适用对象有限的缺陷，可以用来解释大多数甚至所有的犯罪行为，是试图以一个单一的理论解释复杂现象的一次尝试，有助于我们认识犯罪的实质。差异接触学习理论改变了以往犯罪研究深受精神病学、精神分析学和生物学等学科的影响，从集中研究“不正常的”人为什么犯罪扭转到研究正常的人为什么犯罪的方向中来，加速了从生物和心理异常方面解释犯罪行为原因这种观点的衰落，促进了生物和心理正常的人受环境影响而产生犯罪行为观点的兴起。差异接触学习理论明确强调犯罪行为是习得的观点，否定了犯罪是遗传的生物学观点和犯罪的人性的表现的心理学观点和精神分析学观点，为20世纪的犯罪学研究指明了方向。

美国社会学家丹尼尔·格拉泽（Daniel Glaser）提出的差异认同理论是对萨瑟兰的差异接触学习理论的重新表述，他认为犯罪行为的学习不仅仅来源于亲密群体的直接交流和互动，也可能发生在对犯罪榜样的间接认同中。个体发现犯罪榜样的行为会带来好处，就有可能模仿他的这种行为，但个体不一定认识他。格拉泽试图把角色理论和现代学习理论的其他方面引入差异接触理论，用来说明大众传媒中的宣传媒介对犯罪行为的影响，即他们宣传报道的犯罪形象极有可能成为别人模仿学习的犯罪榜样，这一点补充了萨瑟兰的理论对大众传媒作用的否定。

美国社会学家罗伯特·L. 伯吉斯（Robert L. Burgess）和罗纳德·艾克斯（Ronald L. Akers）提出的差异强化理论是对差异接触学习理论的进一步修正，也是最重要的一次修正。他们运用现代学习理论可操作性条件反射的术语对差异接触学习理论进行重新表述，认为犯罪行为的学习既受到了群体伙伴互动交流的影响，也受环境自身的强化影响。如果犯罪行为和态度能受到奖赏和避免惩罚时，这种行为就很可能被习得；反之就会削弱和抑制。后来，艾克斯将斯金纳的学习理论和班杜拉的社会学习理论和萨瑟兰的差异接触学习理论加以整合，修改和更新的差异认同理论成为主流的学习理论，是成功地将社会学因素与心理学因素联系起来的理论典范之一。

（二）社会控制理论

犯罪的学习理论基于洛克的人性观认为个体是一个白板，他们成为罪犯是因为学习了罪犯的态度和行为，这也意味着如果没有学习犯罪就不会产生犯罪行为，所以学习理论通常研究的是人为什么成为罪犯。犯罪的控制理论研究的问题不同于学习理论的传统观点，他们基于不同的人性观，假定人天生自私，进行犯罪的动机和内驱力是人性中普遍存在的一个部分，犯罪行为是人与生俱来的能力。因此，他们认为研究个人为什么犯罪是没有必要的，而应该研究大多数人为什么不犯罪的问题。

社会控制理论假定人们在社会化的过程中逐渐形成了对社会规范和法律典范中包含的价值观一致的看法，如果个体的社会行为遵从这些价值观，与传统社会保持牢固的联系，就不会产生犯罪；但是个体不遵从这些价值观，与传统社会的联系破裂或者被削弱，就会产生犯罪。近代普遍认为沃尔特·C. 雷克利斯（Walter C. Reckless）的遏制理论和特拉维斯·赫希（Travis Hirschi）的社会控制理论是最为著名的社会控制理论。

早在 1935 年，美国学者阿瑟·比利（Arthur Billy）在其所著的《控制犯罪的社会计划》一书中就探讨了控制和犯罪的关系。比利认为，有利于犯罪产生的因素可以分为削弱社会控制的因素和削弱自我控制的因素。削弱社会控制的因素包括社会经济制度中的缺陷、社会解组、家庭解组、司法制度不完善等。削弱自我控制的因素主要有先天性的或后天获得的生理缺陷、精神障碍、个人混乱（personal disorganization）等。比利是较早提出控制论的研究者之一，为社会控制理论的产生奠定了基础，对控制理论的研究发展起到了促进启发作用。

雷克利斯是美国著名的社会学家、犯罪学家，他在 1961 年经过对早期研究提出的概念和因素整合提出了遏制理论（containment theory），认为犯罪是缺乏个人自控能力和社会控制的结果，对个体进行内在的和外在的遏制会有效地预防和减少青少年犯罪。遏制理论包括四个基本概念：外部压力、外部遏制、内部遏制和内部推力。外部压力是指诱惑个人产生犯罪行为的力量，主要有经济剥夺、个体缺少实现成功的条件等；外部遏制是指能制止个人进行犯罪的外部力量，包括明确的社会规范和责任、有效的社会控制等；内部推力是指推动个人进行犯罪的生理或心理力量，包括驱力、动机、自卑、不安等；内部遏制是个人自身所具备的阻止犯罪行为的力量，主要包括积极的自我认知、对挫折的承受力、获得替代性满足的能力等。雷克利斯认为，内部和外部的遏制是青少年不屈服于会诱导他们进行犯罪的内部推力和外部压力的有效保障，当内部和外部遏制的力量足够强大，能够抵抗内部推力和外部压力带来的诱惑，就能有效阻止个体产生犯罪行为。

赫希借鉴霍布斯的性恶论和迪尔凯姆的失范理论，在此基础上提出了他的社会控制理论（social control theory，又译为社会纽带理论），也是当今最为流行的社会控制理论。

赫希基于人性自私的角度认为，人为什么不犯罪是因为社会中存在阻止个体犯罪的力量。当这种力量弱化的时候，人更容易产生犯罪行为。他把这种阻止个体犯罪的力量描述为“社会联系”。相对于社会解组理论的宏观视角，社会控制理论从微观视角进行分析，认为社会联系主要有四个要素：依恋、投入、卷入和信念。这些因素之间既相互分离又相互影响。

依恋（attachment）是对他人意见的在意程度，包括对父母、学校、同伴的依恋。如果个人对他人有着较强的依恋，他就会在行事之前考虑自己的行为会不会让别人失望或者是带来伤害，从而更少地违反社会规范。相反，如果个体毫不在意他人的意见，就更容易产生犯罪行为。依恋是最重要的社会联系因素。

投入（commitment，又译“奉献”）是指对获得教育等传统目标的投入的时间、精力和努力程度。如果人们致力于传统生活，为了获得相应的教育、名誉和地位等目标，就不太可能产生越轨行为。因为如果个人有着正常的传统价值观，他在做违法事情之前会权衡其做出的行为会不会危害到自身目前以及未来的利益，不希望因此破坏自己目标的实现，因而会遵循传统社会规范的合法行为。

卷入（involvement）是指个体在参与传统活动中花费的时间和精力。赫希认为，如果个体总是在传统活动上花费的精力较多，全身心投入到实现社会目标的活动中去，就会缺少时间和精力从事犯罪，因为一个人的时间和精力总是有限的。所以，卷入很好地解释了在高犯罪率社区采用娱乐活动预防犯罪的理论，有效地把人和犯罪行为的诱惑隔离开来。

信念（belief）是指人们对传统社会价值体系和道德观念的接受程度。赫希认为，社会或群体中存在普遍的、为大多数人所接受的价值体系和道德观念是经过长期的探索和积累形成的，个体经过长时间的熏陶和感染会将这些信念内化，从而控制自己的行为使之合乎社会规范。相反的，一旦这些信念缺失或者削弱，就会产生越轨和犯罪行为。

赫希的社会控制理论是当今最为流行的控制理论，对犯罪学的发展产生了广泛的影响。他的控制理论有着明显的优点，相比较以往的理论普遍缺乏实证基础，赫希的理论有着非常强的实证性，是在进行大量数据调查和理论研究的基础上提出来的。另外克服了以往一种理论解释范围适用对象有限的缺点，可以广泛地解释不同类型、不同社会阶层和不同文化中的犯罪。从一定程度上来说，更是具有一般性和普遍性，拓宽了犯罪学研究的范围和视野。

同时，任何理论都不会是完美的，有一些批评者指出了该理论存在的一些问题。首先对赫希理论适用范围和适用对象的普遍性提出了质疑，认为这一理论更适合解释较轻的犯罪而不太适合解释那些严重的犯罪行为。其次赫希在分析依恋和犯罪关系的时候采取的是截面数据，用当前测得的依恋数据解释过去的犯罪行为，就不能确定到底是父母依恋影响了青少年犯罪还是青少年犯罪影响了父母依恋。

总的来说，赫希的社会控制理论尽管有待进一步改正，但是仍受到了普遍的肯定和认可，被认为是 20 世纪最伟大的犯罪学理论之一，赫希也因其对犯罪学做出的巨大贡献，成为 20 世纪有重大影响的犯罪学家之一。

三 青少年犯罪之社会批判理论

标签理论是从批评社会学视角分析青少年犯罪的污名化效应，标签不仅加深越轨者的自我印象，造成继续实施犯罪的严重后果，更能产生一种自我印证的效应。

（一）标签理论

标签理论又称标定理论，是从符号互动理论的角度解释人们在初级越轨之后，为什么会发生次级越轨或持续越轨行为。标签理论关注的是整个社会和制度对犯罪者和犯罪行为的反应，不同于传统理论主要研究犯罪行为产生的原因和人为什么会成为犯罪者。标签理论在20世纪60年代初形成，70年代成为美国社会学界研究越轨行为的主要思想理论，主要以美国社会学家、犯罪学家埃德温·莱默特（Edwin M Lemert）和霍华德·索尔·贝克尔（Howard Saul Becker）为代表。

标签理论是20世纪60年代第一个出现的从社会学批判视角研究犯罪的理论，也被称作是“犯罪和越轨行为研究中最具重要意义的视角之一”。[①] 它运用相对主义定义解释越轨和犯罪，认为越轨并不是由某种行为与生俱来的属性决定的，而是社会其他人对这种行为的不同看法的结果。贝克尔认为越轨是社会群体运用社会规则制裁违反社会规则的“冒犯者”，并给他们贴上标签的结果，越轨行为是贴上了越轨标签的行为，越轨者是贴上了越轨标签的人而已。并不是所有的越轨行为都会被贴上标签，标签的张贴有一定的选择性，会因为身份、种族、阶级、环境的不同而不同。例如，杀人是被官方认定的犯罪行为，但是如果处于不同的环境，战争年代的战场上杀戮就不是犯罪，相反杀人数量最多的还会受到奖励。

威廉·钱布利斯（Willian Chambliss）有一个关于“圣人和无赖”的著名讨论也能说明贴标签的选择性。圣人们和无赖们都是具有暴力犯罪倾向的高中男生，他们在平时会经常酗酒、逃学、小偷小摸和进行一些暴力破坏行为，但不同的是，“圣人”做了这些行为之后还是会被看作是“好孩子”，他们的过失只会被当成是孩子们的恶作剧，也不会影响以后的职业选择和生活，因为他们来自于没有犯罪记录的中产阶级。但是“无赖”就没有这么幸运了，他们来自穷人家庭，所以他们会被下意识地认为是社会治安的破坏者和麻烦制造者。

同样的社会中同样的行为会产生不同的结果，这也说明了社会阶层的不公和歧视会使下层阶级的某些行为要比其他阶级的人的某些行为更容易被贴上越轨的标签。例如，占据统治地位的人可以通过贴标签来控制和镇压被统治的人，宣称他们是犯罪者；有钱有势的人可以把越轨的定义强加给那些无权无势的人的行为之上，从而使自己的行为更具合法性。

---

① 斯蒂芬·E. 巴坎：《犯罪学：社会学的理解》，秦晨译，上海人民出版社2011版，第266页。

标签理论关注的焦点在于越轨行为的过程而不是越轨行为的起因，对越轨行为的界定通常是行动者和反应者之间互动的结果。莱默特在其1951年出版的《社会病理学》一书中提出了“初级越轨”和“次级越轨”的概念，初级越轨就是那些日常生活中很常见的、微不足道的，偶尔出现的违反社会规范的行为，这类违法行为通常没有被人发现，所以对青少年造成的影响很小。但是一旦被人发现，就会产生“邪恶的戏剧化”，社会上的人会把这种行为看成是一种罪恶的事情，把青少年送上法庭惩治他们，如果青少年继续产生不良行为，其他人就不仅仅是把越轨行为看成是罪恶的事，而是把这一批问题少年当作罪恶的人，进而这一批人就被公开地贴上了越轨者的标签。周围的人会因为这个标签歧视他们，使他们逐渐感受到自己是“圈外人”，久而久之，初级越轨的青少年会因为社会给他们的消极反应而逐渐接受自己是一个越轨者的标签，产生了与社会期望相反的结果，变得越来越坏，表现出次级越轨的行为。

（二）标签理论评析

标签理论把社会上的重要他人看作是促成犯罪的主要力量，与传统犯罪理论关注的着眼点——社会上的重要他人是控制犯罪的重要力量明显不同，所以标签理论被认为具有激进色彩。标签理论自提出以来最受人诟病的一点在于过分注重标签造成犯罪而忽视了犯罪标签的来源。同时，标签理论与妨碍理论关于正式标签会产生作用的意见也截然相反，标签理论认为标签会加深越轨者的自我印象，造成继续实施犯罪的严重后果。而妨碍理论则认为标签会增加越轨者对犯罪行为所带来的风险的认识从而避免违法。为此许多标签理论的支持者进行了不同的实验去证实标签理论的合理性，一些研究注重调查标签到底是增加了还是减少了犯罪的可能性，另外有的研究验证标签会不会增加越轨者的自我印象。然而并不能得出确切的结论，甚至有的结果就如妨碍理论认为的那样减少了犯罪行为的产生。由于缺乏实证经验的支持，标签理论逐渐失去了统治地位。

第三节 21世纪以来我国青少年犯罪研究的可视化分析

青少年犯罪问题频发引发社会各界的关注。为客观反映我国当代青少年犯罪研究现状，对2000—2015年在CNKI收录的《青年研究》《青少年犯罪问题》《中国青年研究》《预防青少年犯罪》和《当代青年研究》五种期刊研究青少年犯罪的306篇文献，运用文献计量和Citespace 5.0软件进行统计及可视化分析，从发文量、作者、机构、主题，高被引频次排名等方面分析青少年犯罪研究过程中存在的问题、研究热点及发展趋势。当前我国青少年犯罪研究专业尚未完全形成，青少年犯罪研究专业化和科学化亟待加强。

本书以文献计量方法对青少年犯罪研究的现状加以阐释，总结以往研究的不足，以期为进一步研究打下基础。

一 数据来源与研究方法

目前专门针对青少年犯罪研究的期刊相对较少，本研究选取了在中国知网（CNKI）收录的《青年研究》《青少年犯罪问题》《中国青年研究》《预防青少年犯罪》和《当代青年研究》五种期刊为文献资料来源，一方面因为这些期刊与研究对象青少年犯罪较为贴近，另一方面因为这些期刊属于青少年研究领域内质量较好的期刊，所发文章具有较好的代表性与前沿性，以“青少年犯罪”和“未成年人犯罪”为篇名关键词对每种期刊进行精确检索，时间段选取为2000—2015年的文献，剔除其中无效信息记录，共得到306篇有效文献记录。

本研究将篇名中含有“青少年犯罪”的306篇文献数据信息以Refworks文本格式从CNKI数据库导出，然后利用Citespace文献定量分析软件转换文本格式，将青少年犯罪设置为新项目New Project的名称，选择CNKI数据信息，分析时间范围为2000—2015年，阈值设置为top 50，并将时间切片time slice设定1年，也就是说选取每两年前50个高频出现的节点，分别对青少年犯罪文献的作者、机构、关键词进行处理分析。对于期刊发文量历史统计分析和高被引统计，因无法呈现，则采用Excel表格对文献数据进行整理分析。

二 五种期刊关于青少年犯罪研究的分析

1. 期刊发文量分析

十多年来，5种期刊发文量的变化趋势显示，关于青少年犯罪研究成

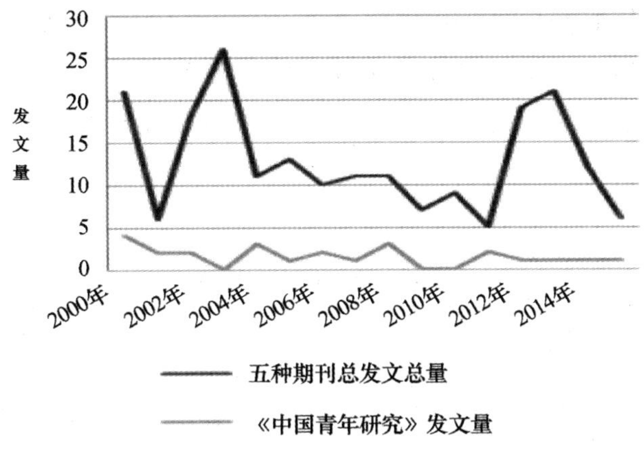

图 1.2　五种期刊发文数量变化

果的发文总体数量呈现下降趋势。1999 年《预防未成年人犯罪法》的颁布激起学术研究者的学术兴趣，2001 年青少年犯罪研究成果数量急剧攀升，但是 2003 年之后青少年犯罪研究成果数量不断下降，这可能是与青少年犯罪研究问题域边缘化，部分学术研究者逐渐转移到法学研究，研究人才呈现断层和流失，甚至与许多法学院不再开设青少年犯罪课程有关（如图 1.2 所示）。

从 2005—2008 年，发文数量虽有起伏，但是总体上保持稳定。这可能与 2006 年《未成年人保护法》修订相关，也反映了随着青少年犯罪数量的增加，学界呼吁关注青少年犯罪现象。从 2009—2012 年，5 种期刊青少年犯罪研究发文数量处于不断下降状态，2013 年以来伴随青少年犯罪低龄化以及关于降低刑事责任年龄的讨论日益增多，期刊中相关研究主题刊文量呈现增多趋势。

从总体上分析，5 种期刊关于青少年犯罪的研究呈现波动下降趋势，文献数量的变化可以反映学者们对这一问题的关注程度在下降，青少年犯罪问题在法学研究领域趋于边缘化，基本淡出了法学研究主流，青少年犯罪研究需要人才资源补充，呼吁学界加强对青少年犯罪问题的关注。

2. 青少年犯罪研究作者分析

用 Citespace 软件将阈值设置为 top 50，并将时间切片 time slice 设定 1 年，选取 Author 作为节点，选取 2000—2015 年时间段，成图后对节点和标签大小进行调整，将节点阈值设置为 2，使关键节点能够完全清晰地显示出来。图中的横轴为时间轴由 2000—2015 年，作者的字体越大，节点越大，则代表发文量越多，而图中节点的颜色则代表作者第一次发文的时间，与时间轴的颜色一致。并用 Excel 表格将所发文两篇以上的作者整理出来（如表 1.3 所示）。

表 1.3　　发文量两篇以上的作者

金小红	10	姚建龙	3	田友谊	2
张宝义	8	王秀丽	3	邹泓	2
丛梅	7	张应立	3	肖伟	2
王志强	4	吕刚	3	狄小华	2
王炎	4	屈智勇	3	徐建	2
李府仙	3	刘桃荣	3	罗大华	2
郑红丽	3	高中建	3	关颖	2
曹郁国	3	刘晓梅	3		
刘能	3	曾盛聪	2		

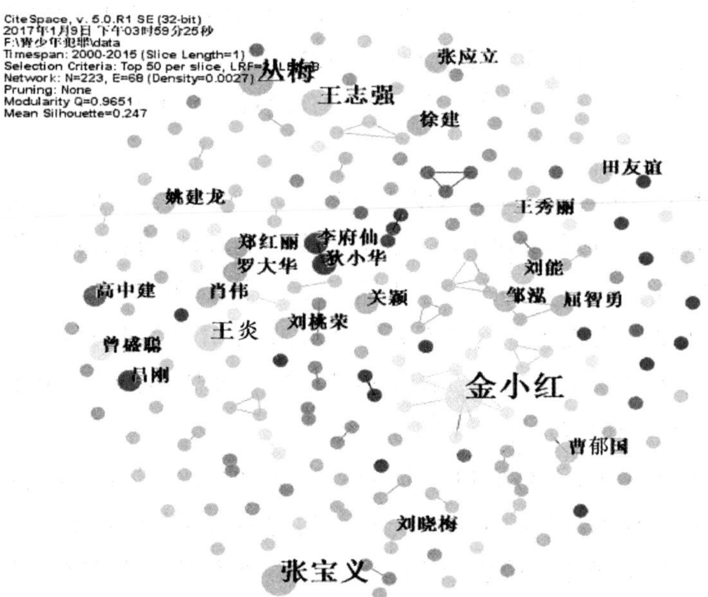

图 1.3　有关青少年犯罪研究人员截图

由图 1.3 可知，N = 223 则说明文献中共有 223 名作者出现，E = 68 则说明作者之间的连线为 68 条，Density = 0.0027 则说明网络密度较低，作者之间联系较少，大多为独立发文。通过节点大小和统计分析发现，可以看出金小红学者近年来发文量最多，并且与其他作者之间存在连线较多，说明存在较好的研究团队。通过节点颜色可以看出，发表论文的时间距现在较近，说明金小红学者虽然研究时间不长，但却是最近两年青少年犯罪研究的重要学者。发表论文 3 篇以上的学者有丛梅、张宝义、王志强、王炎等，从节点的颜色变化可以看出，丛梅、王志强、张宝义学者论文时间发表较早，对青少年犯罪有持续性的研究，王炎学者发表论文时间距今较近，是最近几年的重要作者。

3. 青少年犯罪研究机构分析

运用 Citespace 软件将阈值设置为 top 50，并将时间切片 time slice 设定 1 年，选取 Institution 作为节点，选取 2000—2015 年时间段进行可视化分析。因为研究机构的名称较长，成图后出现许多重叠部分，因此对节点和标签大小进行调整，并将节点阈值设置为 2，使重要机构名称完全清晰显示，并根据研究机构所在的地理位置，将相同地理位置的研究机构聚集在一起，以便于分析相关研究机构聚集的地区。研究机构名称的字体越大，节点越大，则代表发文量越多。图中的横轴为时间轴由 2000—2015 年，而图中节点的颜色则代表研究机构第一次发文的时间，与时间轴的颜色一致。在整理信息时对机构名称进行了处理和规范，将同一单位的分支进行了合并，同一单位在不同时期的名称进行了合并，并用 Excel 表格将所发文两篇以上的研究机构整理出来（如表 1.4 所示）。

表 1.4　　发文 2 篇以上的青少年犯罪研究机构

机构名称	发文量	机构名称	发文量	机构名称	发文量
华东政法大学	18	上海市长宁区人民检察院	3	北京工业大学	2
天津社会科学院	17	上海大学	3	吉林公安高等专科学校	2
华中师范大学	13	同济大学	3	西华师范大学	2
北京师范大学	7	上海公安高等专科学校	3	江西省人民检察院	2
中国政法大学	6	上海政法学院	3	中南财经政法大学	2
上海社会科学院	5	河海大学	3	河南师范大学	2

续表

机构名称	发文量	机构名称	发文量	机构名称	发文量
北京大学	5	宁波市公安局北仑分局	3	厦门大学	2
西南政法大学	4	中央司法警官教育学院	3	香港中文大学	2
武汉大学	4	天津市委党校	2	中山大学	2
南京大学	4	燕山大学	2	日本中央大学	2

根据研究机构的发文量进行降序排列，发文2篇以上的机构共30所。发文量第一是华东政法大学，从节点的颜色变化来看，华东政法大学对青少年犯罪的研究起始时间较早，并且有持续性的研究。排名第二是天津社会科学院，从研究机构的名称变化和节点大小可以看出，相关研究主要出自天津科学院的法学研究所和社会学研究所，从节点颜色变化可以看出研究起始时间较早。排名第三是华中师范大学，从研究机构的全称来看，论文成果主要出自华中师范大学的社会学院和教育科学学院，从节点颜色变化来看社会学院起始时间较早，并且进行持续研究，在最近几年的论文成果较多，是近几年的重要研究中心。从节点之间的连线来看，华中师范大学社会学院与外界机构存在较多合作，如香港中文大学、上海市预防青少年犯罪研究会等，这为研究提供了很好的平台和资源，这也可能是其高产出的原因之一。

从研究机构分类看，主要是高校、社科院和司法机构。从高产出机构分析，高校中主要是政法院校和师范院校，而且主要集中在这些院校的法学院、社会学院和教育学院。这主要因为青少年犯罪问题首先是一个社会问题，是社会学研究领域的重要部分。政法院校在法学研究上具有较好的专业优势和人才优势。师范院校的教育研究对象和方向主要是青少年，教育学院往往也是师范院校的优秀学院，具有较强的教育研究团队。社会学与教育学存在较为紧密的学科关联，所以一些院校中呈现教育学院与社会学院合作发文的情况，如北京师范大学、华中师范大学。社科院中主要是天津社会科学院和上海社会科学院，天津社会科学院具有许多高产作者，如丛梅、张宝义、关颖等，可以看出高产出机构与高产作者之间存在较为紧密的关联。

从研究机构的地域分布来看，主要在我国的东部沿海地区和中部地区，并且集中于天津、北京、上海、武汉、重庆等中心城市，以此为中心辐射到周边的研究机构。如燕山大学和中央司法警官教育学院，分别位于河北的秦皇岛市和保定市，是分布于北京、天津的周边城市。这些中心城市经济发达、科研机构聚集、人才资源丰富、高校林立，为科研成果的诞生提供了充足的条件。如上海市既有上海社会科学院这样的研究机构，又有如华东政法大学、同济大学、上海大学等多所高校，还有少年司法改革引领者，如上海市长宁区人民检察院等司法机构，这些机构共同推动了上海市青少年犯罪研究的发展。

4. 青少年犯罪研究关键词分析

用 Citespace 软件将阈值设置为 top 50，并将时间切片 time slice 设定 1 年，选取 Keywords 作为节点，选取 2000—2015 年时间段进行可视化分析。因为关键词节点呈现较为密集，出现多重叠加，所以将节点阈值进行设置为 2，对节点大小和标签大小进行调整，并对连线的颜色调浅，使关键节点能够完全清晰显示，并用 Excel 表格将关键词的词频和中心性整理出来。

表 1.5　　词频 3 次以上的关键词

词频	关键词	词频	关键词	词频	关键词
128	青少年犯罪	5	家庭教育	4	亚文化
28	青少年	5	青少年问题	3	刑事案件
23	预防青少年犯罪	5	犯罪心理	3	家庭环境
11	预防犯罪	5	犯罪记录	3	当代青少年
10	犯罪道路	4	严重不良行为	3	犯罪团伙
9	社会化过程	4	犯罪类型	3	社会控制
9	犯罪问题	4	社区青少年	3	犯罪诱因
8	未成年人犯罪	4	犯罪原因	3	刑事诉讼法
7	犯罪预防	4	未成年犯	3	少年司法制度
6	犯罪现象	4	低龄化趋势	3	犯罪人数
6	犯罪行为	4	社会控制理论	3	青少年罪犯
6	犯罪倾向	4	流动青少年	3	治安综合治理
5	暴力犯罪	4	社会问题	3	犯罪低龄化

图 1.4　有关未成年人研究关键词可视化截图

关键词能反映研究的核心内容，词频的高低可以看出学界对相关问题的关注度以及相关研究的主要内容。经过 Citespace 软件运行后共得到 477 个节点，通过对关键词的词频进行排序整理得到表 1.5。除了“青少年犯罪”“青少年”之外，对排名前 10 的关键词进行分析，可以看出学界主要关注如何“预防青少年犯罪”，青少年“犯罪道路”如何形成，青少年的“社会化过程”，关注青少年犯罪中的“未成年人犯罪”问题，并针对青少年犯罪预防“犯罪现象”，研究其“犯罪问题”“犯罪行为”和“犯罪倾向”（如图 1.4 所示）。

从高频关键词的分类来看，主要包括以下几类。第一类是关于青少年犯罪研究的问题域，包括“犯罪道路”“犯罪现象”“犯罪问题”“犯罪行为”“犯罪倾向”和“犯罪心理”等。第二类是青少年犯罪的主要对象，包括“未成年犯”“社区青少年”“流动青少年”和“农村青少年”等。第三类为青少年犯罪的类型及特征，如“暴力犯罪”“团伙犯罪”“犯罪低龄化”“冲动性犯罪”和“校园暴力”等。第四类为青少年犯罪可能形成之原因，或者是解决青少年犯罪的路径选择，包括“亚文化”“社会问题”“家庭教育”“社会化过程”“少年司法制度”“大众传媒”和“治安综合治理”等。

表 1.6　　　　中心性大于 0.05 的关键词

词频	中心性	关键词	词频	中心性	关键词
128	0.43	青少年犯罪	6	0.06	犯罪现象
9	0.16	犯罪问题	6	0.06	犯罪行为
4	0.16	低龄化趋势	6	0.06	犯罪倾向
28	0.14	青少年	5	0.06	家庭教育
11	0.13	预防犯罪	4	0.06	犯罪类型
3	0.12	刑事诉讼法	4	0.06	犯罪低龄化
3	0.12	少年司法制度	3	0.06	刑事案件
5	0.10	暴力犯罪	9	0.05	社会化过程
4	0.10	严重不良行为	5	0.05	犯罪心理
2	0.09	亚文化	4	0.05	社会控制理论
10	0.07	犯罪道路	4	0.05	社会问题
4	0.07	社区青少年	3	0.05	治安综合治理
4	0.07	犯罪原因	2	0.05	冲动性

关键词的中心性的高低表明该关键词与其他关键词之间的关联性程度，如果关键词的中心性较高，则表明是研究领域的热点问题。通过对 Citespace 软件运行后关键词的中心性导出，将中心性大于 0.05 的关键词整理得到表 1.6。学界关注的热点研究对象是“社区青少年”，关注“暴力犯罪”犯罪类型，“犯罪低龄化”趋势和“冲动性”特征，研究青少年存在的“严重不良行为”和“罪错问题”表征，探究青少年“犯罪道路”“犯罪成因”和“犯罪心理”，从完善“刑事诉讼法”“少年司法制度”“家庭教育”“治安综合治理”等方面预防青少年犯罪。

5. 青少年犯罪文献的高被引分析

被引频次是评价文献质量的重要标准，可以反映被他人引用状况，也可以反映对此问题的相关研究多寡，从而看出学者们关注的核心问题。根据中国知网（CNKI）数据库提供的文献被引频次，选取被引频次超过 20 的文献，通过 Excel 加以整理分析得到表 1.7。通过文献频次可以看出，位于前 5 的频次是 70、48、46、44、42，第一的文献由于发表时间为2000年，比相对居后的几篇时间早了三四年，被引频次也超出许多，可见被引频次的高低与论文发表的时间存在一定的关联。大部分文献的被引频次在20—30，除了《青少年犯罪何以频发：我国青少年犯罪的原因》发表在2014年，其他发表时间为距今十年左右，也证明了文献的被引频次与发表时间存在相关性。

表1.7　　5种期刊中青少年犯罪被引频次超过20次的文章

序号	篇　名	作者	刊名	发文时间	被引频次
1	家庭与青少年犯罪的关系——美国学者的理论与实证研究成果	汪天德 汪颖琦	青年研究	2000/04	70
2	我国青少年犯罪与家庭环境研究综述	陈秀丽	中国青年研究	2004/03	48
3	学校与青少年犯罪防范：以社会控制理论为基础	陈晓明	青少年犯罪问题	2004/04	46
4	从控制理论看转型期我国青少年犯罪的原因	刘应君 秦国文	青少年犯罪问题	2004/06	44
5	越轨社会学视角下的青少年犯罪	刘能	青年研究	2003/11	42
6	中国青少年犯罪演进的定量分析	鞠青	青少年犯罪问题	2007/05	33
7	关注未成年人、家庭及其城市——青少年犯罪问题的社会学思考	关颖	青年研究	2004/08	29
8	英国青少年犯罪预防的经验	刘桃荣	青少年犯罪问题	2006/05	28
9	传媒暴力：青少年犯罪的重要诱因	吕刚	中国青年研究	2001/01	28
10	香港青少年犯罪的矫治和预防	陈钟林	中国青年研究	2000/06	28
11	恢复性司法与青少年犯罪防控	刘晓梅	青年研究	2005/04	27
12	学校教育的缺失与青少年犯罪	莫洪宪 叶小琴	青少年犯罪问题	2006/02	24

续表

序号	篇　　名	作者	刊名	发文时间	被引频次
13	日本预防青少年犯罪的新国策	藤本哲也；俞建平	青少年犯罪问题	2006/06	24
14	远离辉煌的繁荣：青少年犯罪研究 30 年	姚建龙	青年研究	2009/03	23
15	青少年犯罪何以频发：我国青少年犯罪的原因	石艳芳	青少年犯罪问题	2014/01	21
16	构建青少年犯罪预防体系的思考	杜言敏 俞国花	青少年犯罪问题	2005/02	21
17	家庭缺陷与青少年犯罪	张应力	青少年犯罪问题	2002/01	21
18	自我控制、价值观与青少年犯罪的关系	屈智勇 邹泓 段晓英	青年研究	2006/05	20

从高被引文献的标题内容来看，居前两位的文献都在探讨家庭与青少年犯罪的关系，区别是前者从理论和实证的角度研究，后者是对该主题的研究综述，位于第 17 的《家庭缺陷与青少年犯罪》也是探讨两者关系，可见学界十分关注家庭因素对青少年犯罪的影响。居第 3、4、5 位的文献虽然研究的内容不同，但都是从社会控制论、越轨社会学等视角探讨青少年犯罪的规律、特点及其成因。18 篇文章中有 6 篇都是关于如何预防青少年犯罪，从学校教育、完善司法制度、借鉴国外的经验等方面完善青少年犯罪预防体系。另有学者认为，大众传媒的暴力宣传是青少年犯罪的重要诱因。还有一些学者着重探讨某一或某些影响因素与青少年犯罪之间的关系，如“学校教育的缺失与青少年犯罪”“家庭缺陷与青少年犯罪”和“自我控制、价值观与青少年犯罪的关系”。

三　青少年犯罪研究的结论与启示

本研究选取 2000—2015 年间在 CNKI 收录的 5 种较具有代表性的期刊，采用科学知识图谱可视化分析技术，总结和分析了青少年犯罪的研究现状，得出以下结论：

首先，从研究视角上来看，虽涉及学科视角较为丰富，包括社会学、法学、教育学、心理学等多种学科视角，但是学者多从某一学科视角出发研究青少年犯罪问题，缺乏多学科交叉融合的复合视角。青少年具有复杂性和未定性，只有从多学科复合视角来研究青少年犯罪问题，才能解释这一复杂现象背后的深层根源。在跨学科研究中，社会学和法学视角占据较大比重，心理学和教育学视角相对较少。可见，大多数学者是看到了青少年犯罪问题的社会性，需要通过法律来约束和控制青少年犯罪行为的发生。但是，缺少从心理学视角来挖掘青少年犯罪心理机制，缺乏从教育学视角来审视青少年犯罪行为产生的根源及其教育矫正机制。

其次，从研究内容来看，研究内容的深度不够。学者多研究青少年犯罪的现状，描述总结青少年犯罪行为的特征以及犯罪的形成路径。但这些仅是青少年犯罪表现，缺乏追根溯源。虽然有学者关注青少年犯罪成因，但多聚焦于家庭因素和社会因素，主要是家庭的环境和父母的教养方式，社会的文化环境，如亚文化、大众传媒等。但是，外因是通过内因起作用的，同样的社会环境，甚至是同样的家庭也可能造就完全不同性格命运的人，这不仅仅是环境的问题，更多的是青少年内心情感和心理的因素起着决定性的作用。对于国外的相关研究，虽有中外比较或者借鉴国外经验寻求解决途径，但多数看到了表面的差异，缺乏探求差异身后的深层次原因，而这却是解决我国青少年犯罪问题的关键。不能盲目地去借鉴国外的经验，而应该找到适合中国国情的解决路径。

最后，在研究方法上，理论思辨和定性研究相对较多，实证范式的定量研究少。大多数学者描述青少年犯罪现象本身，关注青少年犯罪的行为特点，以及青少年犯罪案件的数量变化趋势和分类特点等。或从某一理论视角来研究青少年犯罪的成因，探究两者之间的关系。虽有实证数据分析，但是较少有学者通过大规模的实证数据分析，揭示青少年犯罪背后之深层次根源及其预防机制，亟须通过大数据挖掘，增加青少年犯罪研究的深度和广度。

综上所述，我国青少年犯罪研究成果的学科专业化水平亟须提高，研究视角尚需摆脱学科之间割裂与隔阂，必须加强青少年犯罪研究的科际整合，倡导以实证研究为主导的研究范式，重视未成年人立法和司法制度研究，推动青少年犯罪研究的科学化和专业化。

第二章

家庭结构、教养方式偏差与青少年犯罪

1980 年联合国第三届预防犯罪及罪犯处理大会指出，“家庭在所有国家中都是影响青年人生活的最重要的力量”，“家庭是最有效的社会控制媒介”。家庭结构健全、父母教养方式科学是子女社会化发展的重要基础；反之，家庭结构的残缺、监护权缺失以及不正确的教养方式是导致青少年不良行为甚至违法犯罪的重要因素。

第一节　个体社会化和儿童社会性发展

个体的成长需要在社会中完成，社会化是实现个体性格、价值观塑造的必经途径。社会化是指社会将一个自然人（生物人）转化为一个能够适应一定的社会文化，参与社会生活，履行一定角色行为有着健康人格的社会化过程；也是一个自然人在一定的社会环境中通过与他人的接触与互动，逐渐地认识自我，并成为一个合格的社会成员的过程。简言之，社会化就是学习和传递一定的社会文化的过程。[①] 社会化是一个学习社会与文化的信仰、价值、规范与社会角色的过程，经由这个过程才有了不同个体的自我出现，才产生了每个个体的独特性。社会化过程包括三个方面的作用，即个人、社会以及个人与社会的交互作用。

20 世纪 60 年代美国学者戈勒恩·埃尔德（Glen Elder）提倡兴起的生命历程视角，提出以时间观为线索，综合考察、归纳个体生物心理发展、重大历史事件和社会发展变迁对个体行为的深刻影响。这一理论力

① 彭华民、杨心恒：《社会学概论》，高等教育出版社 2006 年版，第 94—95 页。

求在心理发展过程—生命历程—社会变化三者之间建立联系，认为人们因为年龄而置于相应的社会结构和特定的同龄群体中，通过对年龄的深入分析、了解社会变化在个体身上留下的烙印。它立足于个体生命发展轨迹，进而研究和解读社会，在方法论上是一种崭新的研究范式。

作为一项毕生的任务，人的社会化过程，贯穿于个体生命的整个过程。在早期社会化中，为了成为一名合格的社会成员，个体主要是学习和掌握相应的社交语言、知识技能和社会行为道德规范等，内化社会文化和价值标准，建立正确评价他人角色的观点，学会将要承担和扮演的各种角色，初步形成自我独特的人格特质，并基本上确立独特的自我，能对自己、他人和社会负责，开始以社会一员的资格参与到社会生活中去。而且，在个体成长并参与到社会生活之后，个体的社会化依然需要继续进行。

进入成年期后，生活和社交等都日趋复杂，个体在社会生活中有了更多的角色，需要承担不同的责任和义务。如中年人一般要经历就业、结婚、生儿育女、赡养老人等，需要扮演职业人员、丈夫或妻子、父亲或母亲、儿子或女儿等多重角色。作为社会的中坚力量，他们承担着多方面的社会责任。这就要求他们必须通过学习和实践，才能熟悉、胜任自己的角色，完成自己的使命。同时，随着社会的急剧变迁，如科技的快速发展、社会制度的变革、生产条件的改变、经济结构的调整等，早期大众认同的许多知识、技能、看法变得陈旧、过时，而被快速发展的社会所放弃。继续社会化就可以帮助成年人适应社会的发展变化，跟上时代的发展步伐，并有助于减少变革时期的社会震荡、维护社会稳定。

无论早期社会化还是继续社会化，其成功都离不开不同的载体，也就是环境因素的积极作用。这些环境因素包括家庭、社区、学校、同辈群体、参照群体、大众传媒、工作单位等。本节主要对个体早期的社会化进程进行介绍与描述，阐述个体早期社会化阶段与影响因素。

一　新生儿至学前期儿童的社会化历程

新生儿早期社会化是个体社会化的基础，包括早期社会化反应阶段、婴幼儿社会性感情联结阶段和幼儿伙伴同辈关系的发展，该阶段从出生持续至3周岁。

（一）早期单纯社会化反应阶段（出生—6个月）

新生儿的社会化是通过本能性的哭进行的。新生儿从诞生初期以自身哭的行为传递信息。孟昭兰[①]将早期单纯社会化反应阶段界定为从出生至6个月大，在这期间新生儿通过哭使监护人能够注意到新生儿的生理需求，保持与他的亲近。哭这种行为成了新生婴儿与成人进行交流、信息沟通并寻求保护的主要方式之一。

婴儿的笑也是社会化早期的反应之一，婴儿的笑根据发展阶段可分为两个阶段：自发性微笑和社会性微笑。最初的自发性微笑完全是一种生理表现，大多出现在出生后至5周，社会性微笑大约发生于出生后的第5周以后，引发微笑的主要是人脸和柔和的声音等。这种微笑能够使婴儿和其照顾者感到愉悦。

3个月左右婴儿的社会化是通过不断重复的经验进行的。当婴儿发出声音、微笑或出声笑时，照顾者会以同样的动作进行回应。由此，双方因为这些呼应行为产生了愉快的社会交往。4—5个月婴儿的社会化则通过学习互易性、有效性和信赖感而得以获得。互易性是指婴儿学会对他人行为做出主动反应和回报。有效性是指婴儿学会预期照顾者的行为以及自身行为对照顾者产生的影响，即婴儿知道他所发出的信号对照顾者是有效的。依赖感是指婴儿发出的信号如果经常得到照顾者的反应，心理上就会产生一种信赖感和安全感。6个月婴儿的社会化是通过对照顾者的个别特征的整合进行的。此时，婴儿不仅学会从最接近人的个别特征去区别人，而且学会从整体上区别不同的人。

（二）7个月—2周岁婴幼儿的社会性感情联结

在这一阶段，婴幼儿的社会化过程表现出一系列的特点。首先，产生了对最亲近的人的依恋行为。当身边最亲近的人（通常是母亲）离开时，婴儿会示以啼哭。这种因为与最亲近的人的分离而产生的焦虑和反抗，意味着婴儿对所依恋对象的存在与消失十分敏感，其表现出来的焦虑和反抗意在使依恋对象重新回到自己身边，使自己安心。

其次，主动追随依恋对象的能力增长。一般在8个月时，婴儿已经获得爬行能力，这种能力使婴儿可以主动亲近依恋对象。从此，通过爬

---

① 孟昭兰：《婴儿心理学》，香港天地图书有限公司2000年版。

行和行走，婴儿追随依恋对象，主动保持与他们的社会联系。同时，由于爬行和行走可以保证婴儿随时接近照顾者，婴儿的安全感也大为增加。其探索活动范围和兴趣不断扩大，与陌生人接近的机会有所增加，社会交往的范围也不断扩大，这使婴儿对陌生人的焦虑反应和羞怯行为在1周岁半和2周岁间日益减少。

（三）2—3周岁幼儿伙伴关系的发展

从2周岁开始，因为婴幼儿感情社会联结的建立，认知能力和语言能力的发展以及社会交往范围的持续扩大，他们能够容忍与依恋对象有一段时间的分离，并逐渐习惯于与同龄伙伴和其他成人的交往。但在这一阶段，如果婴幼儿没有固定的照顾者，他们就很难对特定个人产生依恋。到3周岁时，与其他成人建立起较好的社会性的相互交往或亲密关系，婴幼儿开始进入社会人的行列。

二 学前期儿童的社会性发展

到了学前时期，儿童的大脑结构和功能的发育逐渐增强，自我意识的水平也在不断提高，能够将道德运用到生活当中，按照他的要求进行表现。学前期儿童的道德判断依赖于权威的信息传递。婴幼儿判断一件事情的对错取决于父母的赞成与反对。这种对错的划分不涉及自身的价值判断，也未经自身的道德分析。

（一）自我意识的发展

1. 自我概念与自我评价

到3周岁左右，婴幼儿能够区分“你”“我”“他”所代指的意义，是自我意识发展的重要阶段。在婴幼儿期，个体意识到自己是独立存在的，对身边的事物以及自身加以区分，以主题的视角进行认识。掌握“我”的概念之后，婴幼儿开始扩展自己的意识范围，对周围的世界加以更多的描述与区分。儿童的自我评价从2—3周岁开始出现。3周岁以后，儿童开始比较自己的行为与别人的行为，并在成人的影响下，学会对自我进行简单评价。

学前期儿童自我评价的特点主要是：

（1）表面性和局部性。评价的是自我外部表现的某个具体的行为，并未涉及内心品质方面。这一阶段儿童只是对自己某个具体的行为进行评价，而无法对自己的整体性表现做出综合评价。

（2）依从性和被动性。儿童的自我评价只是对成人评价的简单重复，认为成年人对自己的评价就是自己对自己的评价。这种评价没有认识到自发的需要，只是翻版成人的需求，表现出很强的依附性。

（3）模糊性和笼统性。自我评价比较含糊和概括，评价标准不明确，如“我不骂人，所以我是个好孩子”等。

（4）情绪性和不稳定性。儿童的自我评价常常带有明显的主观情绪性，往往因为情绪的不同而产生对自己不同的评价。

2. 自我体验的发展

3 周岁左右婴幼儿产生自我体验，生理需要的体验主要是个体的愉快、愤怒等，社会性体验有婴幼儿的委屈、羞愧等。不同类型的自我体验的发展顺序是不一致的，其基本发展方向是由生理性体验向社会性体验发展。根据韩进之等[①]的研究，儿童体验到的自尊感在不同年龄组中的比率分别为：3—3. 5 周岁，10%；4—4. 5 周岁，63. 33%；5—5. 5 周岁，83. 33%；6—6. 5 周岁，93. 33%。可见，3—4 周岁是自尊体验的快速发展期。

一般只有到了 4 周岁左右才能产生真正的自我情绪体验，例如，产生与生理需求相联系的自我体验（如愉快、愤怒等）。5—6 周岁的儿童已具备基本的自我体验，逐渐产生社会性的自我体验，如委屈、自尊、羞愧等。其中，自尊对儿童的心理成长有重要影响。个体在 3 周岁左右即可出现自尊感的萌芽，如犯了错误就怕挨骂、不愿被当众训斥等。

3. 自我控制的发展

作为自我意识的重要组成部分，儿童自控能力随着自我意识的发展和大脑皮质的成熟而发展。儿童的自我控制能力的发展方向是从对行为的调节、控制能力的逐渐增强，进而到逐步控制自己内在的思维活动，表现出一定的意志力。

自控能力受个体的需要、兴趣、情感、气质类型、行为方式等因素的影响。而自我延迟满足是一种心理成熟的表现，专指一种甘愿为更有

---

① 朱智贤主编：《中国儿童青少年自我意识发展与教育》，中国卓越出版公司 1990 年版，第 433—465 页。

价值的长远结果而放弃即时满足的抉择取向，以及在等待期中展示的自我控制能力。[①] 自我延迟满足在幼儿的自我控制中占据核心地位，是个体成长与发展需要获得的重要技能。同时个体要实现自身的社会化，需要自我延迟满足进行情绪的调节，行为的控制。延迟满足能力的发展是儿童社会化的一个重要目标并作为一种人格变量，预示着个体成长成熟、社会适应、健康发展的水平。

国外有学者将自我控制分为五个方面的内容：一是抑制行为冲动；二是抑制诱惑；三是延迟满足；四是制订和完成包括必须做什么、能做什么以及如何使个人行为与行为意图之间协调一致等内容的行为计划；五是在社会情境中，儿童能够不顾自己当时的个人喜好而采取适当的行为方式。[②] 其中，自我延迟满足是自我控制的核心成分。

通常情况下，3—4 周岁的儿童的独立性、坚持性、自制力很差，到了 5—6 周岁，儿童的自控能力有所发展，有一定的独立性、坚持性。儿童的自我控制水平直接受神经系统发育水平的影响。一般而言，幼儿的大脑皮质兴奋机制比抑制机制占优势，因而幼儿的自我控制水平低，在兴奋状态下的行为带有明显的冲动性，很少考虑行为的后果。在之后的教育、实际经历中，儿童自我控制的发展水平会得到进一步的加强。

（二）道德发展阶段理论

1. 皮亚杰的道德发展理论

皮亚杰关注人格发展的某个局部，即认知能力的发展，儿童的道德发展源于儿童主体与社会环境的积极的相互作用。皮亚杰的儿童道德发展阶段理论较为系统地说明了儿童的道德发展过程。皮亚杰认为，在每个发展阶段，儿童所有的活动都标记着确定的智力操作类型，这些智力操作类型为儿童获得知识提供了某种结构。他认为儿童尽管有速度上的差异，但各个阶段的发展顺序是所有儿童都必经的。

皮亚杰提出以下几个智力发展阶段：第一阶段感知运动阶段（1 岁半—2 岁）：在这一阶段，婴儿仅靠感知动作的手段来适应外部环境，主

---

① Mischel, W. *Introduction to Personality*. Fort Worth: Harcourt Brace College Publisher. 1999.

② Kopp, C. Antecedents of Self-regulation: A Developmental Perceptive. *Development Psychology*, 1982 (6): 199 - 214.

要是依靠感觉器官。儿童能够用手够、触摸、探索、用嘴吮吸等，从刚开始的被动反应发展到主动探究。在这个阶段中婴儿形成了客体永恒性，即把某一物体从婴儿的视野中移走，婴儿知道该物体仍然存在。因果关系也初步形成。第二阶段前操作阶段（2—7 岁）：在这一阶段，儿童学会使用和理解符号，开始构筑表象或形象图式，言语与概念快速发展。前操作阶段的儿童在思维方面具有自我中心的特征，他们认为别人的观点和自己的观点一致，只从一个维度思考问题。第三阶段具体操作阶段（7—11 岁）；儿童能够构想一个具体的客体，进入了在具体的情境中进行逻辑推理的阶段。同时他们也具有从对方角度思考问题的能力。第四阶段形式操作阶段（12—15 岁）；此时青少年摆脱了对具体内容的依赖，高度的多维度抽象思考能力快速发展。认知能力接近成人水平。学前期的儿童大致处在皮亚杰的认知发展过程中前运算阶段（2—7 周岁），此时儿童的各种感觉运动图式逐渐内化为表象或形象图式，语言出现并发展，但他们的语词或其他的象征符号不能代表抽象的概念。思维仍受具体的知觉表象限制，知觉—行动思维占优势，无法达到任何类型的守恒。儿童的道德发展是与认知发展密切相关的。

皮亚杰从道德判断的实验研究中总结了一条发展顺序，形成了有关道德发展的四阶段理论。

第一阶段：前道德阶段（出生—2 周岁）。此阶段儿童处于感知运动时期，为了满足生理本能而进行有关活动，没有道德观念的发展，行为直接受行为结果的影响。

第二阶段：他律道德阶段（2—8 周岁）。此时儿童正向具体运算思维过渡，只是根据行为后果进行道德判断，而不考虑主观动机，主要特征是对权威指定的规范的接受。

第三阶段：自律道德阶段（8—10 周岁），又称可逆性阶段。此时儿童思维达到具体运算阶段，有守恒和可逆性的特点。儿童对成人或权威不再无条件盲从，在其道德判断中有了一定的独立性，产生一定程度的自律。

第四阶段：公正阶段（10—12 周岁）。此时儿童逐渐形成运算思维，在可逆性自律阶段基础上逐步发展了公正观念，儿童的道德判断不再拘泥于小的方面，追求实质上的公正。

学前期的儿童所处大致是道德发展的他律性阶段。他律道德是儿童道德发展的第一阶段，又可称为强制道德。儿童因为年龄原因，加上对父母等其他成人的权威的信从，道德判断标准单一。现实中这一阶段的儿童常常是被强制要求遵守长辈制定的规则。但由于认知的局限，儿童并不能真正理解成人制定规则的意图，也不能理解道德规则的发生和它们的运用。道德规则对年幼儿童具有强制性，“并不是因为它们总结了什么是正确的或公正的，也不是因为它们能够调节人与人之间的相互关系或使人们以公平的方式达成相互意望的目的”①，而仅仅是因为这些规则是成人所制定和命令的。

皮亚杰还分析了儿童对过失、偷窃及说谎行为的判断。对于过失行为，经调查，皮亚杰发现年幼儿童倾向于根据行为造成的物质受损的大小来评定过失的大小，而年长儿童则能够从表面的损失情况看到行为者背后的动机，根据动机加以判断。在有关偷窃的两个故事中，调查发现，随着年龄的增长，儿童越来越倾向于认为由于自己想要而偷丝带的女孩比为了让朋友不挨饿而偷面包的男孩更可恶。儿童对于说谎行为的评价也验证了这一趋势。皮亚杰认为，年幼儿童只根据行为的物质后果来判断行为，这是一种客观责任的观念。年幼儿童只是看到了规则的字面意思，并未理解规则的实际意义和效用，简单地认为只要服从于规则就是“好”的，否则就是“坏”的。他们对行为进行评价时不是根据行为动机，而是根据行为是否严格符合现有的规则。相反，年长儿童随着年龄的增长更加看重意图，认为动机意图比一个具体行为产生的后果更为重要。所以，他们评价行为时，往往不会被行为所造成的物质损失的程度大小所左右。学前期儿童的道德判断，主要是年幼儿童的判断模式。

同时，皮亚杰发现，儿童公正感经历了一个从服从到平等再到公正的发展过程。这一过程可分为三个时期：第一个时期大约从出生持续到7—8周岁，包括我们所谓的婴幼儿期和学前期。这一时期的特征是“公

---

① Lapsley，D. *Moral Psychology*. New York：Westview Press，1996，p. 16.

正和不公正的概念还没有从责任和服从的概念中分化出来”。[①] 公正服从于成人的权威，只要是成人规定的举措就都是公正的。这一时期的儿童认为惩罚都是完全合理的而且必不可少的，惩罚的严厉程度代表了其公正程度，也就是说，最严厉的惩罚就是最公正的惩罚。因而他们更倾向于抵罪的惩罚。第二个时期在 8—10 周岁，这是平等主义逐渐发展的时期。这一时期，抵罪的惩罚逐渐让位于回报的惩罚，对于内在公正的信仰也在逐渐减弱，平等战胜了惩罚和权威而居于至高无上的地位。从 11 周岁或 12 周岁开始，儿童公正感的发展进入第三个时期。这一时期儿童产生了一种公道感，它使绝对的平等向相对的平等主义发展。他们认为，惩罚的严厉程度要考虑具体的情境，不能所有人“一刀切”。

2. 柯尔柏格的道德阶段论

在皮亚杰道德阶段理论的基础上，柯尔伯格继续研究了儿童的品德心理，他在长期实验研究的基础上，将道德品质分成是非观念、权利观念、责任观念、赏罚观念、道德意图、行为后果等不同类别，并完整提出了道德发展三水平六阶段模型。柯尔伯格提出一个主题：在欧洲一个妇女身患绝症，有一种药可以救她，药剂师收费昂贵——十倍于他制药的钱。患病妇女的丈夫海因茨向所有认识的人借钱，只能凑够一半的钱。他求药剂师便宜一些，但是药剂师拒绝。后来为了给妻子治病，海因茨闯入药店偷走了药。在不同道德的发展阶段，儿童对案例中的个体具有不同的表现与态度具体如下：

前习俗水平，分为两阶段。第一阶段是惩罚与服从的定向阶段，这一阶段的儿童按照预期的奖惩判断对错，认为规则是权威制定的，对规则无条件地服从。认为受赞扬的行为就是好的，受到惩罚的行为就是坏的。在这一水平，儿童第一水平——惩罚和顺从导向，会认为海因茨的做法是错的，因为偷东西会进监狱；或者认为海因茨的做法是对的，因为是为了给妻子用药，出发点是对的，进监狱的概率很小。第二阶段——天真的享乐主义，儿童可能推断需要争取，因为从监狱出来也还能和妻子团聚。在这两个阶段，道德推理都建立在个人的需要以及要求上，没有涉及他人的想法。

---

① ［美］皮亚杰：《儿童的道德判断》，傅统先、陆有铨译，山东教育出版社 1984 年版。

习俗水平，法律决定什么行为是正确的，什么行为是错误的。习俗水平又可以分为两个阶段，即第三阶段和第四阶段。第三阶段是好孩子定向阶段，第四阶段是维护权威和社会秩序定向阶段。在第三阶段——好孩子定向阶段，儿童常考虑他人和社会对自己的期望和要求，希望使他人高兴。所以可能认为海因茨的做法是错误的，因为他可能会被认为是一个罪犯，使自己的家庭因此蒙羞。而在第四阶段——维护权威和社会秩序定向阶段，儿童会以法律规范作为衡量标准，海因茨的行为被看作是错误的，因为他偷药的行为违反了法律的规定。与前习俗水平的不同在于，习俗水平的儿童着眼于社会及其期望，意在维护传统的社会秩序。这一水平上的道德价值在于扮演一定的社会角色，顺从现有的社会秩序，并且实现他人对自己的角色期望。

后习俗水平，建立在应用抽象的道德法则之上。分为第五阶段——社会契约的定向阶段、第六阶段——普遍性的道德原则定向阶段。人们达到社会契约的定向阶段后，看待法律更加灵活，认为法律如果不符合人们的需求，可以通过共同协商的方法加以改变。在第五阶段可能会认为海因茨的行为是错误的，因为如果人人不顾社会秩序去偷药，社会就会变得混乱。但是处在第六阶段，个体倾向于运用自己的良心或人类的普遍价值标准判断道德行为。可能海因茨的行为是正确的，因为人的生命是最有价值的。个人社会化过程中形成的良心道德使价值判断超越事件本身的描述意义，产生更多的选择性。

根据这一模型，学前期的儿童处于道德发展的前习俗水平（出生至9周岁），这个水平的特点是：儿童的道德判断着眼于行为的具体后果与自身利害关系。儿童的道德评价，首先考虑的是是否符合自己的需要，有时也包括别人的需要，初步考虑到人与人的关系，但这种关系常常被看成是交易的关系。凡是对自己有利的就好，否则就不好。好与坏的根据是以自己的利益为准，是比较实用的。①

（三）社会关系的发展变化

在学龄期，亲子交往关系、师生交往关系和同伴交往关系是社会性

---

① ［美］科尔伯格：《道德发展心理学：道德阶段的本质与确证》，郭本禹等译，华东师范大学出版社2004年版，第131页。

交往的三个最主要的方面。

1. 亲子交往关系

儿童进入学校环境之后，父母开始关心孩子的学习以及在学校的表现情况，亲子之间的交往内容与交往时间发生改变，很多父母开始为孩子的未来发展方向制订计划，希望为孩子提供优秀的教育资源，并在学校老师的相互监督下制定对孩子的规范要求。

许多家长在这一时期为孩子安排除正常学习活动之外的特长补习班，督促孩子全方位的发展，为孩子的发展提供了一定的保障。同时这一行为也激发了大量的亲子之间的矛盾。我国正处于社会转型时期，家庭的经济压力和社会关系压力发生改变，家长对于孩子的要求与期望逐渐增加。亲子之间的交流内容也逐渐窄化，孩子开始接受来自学校家长的压力，从无忧无虑的学前时期向有一定挑战的学校阶段过渡。

此外，家庭结构的变化对亲子之间的交流有一定影响；使亲子互动不同以往。有父母孩子组成的三口之家的典型的城市以及农村家庭组合方式，同时也有部分是爷爷奶奶或者外公外婆的三代组合家庭。一般父母上班时间比较忙，接送孩子上学的任务由祖父母或者外祖父母担任。生活上的照料，学习上的监督也由他们代理，因此可能造成许多隔代教育观念的相左，产生矛盾。同时只有一个孩子的现状使孩子受到加倍爱护，父母长辈的注意力都在他的身上，孩子在人际交往中会更加自信。再加上丰富的教育资源的提供，孩子的学习和生活都会得到很大的满足。亲子之间的交流沟通可以极大地促进孩子的健全人格和人际交往能力的发展。但是，只有一个孩子的家庭结构也容易产生一些矛盾，孩子的独立性相对较差，在心理上形成对于家庭父母的过度依赖，在人际交往中较为孤傲。

此外，国家现在逐渐开放二胎政策，许多家庭逐渐有了第二个孩子。这种家庭结构的变迁对于原先一直处于独生子女状态的孩子有一定的心理冲击，家庭的关注焦点从其身上转移到新生儿身上，家庭中心发生偏移，对于孩子的安全感、独立性会产生重大的影响，也是值得之后的研究进行探讨。

进入学龄期，儿童就开始作为一个独立的个体跨越家庭，接触他人，进行社会交往。父母过度的紧张焦虑和保护会使儿童的健康成长受到影响。这个时期的儿童需要有针对性的独立性培养。这不仅有利于孩子快速适应新环境，而且也有利于孩子的人格发展。因此，父母应学会主动放手，鼓励孩子遇事自己做决定，自己处理问题。父母还要告诉他们犯错误不可怕，帮助孩子从错误中学习成长，防止溺爱和过度保护剥夺了儿童的独立性。

2. 师生交往关系

教师在儿童心目中是“神圣”的存在。在学校中，教师进行正规的教育，帮助儿童继续社会化进程。教师在儿童的发展中起重要引导作用。

学龄期的儿童要处理好跟老师之间的互动交流问题，开始步入接触更多社会成员的阶段。低年级的小学生由于心智还很不成熟，再加上刚刚走出家庭的保护进入学校，对新环境比较陌生，需要较长的时间进行适应。但是，由于多数儿童对于老师具有敬畏情绪，并不能像依赖父母一样依赖老师，造成心理上的矛盾感。但是，如果老师能够关注到每个儿童的情绪，积极回应儿童的需求，可以使儿童较快地适应学校的生活，获得安全感，使儿童在接受学校社会化的过程中减少阻碍与隔阂，有助于儿童从家庭的呵护中抽离出来，逐渐开始独立的学习与生活。

低年级的小学生对教师的依赖性很强，他们往往对教师形成盲目的崇拜和信奉。他们认为老师是最伟大的、最权威的，他们常常虔诚地信奉老师说的每一句话，无条件地服从老师提出的每项要求。低年级的小学生对教师的崇拜和信奉往往超过了他们对父母的崇拜和信奉。但随着儿童思维能力的发展，所获知识的增加，中高年级的学生开始对教师进行积极主动的反应。他们开始有了更多的自我评价意识，对不同的教师会产生自己的看法，而且会根据老师的行为表现出不同的反应。与依赖老师的想法相比，更多地表现出尊敬老师，正确看待师生关系。

罗森塔尔和雅各布森研究了教师期待对学生的影响。1968 年，他们在美国一所小学中从一至六年级里各选三个班，在学生中进行了一次煞有介事的“预测未来发展”的测验，然后告知教师：在 18 间教室的每一间中有 20% 的孩子是该项测验的高分获得者，并将发展潜力较大的学生名单通知有关老师。其实，孩子们是随机被挑选出来的，并没有这样高比例的高分获得者，8 个月后，他们又来到这所学校，结果名单上的学生成绩有了显著进步，而且性格更为开朗、求知欲望强、敢于发表意见，与教师关系也特别融洽。正如罗森塔尔和雅各布森[①]所强调的：一个人对另一个人行为的预期会完全无意识地成为这种期望实现的一种比较准确的预示；预示或预言本身可能就是决定他人行为的一种因素。

这种老师对学生的期待，对学生产生了潜移默化的重要影响。如果教师对学生产生了高期待，对学生就会有意或无意地流露出积极、鼓励和期待的态度，而学生本身也产生了“自验预言”（self-fulfilling prophecy）的心理作用，从教师流露的关注、鼓励和呵护中增强自尊、自信、激励学习动机并提升自我期待。如果教师对儿童的期望较低，他们不仅不会以积极的态度与儿童交往，而且还可能忽视、冷淡儿童，使这些儿童对自己的能力产生怀疑，从而表现出缺乏自信心的行为。同时这也是标签作用的结果。儿童被贴上好学生的标签，就会朝着老师所期待的好学生的方向逐渐发展。因此，可以看出教师的期望在孩子的学习中具有显著的影响。在实际教学中，教师通常按照学生的成绩将学生划分为优等生、中等生、差等生，同时，还会有女生、男生的区别。对于不同的划分个体有不同的期待。但是，在当前教育制度下按照学习成绩划分的标准较为普遍。对学习成绩好的学生有较高的期待，期待他们在学习上有更加让人满意的分数，能够在生活中表现出更多的优秀品格，期待他们在今后能够更多地为社会做出贡献。同时对于中等生，希望他们能在学习中稍加努力进入优等生的行列；对于差生，则期望他们遵守纪律，用心学习。

因此，教师应更多地给学生以积极的期待，让其看到发展的希望，使其心智和人格发展与教师的积极期待相互促进，形成良性循环。教师对学生的期待应当客观、公正，避免因主观偏见而造成师生之间、学生之间的抵触与对立，对不同的学生给予适合其个人特点的积极期待。

3. 同伴交往关系

除了与老师的关系之外，儿童在学校更多的是与同伴之间的沟通交流。在学习、生活中可能都与同伴共进退。与同伴良好相处，建立融洽的关系，有助于儿童融入学校环境，更好地在学校开展学习活动。

---

① ［美］罗森塔尔、雅各布森：《课堂中的皮格马利翁》，唐晓杰等译，人民教育出版社1998年版，第12页。

(1）同伴接纳

在同伴群体中，个体可能被接受，也可能被拒绝。同伴接纳是一种群体指向的单向结构，反映的是群体对个体的态度：喜欢或不喜欢，接纳或排斥。从被同伴接纳的水平可以看出相应个体在同伴群体中的社交地位。

国外相关学者用“社会测量法”考察了儿童被同伴接纳的程度，在研究中，要求儿童提名他们喜欢和讨厌的几个同伴的名字；或者让他们评估每个值得他们尊敬的社会伙伴。研究表明，依据儿童受接纳的程度可将儿童分为五类①：

第一类是受欢迎儿童，他们被多数儿童喜欢，获得同伴积极提名和评定较多；

第二类是被拒绝儿童，他们不被多数儿童喜欢；

第三类是有争议儿童，他们被某些儿童喜欢，同时又被另一些同伴拒绝；

第四类是被忽视儿童，无论正提名还是负提名都很少，既不受人欢迎也不被人讨厌，可能不受欢迎，但也很少被拒绝，是被同伴忽视的个体；

第五类是一般儿童，他们的同伴接纳程度一般。

我国学者庞丽娟②用“现场提名法”对4—6周岁的同伴交往类型进行了研究，得到大致类似的结果。她将儿童的同伴交往划分为四种基本类型：

第一，受欢迎型。这类幼儿喜欢与同伴交往，其交往行为积极友好，因而普遍受到同伴的喜爱和接纳，在同伴中地位较高，有较强的影响力。

第二，被拒绝型。这类儿童同受欢迎型儿童一样在交往中表现活跃、主动，但常常表现出不友好的交往方式，如强行加入其他小朋友的活动、抢玩具、大声喊叫等，攻击行为和消极行为较多，友好行为较少，因而

---

① Asher S. R.，Coie J. D.（Eds），*Peer Reiection in Childhood*，New York：Cxmbride University. 1990.

② 庞丽娟：《幼儿同伴交往类型、成因与培养的研究》，博士学位论文，北京师范大学，1991年，第48页。

被多数同伴拒绝。

第三，被忽视型。这类幼儿不同于上述两种类型的儿童，他们不喜欢交往，常常独处或一人活动，在交往中退缩或畏缩，不积极不主动。对同伴既很少有友好、合作行为，也很少有不友好、攻击行为。因而没有多少同伴喜欢他们，也没有多少同伴讨厌他们，在同伴中地位较低。

第四，一般型。这类儿童在同伴交往中表现一般，既不特别主动、友好，也不特别不主动、不友好；同伴有的喜欢他们，有的不喜欢他们，因此，在同伴中地位一般。

影响学前期儿童受接纳程度的因素很多，儿童的个性特征、身体吸引力、自我评价、幼儿园和学校教师的态度以及儿童自身的认知能力等都可能影响儿童是否受欢迎。李幼穗①总结了受欢迎儿童与不受欢迎儿童的特征，如表 2. 1 所示。

表 2. 1　　受欢迎与不受欢迎儿童特征

受欢迎的儿童	不受欢迎的儿童
学习成绩优良	学习成绩差，成就感低
外表漂亮	外表没有吸引力
体形有吸引力	不友好
行为举止平静、出色、合作、助人	喜怒无常、吹牛、小气、攻击性强
热情、外向	对人持批评态度

总之，具有较高的同伴接纳水平的儿童，在群体中体会到较高的欢迎程度，身心可以得到更健康的发展，其日后的学习和生活也能够较为顺利地展开。而不被同伴接纳的儿童可能会感受到孤独甚至排斥，还可能表现出对学校生活的适应不良。童年期不受同伴欢迎的儿童往往在日后的学习中会面临更多的困难，逃学率与辍学率比较高。当一个孩子被很多同伴表现出消极情感时，学校和课堂对他来说就毫无吸引力可言，甚至会令其不堪忍受。于是逃学或退学可能就成了他们的逃

① 李幼穗主编：《儿童社会性发展及其培养》，华东师范大学出版社 2004 年版，第 144 页。

避选择。

（2）友谊

友谊是两个个体之间形成的一种相互作用的、较为持久稳定的双向关系，而非简单的喜爱或依恋的关系。友谊以信任为基础，以亲密性支持为情感特征。作为一种特殊的同伴关系，友谊不仅可以帮助儿童提高社交技能，而且可以向儿童提供社会支持，对儿童的社会化具有重要意义。在一般意义上，友谊具有八种功能：友爱、亲密、可以依赖的同盟、有益的帮助、安抚、陪伴、肯定价值和归属感。①

友谊是一种相互充满深情的友好关系。在友谊中被一个人所爱与在同伴接纳中被许多人所喜欢的体验有着质的不同。没有亲密的友谊似乎比没有喜欢他们的群体更容易让儿童感到孤独。②

亲密感是初期友谊的特点之一。亲密感代表儿童以及青少年愿意与亲密好友分享秘密。拥有亲密的朋友可以增强自我的被信任感，表明个体被他人友好接纳与理解，而成为他人的知己则可以有机会为他人提供帮助和支持。可以信赖的同盟主要存在于友谊关系中。

帮助、安抚、陪伴和肯定价值这四种功能也是友谊的重要功能。相比一般相识者，儿童可能期望朋友能够给自己更多的帮助，而朋友和同伴都是给予和接受安抚的对象。安慰其他儿童也可以增进被他人需要的感觉和儿童个人的自信心。陪伴是指与他人共同参与活动，缺少陪伴可能会产生孤立感和厌倦无聊的情绪。朋友的陪伴通常比一般的玩伴更富积极的感情色彩。

肯定价值指一个人的能力或价值被另一人所证实或肯定。肯定价值能够促进自豪感、自尊感和自我接纳的发展。朋友和同伴都能影响儿童的自我价值感，但是两者有质的差异。朋友之间相互理解，肯定对方的能力或是对自己的帮助，比一般同伴更能使对方得到满足。

归属感指一个人属于某个群体和被其接纳的感受。这种感受只能在

---

① Furman，W. & Burhmester，D. Children's Perceptions of the Personal Relationships in their Networks. *Developmental Psychology*，1985（21）：1016－1024.

② Sullivan，H. 1953. *The Interpersonal Theory of Psychology.* New York：Norton. Weiss，R. 1974. The provisions of social relationships. In Z. Rubin（Ed.），*Doing unto others.* Englewood Cliffs，NJ：Prentice-Hall.

群体中获得，而无法在一对一的友谊关系中得到。当得到团体中的其他人赞同或认可自己的某些方面时，个体将主动与他人共同遵守群体的规范，以求取得群体的认同。这对儿童的自尊感具有积极的影响。

在个体发展的不同阶段，友谊的成因是不同的。具体的最初友谊多半建立在具有地域优势（如邻居）、兴趣爱好相同的基础上。到小学二、三年级，朋友仍是住得近的、可以在一起玩共同的玩具，一起做游戏的同伴。到了小学四、五年级，对朋友的选择就变成了是否有共同的价值观和准则，该阶段的儿童强调朋友之间共享活动与所有物，重视对彼此的帮助、合作和支持。五年级之后，儿童把能相互透露小秘密的同伴当作朋友。到青少年时期，朋友之间的情感联系变得更加重要，个体希望从友谊中得到理解和亲密的情感支持，同伴间的个体相似性是友谊得以建立与维持的基础。

（3）同伴群体

同伴群体通常存在一定的地位等级性质的关系和结构中，不同成员在群体中扮演不同的角色，享有不同的地位。同伴群体关系是同伴关系的另一种重要类型，它不像友谊那样是一对一的关系，而是儿童之间自发产生的，具有共同目标、共同行为准则，有相同的兴趣，经常共同参加某些活动的群体关系。正是在同伴群体中，个体开始尝试各种角色，发展各种社会技能。有同样难题、冲突、好恶的同龄人更容易建立同伴群体。在同伴群体中生活，个体有效地适应不同的代际冲突和价值观，这有助于个体学会容忍个体差异。

同伴群体的形成是学龄儿童在心理、认知和社会适应等多方面综合发展的集中表现，也是儿童进一步走向社会化的象征。同伴群体是儿童最乐于接受的、最直接体验的、具有强烈影响的微型社会。在这个小社会中，拥有固定的成员，成员彼此间有一套组织纪律，有一套仅仅属于本团体自己的活动形式和种类。这样，儿童不仅与家长、教师及其他成人明显地区分开来，同时也和其他团体外的儿童区分开来。团体中的成员构成了一个相对独立、自成体系的小社会。同时，同伴群体为了突出本团体的独立性和独特性，往往会发展出一整套独特的文化“体系”，即儿童亚文化。本团体中的成员有着共同的喜好，他们会穿着他们自己所欣赏的衣服，创造出他们自己才听得懂的语言，做出一些在外人看来很怪异的行为。这些都使同伴群体中的儿童产生了很强的认同感和归属感，能够在群体中得到成员间的彼此理解。

虽然同伴群体有助于学龄儿童的社会化进程，使其获得安全感和社会交往能力的提高，但是，同伴群体也有其负面影响。由于认知能力和社会经验严重不足，在面对同伴群体中的一些不正确的价值观和做法时，学龄期儿童会缺乏正确判断力和自我约束力，或是屈服于群体压力而被迫接受，从而导致逃学、吸烟等不良行为的发生，甚至走向违法犯罪。因此，社会工作者应当协同家长和教师，增加对儿童同伴群体的认识和理解，并给予必要的指导、监督和管理，帮助儿童及同伴群体朝着健康的方向发展。

三 青春期的社会性发展

青春期的孩子逐渐认识到父母角色的多样化，父母不再被看作是任何事情的权威。这是一个对父母的“去理想化”历程，青少年从而更加强调自己作决定的能力和对同伴关系的依赖。但是，这一阶段亲子关系面临的压力不仅来源于青少年自身生理、社会和认知等方面的变化，也受这一时期父母的各种变化的影响。

（一）父母亲子关系

1. 亲子关系的发展

亲子关系是由夫妻关系产生而来的最基本、最重要的家庭关系，指父母与子女之间的血缘亲情关系。费孝通在《乡土中国·生育制度》中曾写道：“孩子出生为夫妇两人创造了一件共同工作，一个共同的希望，一片共同的前途；孩子不但是夫妇生物上的结合，同时也是夫妇性格上结合的媒介……稳定夫妻关系的是亲子关系。”① 子女与父母之间的互动共同促进着家庭的和谐，也成为维护社会稳定的基础单位。

在亲子关系建立发展的过程中亲子关系具有不可替代性、不平等性以及变化性。亲子之间容易产生各种问题与矛盾，造成亲子关系紧张与冲突的原因有父母的因素，同时也有子女自身的因素。父母方面的原因主要有：①父母对子女的过分要求与期望，长期压抑子女的个性释放，

---

① 费孝通：《乡土中国·生育制度》，北京大学出版社 1998 年版，第 163 页。

同时使他们处于紧张的压力状态中，这样不仅对家庭关系产生不利影响，还会对子女的个性发展埋下隐患。②父母教养方式极端。把握不准对待孩子的态度，进行教育的过程中并没有因势利导地对子女进行正确管教，更易使子女性格上或孤僻冷漠，或胆小怯懦，不服管教现象时有发生，更有甚者危害社会安全，发生违法犯罪行为。③父母教育观念不同。受到时代因素的影响，父母所接受的教育观念与子女时代的教育观念并不一样，但是父母在教育子女的过程中往往以自己曾经接受的观念教育子女，这样形成观念上的冲突，具化到行为产生更多的亲子冲突。④地位上的不平等性。父母往往以自身长辈身份自居，不尊重孩子自身所做的选择，更不关心孩子对自身的教育方式产生的情感上的反应。同时他们更多地关注孩子的学业成绩，缺少平等的对话，阻碍家庭教育的高效进行。

青少年时期是个体个性发展的过渡阶段，也是对自身家庭教养方式外化反应的明显阶段。在这一时期，青少年自主意识强烈，追求自尊与平等，易暴露出青少年对于家庭的不满与冲突。青少年在青春期以前尊重父母，顺从父母的意志。而在进入青春期之后，随着生理上的成熟，智力的发展以及经过一定知识文化的学习，思维能力的扩展，青少年对于父母的态度开始发生新的转变，对于自身的想法与意识有了一定了解。开始希望从自己的意愿出发，进行自我选择与判断。在家庭中的地位也由被动变得较为主动，变得越来越有自己的想法和主见。

虽然处于青春期的青少年追求独立，希望摆脱父母的权利和限制，但这种独立的倾向并不是青少年全部的心理需要，大多数青少年仍然视父母为最重要的人。因为在青少年尚未完全获得经济独立和社会适应能力之前，父母仍是他们寻求帮助和忠告，获得情感支持和物质满足的重要来源，所以他们对父母还保持着一定的依赖。因此，在青春期的亲子关系中，呈现出了明显的不对称色彩。一方面作为青少年健康成长的大后方，父母习惯性地付出自己所拥有的一切，以满足青少年全方位的物质和精神的需要。另一方面青少年对父母的付出不再被动、无条件地接受，而是有条件地进行选择，而且更多地关注自己个体的发展，忽视对父母的理解和回报。此外，由于生活时代、经历、所处地位、看问题的角度及各种价值观的影响，青少年和父母无法达成完全的沟通和合作，他们认为亲子关系无法满足自己所有的情感需要，从而开始渴望友情。朋友之间能共同分享心中的秘密，其亲密程度甚至会超越亲子关系的这种依恋。青春期也是重要的过渡时期。

2. 亲子冲突

青春期产生亲子之间的冲突，是不可避免的。虽然有关的实证研究确实发现青少年期比童年期发生更多的亲子冲突①，但后期的研究也表明大多数青少年都平稳度过了青少年期。② 因此，虽然亲子冲突可能引发青少年的某些问题行为③，但对于多数家庭而言，青春期的亲子冲突，是子女生理心理发展过程与家庭生命周期中一个正常的短暂阶段，会随着子女的进一步成熟和家长对孩子这一成熟过程的承认与接纳而自然消退。

认知发展学的观点认为，心理能力的阶段性变化是引起青少年行为发生迅速改变的原因，个体在从青少年中期到晚期时的认知重组导致了亲子冲突的增加。斯蒙塔纳④认为，认知成熟意味着在某些事情上，青少年将以往看作是父母权威范围内的事情认为应该由自己做主，如果父母仍试图维持他们的权力，冲突就会加剧。

希尔曼⑤也指出，认知发展表明了青少年对其与父母角色的认知的重构，他们逐渐以看待朋友的标准来衡量父母，如果父母不接受这种平等式的关系，冲突就会产生。他分析了个体认知能力的发展过程，并把儿童对亲子关系的理解划分为下列五个水平（如表 2. 2 所示）。

---

① Montemayor, R. Parents and adolescents in conflict: All families some of the time and some families most of the time. Journal of Early Adolescence, 1983 (3).

② Steinberg, L. Autonomy, Conflict, and Harmony in the Family Relationship. In S. Feldman G. Elliott (Eds), At the Threshold: The Developing Adolescent. Cambridge, MA: Harvard University Press. 1990.

③ 方晓义、董奇：《初中一、二年级学生的亲子冲突》，《心理科学》1998 年第 2 期。

④ Smetana, J. Adolescents' and Parents' Conceptions of Parental Authority. *Child Development*, 1988, 59 (21): 321 - 335.

⑤ Selman, R. *The Growth of Interpersonal Understanding: Developmental and Clinical Analyses.* New York: Academic Press. 1980.

表 2.2　　　　亲子关系概念模型

水平	亲子关系
0	儿童把父母看作老板
1	儿童把父母当作看护人和帮助者
2	儿童把父母视为监督咨询员和需要满足者
3	父母和儿童之间能够做到相互容忍和尊重
4	亲子关系能随环境、双方能力及个人需要的改变而变化

从这个五阶段模型来看，儿童对亲子关系的理解越来越能从双向和互动的角度出发。当发展到第三水平时，儿童开始认识到亲子双方需要共同努力合作来维护亲子关系。青少年表示他们需要父母的建议和指导，反过来父母也需要能从孩子的成长和幸福中体验到快乐。同时，青少年也逐渐把父母对某一问题的看法仅仅看作是一种可能，而不是唯一正解的可能。因此，亲子之间的冲突是青少年正常发展的自然发展趋势而已。

与年幼孩子相比，在子女的青春期阶段，处在中年期的父母也面临着很多外在压力，如工作压力、夫妻关系、经济来源、对孩子的教育等。这就有可能会导致父母对青少年的各种变化产生消极反应，从而表现出更多的亲子冲突，进而对青少年的发展产生消极影响。

亲子之间产生冲突时，需要两代人之间的合理沟通。父母要放手给子女发展的空间，子女也应理解父母，体谅父母的付出。尤其是在经济科技迅速发展的今天，青少年的价值观念受互联网时代的影响较大，而父母的观念相对较为滞后，他们对于新时代的发展变化反应较为迟钝，对于相应的青少年的想法了解以及接纳并不及时，因此加强沟通，促进青少年与父母的相互融合可以减少冲突，父母对子女的欣赏与激励，实现两代之间的有效沟通也能够促进和谐家庭关系建立，进而有利于维持社会稳定。

（二）青春期同伴关系

青少年进入青春期后，对情感交流的渴望更加迫切，同伴群体可以满足他们的这种需求，并促进青少年情感的发展成熟。青少年主要是从同伴群体中得到生活经验和社会信息，这也有助于青少年的学习和兴趣爱好的发展，并对其生活目标和价值观的形成产生重要影响。而同伴群体的性质也会极大地影响该时期个体的学习行为。能力水平是影响学生与同伴交往的另一个重要因素，其群体内成员的能力构成又会作用于学生的学习活动；同时，学业上的成就影响学生选择的群体及其地位。有研究发现，对中国学生而言，学业成功是群体构成的一个重要标准，他们倾向于与自己能力相当，并期望与获得学业成功的人组成群体。另外，高成就的学生容易在群体中拥有较高的地位。换言之，学业成功的学生似乎在社交场合中也是最成功的。这也缘于中国的文化支持学业成功，顺从的群体成员最容易被接受。[①] 另外，高能力者也容易组成群体。国外的一项研究[②]发现，优秀学生之间存在高度竞争意识，这既使他们互相吸引，又使他们更倾向于选择个别学习而不是合作型学习，因为他们都想被看作在智力上高人一等，而合作情境似乎难以满足这种需要。

同龄群体在一起，很容易产生属于自己“圈子”的价值观、沟通方式和行为方式，产生一种属于“自己”的亚文化模式。亚文化是相对于主流文化而言的，它在观念认识、价值定位、行为方式等方面与主流文化有较大差异，没有主流文化那样系统、规范，也不具有高度的理论化形态。亚文化的存在，一方面是由于年龄等生命特质所带来的影响；另一方面是由于当时的社会政治、经济地位所决定的。青春期亚文化是指处于青春期的社会群体在价值观、道德观和行为标准方面表现出来的特征的概括和总和。这种文化在青少年群体中影响力较深。

1995 年，美国学者哈里斯[③]通过对 20 世纪 80 年代以来大量文献资料分析和总结，提出了群体社会化理论，认为父母对儿童社会化没有长期影响，两两成对的关系（如朋友关系）对人格发展也没有长期影响，基因与生物学因素对社会化的影响也不大，同伴群体才是儿童人格发展最主要的动因。其核心假设是社会化具有情境特异性（context-specific），即

---

① Chen, X. , Chang, L. & He, Y. The Peer Group as a Context: Mediating and Moderating Effects on Relations between Academic Achievement and Functioning in Chinese Children. *Child Development*, 2003 (74): 710 – 727.

② Feldhusen, J. , Yun Dai, D. & Clinkenbeard, P. Dimension of Competitive and Cooperative Learning among Gifted Learners. *Journal for the Education of the Gifted*, 2000 (23): 328 – 342.

③ Harris, J. Where is the Child's Environment? A Group Socialization Theory of Development. *Psychology Review*, 1995 (102): 458 – 489.

儿童在家庭内习得的行为与其在家庭外习得的行为是两个独立的系统；儿童长大成人后，家庭外的行为系统逐渐取代和超越家庭内行为系统，最终成为其人格的后天习得部分。所以，父母对儿童没有长期影响，家庭外环境才是儿童社会化至关重要的影响因素。

哈里斯认为，儿童通过认同同伴群体的一般准则和行为规则来实现家庭之外的社会化，认同由父母群体传递给同伴群体的文化并加以创新。儿童认同的是同伴群体，而不是自己的父母；他们认同的文化不是由父母直接向他们传递的文化，而是由父母群体向同伴群体传递的文化。也就是说，父母传递给儿童的文化要经过同伴群体的过滤，只有在同伴群体中多数人接受的情况下，同伴才会把家中习得的行为传递给群体成员。所以，在家庭外的各种环境因素中，同伴群体才是最重要的。

这一贬低家庭的社会化功能、极力推崇同伴群体影响力的反传统理论引发了许多的争议与批评，但它确实观察到同伴群体对个体的强有力影响。这种影响在青春期可能是最显著的。廖红、陈会昌①对我国中学生的同伴群体和家庭影响力进行了研究，采用情境故事判断、社会关系网络问卷和访谈法对495名中学生进行了调查。他们编制了6个故事，分别涉及与青少年社会化关系密切的6个情境，包括买衣服、听流行音乐、同伴群体中的“暗语”“告发”同伴的错误行为、玩电脑游戏和阅读流行书籍。在这6个情境中，青少年面临着接受父母影响还是接受同伴影响的两难处境。结果发现，初中学生对其家庭状况和在家庭中的地位的评价明显低于高中学生，其中初二学生对其家庭状况和家庭关系的评价都是最差的。而在“告发同伴错误行为”、同伴中流行的“暗语”、穿同伴中流行的服装和听同伴中流行的音乐四个情境中，青少年接受同伴群体影响随年级升高，存在着从接受父母影响向接受同伴群体影响的转变趋势。各情境的结果都显示，从初二到高一年级是从接受父母影响向接受同伴影响的一个敏感的转变时期。群体同伴关系对于青少年的影响也关乎其整个人格塑造的过程。

---

① 廖红、陈会昌：《中学生对同伴群体和家庭影响力的判断》，《心理发展与教育》2000年第4期，第51—55页。

第二节 家庭结构的变化与青少年犯罪

家庭结构在个体成长的过程中具有重要的作用，它通过父母、亲人与子女之间的抚养方式，塑造、影响子女的性格与心理健康，对各个时期与阶段的个体成长有重要的影响。

一 家庭结构与教养方式

（一）家庭

家庭是基本的社会群体，是由婚姻关系、血缘关系或收养关系的建立而产生的亲属间的社会生活组织，是最亲密的群体。家庭是社会的基本细胞，也是个体生长的摇篮和社会化的第一场所。家庭是个体社会性形成的初始环境，是个体获得早期经验、习得最基本的行为规范的主要场所，而且家庭对个体的影响以血缘、亲情为纽带，是个体的生存依托、情感依托和经济依托。除了原始社会的某些阶段和现代社会中某些特殊区域，几乎所有社会的儿童抚育都是在家庭中完成的。当然，这里的家庭包括血缘的亲生家庭和拟制血缘的收养家庭等。由家庭抚育儿童，是一种社会通常的共同做法，既是社会的共识和信念，也是社会的规定。依费孝通《生育制度》中的观点，这其实是社会为延续自己存在而规定的一种社会制度。

家庭的抚养和熏陶对子女成长的作用是社会和学校无法代替的。在家庭中，抚养者与被抚养者、教育者与受教育者有血缘上的亲密性，我们称为亲子关系。同时，家长有意或无意地言传身教无不对孩子进行着随时随地、潜移默化的影响。这种亲密性和渗透性决定了家庭对婴幼儿影响的深刻性。同时，家庭作为一个复杂系统，它的所有因素，如家庭的结构、环境、氛围、拥有的资源、家庭成员的互动模式、家长的教育背景及人格特征等，都可能对个体产生这样或那样的影响。创造一个良好的家庭环境，对婴幼儿的早期发展和个体的毕生发展都具有至关重要的作用。正如英国曼彻斯特的一份对中小学生的调查报告中所指出的：与教育成果有着密切联系的主要因素在家庭环境之内，家庭因素的重要性几乎2倍于社会与学校两项因素的总和。[①]

（二）家庭结构

1. 家庭结构的相关概念

家庭结构是指家庭中成员的构成及其相互作用、相互影响的状态，以及由这种状态形成的相对稳定的联系模式。家庭结构是一个抽象的概念，同时，又是实际存在的，它对家庭成员的生理、心理和行为有巨大的影响。家庭结构包括两个基本方面：

（1）家庭人口要素。家庭由多少人组成，家庭规模大小。

（2）家庭模式要素。家庭成员之间怎样相互联系，以及因联系方式不同而形成的不同的家庭模式。

家庭类型和家庭规模，是指家庭成员的组合方式和家庭内部的构造，它包括家庭的人口数、夫妇对数和代数等。对家庭类型比较流行的分类是美国等西方学者提出的划分方法，它是按家庭构成的代数与夫妻对数为主要依据并参照了家庭成员的血统关系划分的：

（1）核心家庭，即由父母和未婚子女组成的家庭；

（2）主干家庭，即由父母和一对已婚子女组成的家庭；

（3）联合家庭，即由父母和两对以上已婚子女组成的家庭，或是兄弟姐妹婚后不分家的家庭；

（4）其他家庭，即除以上类型以外的家庭，如隔代家庭，即祖孙两代组成的家庭以及单亲家庭，即由于丧偶或离异等原因，核心家庭中失去父亲或母亲一方的家庭等。此外还有同居家庭、同性恋家庭、单亲家庭。

各种不同的家庭类型和家庭规模对于婴幼儿的成长有不同的影响作用，某些家庭类型在一定条件下可能会阻滞婴幼儿的正常生理和心理发育。目前，专门针对家庭类型和家庭规模对于婴幼儿的成长影响的文献尚不多见，但关于儿童后期和青少年时期的研究较为常见。因此，关于家庭结构性特征与个体成长的具体关系，在以后的各个章节中也将分别加以论述，而本章中则着重从微观层面分析家庭成员对婴幼儿的影响。应当指出的是，家庭对个体的作用是长期乃至终生的，而且其表现方式

---

① 俞国良、辛自强：《社会性发展心理学》，安徽教育出版社2004年版，第151页。

也有显性和隐性之分，家庭结构对个体的某些影响可能要经过较长的时间才能体现出来。

王殿春、闵慧男[①]在针对12—14周岁学生的家庭结构对情结状态的影响关系的研究中发现，不同的家庭类型对儿童的情绪状态确实存在影响。其中，正常小家庭、正常大家庭儿童的情绪稳定的百分比要高于单亲家庭和再婚家庭。在忧虑、紧张困扰和精神压抑预备状态以及恐惧、敌意、嫉妒和羞怯等情绪指标方面，再婚家庭较明显地高于其他三种家庭（该调查中，正常小家庭是指学生父母的婚姻为初婚，家中有1—2名子女；正常大家庭是指学生父母为初婚，有2名以上的子女，或与祖父母、外祖父母或其他亲属共同居住的家庭）。

在各种家庭提供的抚养模式中，有一种家庭尤其值得关注，这就是寄养家庭。罗国芬、邓喜芬[②]研究了我国农村的寄养状况。研究发现，寄养子女对寄养家庭成年人的看法和评价，在道德素质、身体素质、心理素质、文化水平四个方面的评价中对其赞赏的比例逐步降低，对其中道德素质的认可程度最高。而对寄养家庭中成年人在较差、很差方面的评价是依道德素质、身体素质、心理素质、文化水平四个方面而逐步加大，对文化水平的批评最多。对寄养子女预后状况的分析，最认同的是寄养不利于母亲和孩子之间关系的发展，其次是不利于孩子的性格和心理健康、不利于家庭的日常生活和家庭关系和谐。至于寄养行为对寄养子女的智力发展、身体健康状况的影响，一般认为都不大。

寄养子女与其他青少年群体相比，由于其经历比较特殊，尤其是早期的寄养经历或较长时间的寄养经历，都可能使他们在一些方面与其他同龄人产生区别。但同时，我们也没有必要把寄养过于“妖魔化”。寄养子女有自己的喜怒哀乐，有他们的优点和问题，需要全面加以认识。寄养可能会给子女的成长带来父母缺席的一系列问题，但这样的家庭可能为子女实现更优的教育提供经济方面的支持，使子女获得原生家庭不能

---

① 王殿春、闵慧男：《家庭结构对儿童情绪状态的影响研究》，《黑龙江教育学院学报》1999年第1期，第99—103页。

② 罗国芬、邓喜芬：《农村初中寄养子女情况调查报告》，《青年研究》2002年第3期，第21—25页。

提供的物质生活学习条件，具有双重的作用。

2. 家庭结构对社会犯罪的影响

在结构分散、功能失调、放任管教方式以及家庭经济困难、父母工作时间限制的家庭中，子女在关爱真空、道德真空、经济真空、空间拥挤的情况下往往会陷入绝望，身体心理的双重伤害使他们进行非暴力犯罪，例如，偷盗和抢劫。[①] 同时，家庭结构发生变化时，孩子与继父母之间的关系都会产生性别以及表现程度的不同，男孩对于继父有更多的冷漠，而继父更多的表现出权威，男孩有更多的情绪波动问题，而女孩相对来说出现的品行问题较多。[②] 众多学者研究家庭结构对于农村留守儿童个性的形成影响，其在社会有序发展方面形成基础性的作用。营造良好的家庭结构氛围也为社会安定，减少犯罪，防患于未然发挥作用。

家庭结构的变动，往往牵一发而动全身，不仅仅是父母之间的情感稳定，子女性格因素的影响，更甚于子女对于后代的抚养方式，以及社会稳定等都会产生一系列反应。关注因家庭结构变动而对不同类型群体产生的影响，提出行之有效的解决策略是一项任重而道远的任务，需要社会各界的共同努力。

（三）家庭教养方式

家庭教养方式是父母在抚养子女的过程中形成的较为稳定的抚养风格。家庭教养方式反映了父母对子女的教育观念与行为作用。家庭教养方式的实现过程也是以家庭为场所，是通过亲子关系的互动，塑造个体的性格，为子女成为社会人奠定基础的重要途径。众多研究表明，家庭是个体成长的第一场所，教养方式对于儿童的社会化，青少年网瘾行为、青少年犯罪以及个体的成长过程都有重要的影响。而大多数对于家庭因素的研究主要集中在家庭关系、家庭成员的行为以及家庭结构几个方面。而家庭教养方式作为最初始的作用机制，在家庭各方面都发挥重要影响。

---

① 王轶凡：《家庭结构与青少年犯罪》，《河北公安警察职业学院学报》2012 年第 12 卷第 2 期，第 48—51 页。

② 薛宝雯：《家庭结构变化对儿童心理健康的影响》，《江苏预科医学》2013 年第 24 卷第 1 期，第 1—3 页。

鲍姆林特①于20世纪60年代后期，经过观察研究，将教养方式分为专制型、权威型、放纵型三种类型。国内学者林磊、董奇等（1996）②采用聚类分析法将母亲的教育方式划分为极端型、严厉型、溺爱型、成就压力型、积极型等。张文新、林崇德③研究表明，父母教育方式对青少年的自尊有较好的预测作用。20世纪90年代以来，崔哲、张建新④运用因素分析的方法将家庭教养方式分为四种类型：理解鼓励型、过分约束型、冷漠专制型和限制保护型。另外，有学者⑤以导致青少年网瘾为标准将不当家庭教养方式划分为：支配型、溺爱型、保护型、忽视型、不协调型五种类型。

在这种支配型的教养方式下，父母只从自己的主观意志出发，充分发挥父母的权威性，强迫孩子接受自己的命令与要求，较少考虑孩子自身的感受。这种成长环境下的孩子往往缺乏自信心，并不能主动表达自己的感受与想法，性格长期受到压抑，比较自卑，缺乏安全感，极易受到网络的吸引，产生不良的社会反应。

溺爱型的教养方式下，父母将孩子放在第一位，满足孩子的要求，迎和孩子的情绪与欲望。在这种环境下成长的青少年容易形成自私的性格，对社会的责任感降低，不考虑别人的感受，受到一点挫折便容易产生逆反心理。而且他们缺乏独立性，同时物质性欲望、自尊性较强，容易采取极端的行为实现自身目标。

保护型的教养方式下，父母过度限制孩子的主观能动性，主动设计好孩子的成长之路，较少在意孩子的承受能力以及内心意愿。在这种环境下成长的青少年也在社会生活中缺乏主见，形成对家庭或者对他人的

---

① D. Baumrind. Current Patterns of Parental Authority. *Developmental Psychology*, Vol. 4 (1, Pt. 2), Jan 1971: 1 - 103.

② 林磊、董奇、陶沙、曾琦：《母亲教养方式与学龄前儿童心理发展的关系研究》，《心理发展与教育》1996年第4期，第56—59页、第489—493页。

③ 张文新、林崇德：《青少年的自尊与父母教育方式的关系——不同群体间的一致性与差异性心理科学》，1998年版，第21页。

④ 崔哲、张建新：《家庭教养模式、中学生应对方式及其心理健康状况的关系》，《中国临床心理学杂志》2005年第2期，第56—58页。

⑤ 韦凡荣：《青少年网络成瘾与父母教养方式》，《太原师范学院报》2006年第5卷第1期，第170—172页。

依赖性，社会适应能力相对较低。同时，自身价值感较低，为寻找存在感，他们可能会采取偏激的方式寻求注意与满足。

忽视型的教养方式下，父母忙于自己的工作，并没有足够多的时间陪伴子女的成长。尤其是在青少年需要情绪疏导、教育关心的时期，父母的缺席容易使得他们受到不良信息的影响，扭曲自身的价值观念，受到网络或者同伴的影响，产生不良的生活习惯，导致严重后果。

不协调的教养方式是青少年成长过程中，父母的教育观念不一致，或者不同阶段父母的教育观念产生极端转变，违反教育方式的连续性与一贯性，使孩子在成长过程中形成不安定感。这种环境下的青少年容易产生不信任感，自身价值观念的塑造也会缺乏一定的标准与观念，来回摇摆、模棱两可的态度使青少年自身形成恐惧感，唯唯诺诺，并不清楚自身的价值取向。容易引发孩子的不良或者极差行为。

家庭教养方式在整体类别上存在差异，同时在每个家庭内部、父母或其他抚养人之间都存在特殊性，抚养方式也受到多种因素的影响：父亲与母亲主导地位、家庭经济条件、父母陪伴时间长短等。家庭是相对封闭的教育场所，外部并不能过多介入并对抚养方式进行评价或者高效地判断操作。因此，建立有效的榜样示范以及文化宣传成为促进和谐家庭关系的重要路径。此外，建立有效的家庭亲子咨询体系对存在隐患的教养方式能够形成矫正引导，对于亲子之间的长期融洽互动有重要的优化作用。

二　家庭成员对青少年社会化的影响

（一）母亲的影响

母亲孕育了子女，是与子女无论从生理上还是心理上看联系最为紧密的亲人。个体出生之后最先接触母亲的安抚，经由母亲喂养。而且母亲是个体形成最早依恋的对象，母亲的抚养方式和早期教养对个体的人格形成有着重要的影响。婴幼儿从母亲那里学到的被动行为或攻击行为的倾向，对青少年行为的预测作用要高于儿童早期或中期从同伴和教师那里学到的行为。母亲各方面的关注与爱护是婴儿获得安全感的重要保障，而母亲对婴儿信号的敏感度，是培养和促进婴儿与他人良好沟通的能力的一个关键因素。安思沃斯等①的系列研究发现，如果母亲对婴儿的需要有着良好的敏感性，她们的婴儿在周岁时，在获取某些能力上要比其他婴儿更加出色，而这些能力对智力和社交来说是必不可少的。

婴儿本身的气质是家庭与外部环境相互作用的结果，并不是单一个体的影响。但是，婴幼儿在母亲那里得到有限的照顾以及良好抚养方式的抚养，能够及时对婴儿的需求做出反应，会使婴幼儿在之后的发展中有更加优秀的行为表现。而且良好的心情、充分的信任感，对其日后的人际交往有帮助作用。母亲在新生儿出生后如果积极承担教育引导者的角色，注意使新生儿获得学习技能，增加训练机会，这种母婴之间的良好互动有助于促进婴幼儿的发育成长。虽然不确定哪一种互动方式能够有明显的效果，但是母亲及时对婴幼儿的需求做出反应，适时引导是其健康成长必不可少的因素。

稳定的家庭结构中母亲承担着重要的角色，母亲角色的缺失或者变动对青少年信任、良好伙伴关系、攻击性行为等都具有明显的影响。此外，母亲的文化程度、性格特征对青少年的健康成长、正确价值观的确立都有重要影响。

（二）父亲的影响

在人们的观念中，父亲在婴幼儿的情感发展、社会性发展过程中仍没有起到如同母亲那样的关键性作用。在传统家庭分工中，照料婴幼儿的职责一般由母亲承担，父亲角色的职能更多的是为家庭提供经济基础，获取安全的成长资源与环境。

但是，父亲在子女的社会化进程中有重要的影响，父亲的关爱增进子女的自信心，有勇气面对生活中遇到的困难与挫折。同时，父亲一般扮演家庭中权威者的角色，父亲身上固有的坚韧品格，对于家庭承担的责任，都能够增进子女对于社会责任的理解。早期的婴幼儿成长研究注重母亲的影响，而忽视了父亲对婴幼儿成长的作用。到 20 世纪 70 年代，相关的文献只是较为集中地讨论父亲的缺失（死亡或离婚）对家庭的影

---

① Ainsworth, M., Bell, S., Blehar, M., Main, M. *Physical Contact: Astudy of Infant Responsiveness and its Relation to Maternal Handling*. Paper presented at the Biennial Meeting of the Society for Research in Child Development, Minneapolis, MN. 1971, April.

响，父亲对于子女的抚养关照产生的积极影响需要更多的探讨与研究。

（三）多子女的影响

1. 兄弟姐妹家庭

（1）相近年龄阶段子女

年龄相近的兄弟姐妹承担着情感的传递以及竞争双重角色的身份，对青少年健康人格的形成有重要的影响。年龄相近的兄弟姐妹之间所接触的外部环境条件相近，他们可以在感情上相互沟通、相互交流，同时能够分享生活、学习、家庭中的悲伤与快乐。对于传递感情，增进面对困难的勇气与支持有重要作用，同时对于困难的共同克服、共同经历的增加，能够减轻个体面对困难时产生的情感焦虑，压抑或者沮丧等不良情绪。同时，良好的互动关系有利于增进家庭纽带关系，分担父母之间的压力，成为家庭关系的润滑剂。但是，相近年龄阶段子女之间会形成一定的竞争，有可能会争相取得父母的关注，父母的照顾不均会形成子女之间的较劲，反而不利于子女健康成长。除此之外，相近年龄子女学习、生活产生双倍的费用，给家庭带来一定经济负担，需要父母投入更多精力维持家庭日常生活支出。

（2）年龄差异较大子女

家庭子女年龄差距较大时，对于不同顺序儿童的成长有不同影响。对于先出生的儿童，在前几年的生活中，他们能够得到父母全部的关怀与注意，他们享受家庭成员的照顾并没有危机意识。但是，新出生的婴儿将家庭的注意力吸引过去，父母自然而然将精力投到新生儿身上，对于先出生的孩子来说会形成巨大的心理落差。他们或者会表现得更加听话以获得父母的关注，或者会无理取闹提出各种要求甚至故意叛逆以寻求关爱。

因此在多子女家庭中需要父母公平对待每个成员。研究发现，兄弟姐妹之间的竞争紧张程度与他们体验到的被夺走的关怀和权利的程度相关。在许多研究中，当父母双方对所有的孩子都很热情、很敏感时，兄弟姐妹之间的关系就像朋友一样，很少有冲突。

有些儿童性格敏感，密切关注兄弟姐妹与父母之间关系，对任何偏爱的迹象都很在意，当他们认为某个孩子最受家长宠爱时，常常会因此憎恨他。因此，如果父母能关心每个儿童，规定适合不同年龄子女的权力与责任，公平指出每个孩子的优点与不足，将有助于减少他们之间的竞争。此外，父母若能让先出生的孩子在弟弟妹妹出生时感到自己也能照顾弟弟妹妹，而且他们仍然被父母疼爱，则能减轻先出生孩子因弟妹的出现所产生的恐惧。

2. 独生子女家庭

因为计划生育政策的推行，当今中国社会，尤其是在城市中，有独生子女的家庭相对较为普遍。独生子女规模的扩大，所影响的并不仅仅是儿童个体心理或生理的变化，更重要的是，独生子女规模的扩大，还意味着一种家庭结构乃至社会结构的变迁。家庭结构以及内部角色的变迁可能会影响到家庭、学校、国家、社会对儿童的评价，影响到家庭教育、学校教育和社会价值观。他们的存在，将影响乃至改变家庭关系的模式，进而影响家庭的经济、教育和精神活动结构。但是，随着国家二孩政策的逐渐开放，大部分家庭选择生两个小孩，独生子女家庭所占的比例也会逐渐减小。家庭结构也将会随着计划生育政策的变化产生变迁。

之前的研究对于独生子女有不同的评价，但是媒体对于该群体的大量报道产生他们害怕吃苦、娇惯任性、自理能力差等一系列负面评价。社会普遍认为独生子女家庭会有众多问题，比如溺爱造成的娇气、自私等特性，而且孩子的自理能力差，生活上很懒，不能主动承担自身的责任，在人际处理中偏向孤僻、冷漠。也有学者持不同态度，风笑天①通过大量的资料调查发现当前受到媒体观念的影响，社会存在对于独生子女的刻板印象。独生子女与非独生子女在社会中的实际表现没有特别大的差异。虽然独生子女与非独生子女在人格特征方面确实存在具体差异，但并不是极端性的表现，而且在某些发展指标上，独生子女还具有非独生子女不具有的一些优势。

中国青少年研究中心采用人格需要量表、自我接纳量表、学习需要量表、道德自我评价量表和兴趣爱好量表等工具，于1996年10月在全国12个城市调查了3284名独生子女中小学生及其家长，对独生子女的人格状况进行了较深入的分析。研究发现，独生子女人格发展状况表现出五

① 风笑天：《独生子女：媒介负面形象的建构与实证》，《社会学研究》2010年第3期，第177—198页。

大优点和四大缺陷。研究得出的主要结论是：独生子女有较强的亲和需要、持久需要和扶助需要；大部分独生子女能很好地接纳自我；独生子女的社会道德素质好；独生子女的学习需要中，报答需要和自我提高需要较强烈；独生子女兴趣爱好广泛；但同时，人格需要中，较多的独生子女有不同程度的攻击性需要，较多的独生子女成就需要较低，少部分独生子女有较强烈的谦卑需要；少部分独生子女在自我接纳方面存在一定障碍；在个人道德方面，主要是在创造性、独立性和勤劳节俭方面，独生子女存在一定的缺陷；在学习需要中，认知需要较强烈的独生子女较少（中国城市独生子女人格发展课题组，1997）。此外，在体格发育上，独生子女也具有一定的优势。宋宏伟、郭保红[①]的调查发现，独生子女组的体格发育指标与非独生子女组相比，表现为同年龄体格发育指标均值的提高和发育高峰年龄的提前。

国内学者根据二孩政策基于 2005 年全国 1% 人口抽样调查资料及 2010 年“六普”特别汇总数据对人口变化进行预测，研究发现，全国独生子女数量仍将持续增长，2050 年将达到 3. 03 亿人，但比原计划生育政策下将减少 0. 45 亿人。[②] 独生子女问题是应社会发展背景产生的，该群体在未来社会适应记忆犯罪行为方面的差异需要进一步的研究与调查。但是，作为社会责任的重要承担者，在对独生子女的教育方面需要加强与同龄儿童的交流与合作，为其健康成长人格的完善塑造提供更多的机会，而不是事无巨细，处处呵护，滋生不良习惯。

第三节　特殊家庭犯罪现象分析

家庭结构是指与青少年有直接亲缘关系、利益上休戚相关的父母之间的关系，以及由这种关系所形成的家庭现状。[③] 健全的和谐的家庭结构可以带给青少年安全和爱。能够给青少年提供一个良好的生活和受教育

① 宋宏伟、郭保红：《独生子女和非独生子女体格发育指标的追踪观察》，《实用预防医学》2002 年第 3 期，第 266—267 页。

② 姚引妹、李芬、尹文耀：《单独二孩政策下独生子女数量、结构、变动趋势预测》，《浙江大学学报》2014 年第 45 期，第 94—104 页。

③ 康树华：《家庭 · 青少年犯罪与救治》，重庆出版社 1995 年版，第 12 页。

的环境。相反，不健全的残缺的家庭结构如一些单亲家庭、再婚家庭和隔代家庭则不能够提供这些，就有可能造成不好的家庭教育，使青少年走上犯罪道路。

一 当前家庭结构变化趋势及其特殊家庭类型

改革开放以来，经济的快速发展带来社会面貌的巨大变迁，而且计划生育政策的实行使家庭结构经历了多子女向独生子女核心家庭的偏向，随着经济的发展，父母从事更多的经济活动，祖父母、曾祖父母逐渐进入核心家庭承担看护孩子的责任，隔代家庭数量增加。随着城镇化进程的加快以及我国经济发展水平的提高，隔代家庭的抚养方式会逐渐从权利全部转让向部分转让发展。进入20世纪90年代以来，我国的离婚率不断上升，父母再婚导致组合家庭、单亲家庭的数量不断增多。当前国家二胎政策的逐渐开放，当前家庭结构也逐渐开始从父母、一个孩子的现象向多个子女的结构转变。家庭结构的变化不仅对家庭中孩子的性格培养有重要的影响，对于社会发展的稳定也有重要作用。

1. 隔代家庭

父母对子女的亲子教育和祖辈家长对孙辈的隔代教育，是家庭教育中两种主要的形态。近几十年核心家庭取代大家庭成为家庭结构的主要模式，使亲子关系研究占据非常重要的位置。但是，老年人依然可以在抚育孙辈扮演着重要角色。祖父母、外祖父母作为家庭系统的一员，与父母、兄弟姐妹、同伴一样，在婴幼儿、儿童、青少年的认知和社会性发展过程中起着重要的作用。特别是在实行隔代抚养的家庭中，祖父母代替了父母的养育职能，老年人在孙辈抚养中更是起着重要的作用，祖孙关系及其功能也显得更为重要。而且，由于我国社会长期以来特有的家庭伦理思想的影响，老年人通常视抚育孙辈为分内义务而主动要求参与对婴幼儿和儿童的抚养，他们的作用更是不可忽视的。

隔代家庭划分为狭义与广义两类①：狭义的隔代家庭，是指父母完全

---

① Goldberg-Glen Roberta G., Sands Ralph D. Cole, et al.. Multi-generational and Internal Structures in Families in Which Grandparents Raise grandchildren. *Families in Society*, 1998 (5): 477-490.

放弃承担孩子的教养责任，而由祖父母或者外祖父母承担全部的养育责任；而广义的隔代家庭则泛指祖父、外祖父母任何一方或双方与第三代有共处的时间，承担某些抚养责任。根据我国城乡隔代抚养情况，即根据父母在某一阶段转让抚养责任的程度与转让出去的抚养责任被承担的程度。郑杨将城乡隔代家庭分为四类[①]：第（1）类型：部分转让，较完善替代型；第（2）类型：部分转让，局部替代型；第（3）类型：全部转让型，局部带体型；第（4）类型：全部转让，较完善替代型。我国城市的主流是第（1）类型，即“部分转让，较完善替代型”隔代抚养家庭。而农村隔代抚育的主流是第（3）类型。因为农村家庭的父母外出打工或者从事生产经营活动，将子女的生活抚育以及学习教育工作委托给自己的父母。农村与城市的隔代抚养之间存在一定程度的差异，对于孩子的影响将造成较大的不同。

我国学者通过研究发现来自两代人家庭的儿童在好奇心、坚持性、伙伴威望、与人关系以及对劳动的态度上的得分显著高于三代人家庭的儿童，非独生子女在独立性、坚持性、与人关系、自我中心、劳动态度上得分显著高于独生子女。女孩在独立性、坚持性、自尊心与人关系、劳动态度上的得分显著高于男孩。[②] 隔代抚养方式产生的差异存在各个方面，不同的抚养人产生的抚养效果也因结构而异。

一项对美国四、七、十年级学生的研究表明，如果缺少了祖孙关系，孙子女会体验到养育、支持、安全感的剥夺以及自我文化和历史的缺失，在尝试解决自我认同发展危机时容易出现重大问题。而祖父母与外祖父母对婴幼儿发展的影响也因他们本身的年龄差异有所不同。年轻的祖父母更活跃，能给予孙子女更多照顾并与之玩耍，使孙子女更容易社会化；年长的祖父母，可能有更多的身体限制，和孙子女较少面对面的交流，但能够提供支持并扮演孙子女生活中的“缓冲器”。[③] 总之，通过与孙子

---

① 郑杨：《对中国城乡家庭隔代抚育问题的探讨》，《学术交流》2008 年第 174 卷第 9 期，第 124—126 页。

② 范存仁、林国彬、万传文：《家庭结构对农村学前儿童性格特点的影响》，《中国心理卫生杂志》1994 年第 8 卷第 1 期，第 24—26 期。

③ Furman, W., Buhrmester, D. Children's Perceptions of the Personal Relationships in their Social Networks. *Developmental Psychology*, 1985 (21): 1016 – 1024.

女的直接或间接的作用，祖父母与外祖父母在个体社会化过程中扮演着重要的角色。

随着我国社会经济的发展和转型，年轻的父母由于就业、进修、求学、经商等种种原因无暇照顾、教育幼儿，而社会对这方面的补偿作用尚显缺失或不足。在我国，针对3周岁以下幼儿的抚育机构还未健全，或是不能很好满足家长的需要，或是因高昂的费用使许多家长望而却步，于是祖父母就承担起辅助双亲甚至是替代双亲教育孩子的责任，“隔代抚育”成为许多家庭的现实选择。同时，由于受传统文化的影响，我国的老人都较愿意帮助子女照顾孩子，甚至把这作为一种义务。同时，由于生活质量的提高和退休年龄的提前，他们的身体状况比以前的同龄人大有改善，这样他们就有时间、精力照顾孩子。这同时也反映了老年人的部分心理特征和需求。

但是，由于隔代抚养者的文化知识水平并不一致，农村家庭大部分是当地普通百姓，而城市家庭中的隔代抚养者也多为从农村进入城市的老人，因此在教育孩子方面难以在学业上给予很大的帮助。除此之外，隔代抚养者难以保持与社会的与时俱进的思想观念，同时教育方式还会延续上一代的模式，这往往对孩子的管教过于保护或者放纵，对子女的权威感以及责任感的建立存在隐患。

2. 单亲家庭

单亲家庭是指家庭结构中缺少父母角色一方的家庭，通常主要指离婚家庭，但随着家庭、社会结构的多元，家庭可能因为各种因素而造成单亲，比如丧偶家庭、领养家庭。

在单亲家庭中要克服许多经济的、社会的、感情的问题。此类家庭经常会遇到经济不稳定、阶段性无收入、流动、角色或者责任的转变、青年骨干紧张等类似的问题。而且，父亲或者母亲除了要同时扮演两个角色之外还需要进行工作，单亲家庭的父母承担着更多的精神压力。

丧偶家庭形成的单亲与父母离异形成的单亲家庭对子女的成长影响存在不同程度的影响。对于两类家庭，父亲或者母亲的缺失，首先会使他们的子女缺乏来自父亲或者母亲的教育，安全感降低，自卑感增加。由于家庭结构的不完整，单亲家庭的生活比较单调，孩子容易感到精神上的空虚与寂寞，容易产生自闭、自卑、自责、焦虑、抑郁、逆反等不正常的心理问题。在这种情况下，如果有外界不正当的引诱，就可能会发生违法的事情。同时，很多单亲家庭父母将孩子视为自己的唯一依靠，保护孩子免受外界压力的同时，对孩子的抚养存在放纵或者严苛的情形，放纵形成权威缺失，严苛则给予孩子更大的精神压力，造成子女对于家庭的叛逆与不信任。离异家庭的子女本身会产生父母不和或者行为不轨的印象，影响其心理健康。大部分离异家庭都会选择重组家庭，部分子女成为父母再婚的负担，会被交由隔代亲人抚养，父母的双重脱离会造成子女身心上的孤独与自卑，增大对于社会的敌意，既不利于他们身心健康成长也不利于社会的稳定。此外，重组之后的家庭，面临更多的子女融合、家庭相处的问题，重组家庭内部的心理融合易造成子女的敏感多疑，对于成长环境处处小心谨慎，一定程度上造成子女的孤僻与不信任。单亲家庭的潜在社会危害巨大，而当前我国的离婚率上升，对于孩子与父母而言都会形成许多困扰，如何保障单亲家庭孩子的心理健康需要更多的研究与讨论。

3. 再婚家庭

随着观念的变化，人们对于婚姻呈现一种相对自由的选择状态。当内部婚姻出现问题时，有些父母考虑到孩子的问题选择不离婚，维持名义上的家庭。也有的家庭因为各种问题选择离婚，相对应的子女、财产等一系列问题也随之产生。

多数离婚者都选择再婚，因此有了越来越多的再婚家庭即继父母家庭（stepfamilies），也被称为混合家庭（blended families）。跟初婚家庭不同，再婚家庭是父母带着“婚史”与对方成立新的家庭。过去的创伤情结在新家庭中容易被触及，对比性的思想也容易产生，因此要经营好一段新的感情以及家庭尤其需要花费更多的心血与精力。这些家庭中的孩子可能源于以前的家庭，也可能是新组成家庭后出生的，父母有可能不仅仅是自己的父母，还可能是其他孩子的父母。近年来，我国离婚率明显上升，导致再婚家庭增多，再婚家庭的孩子教育问题也越来越重要。

父母的离异或丧父、丧母已经使这些孩子经历了一次磨难，父母的再婚又使他们面临更为复杂的生活环境，甚至受到更大的伤害。子女与成人之间的紧张情绪往往产生仇恨、妒忌、不安全感以及竞争等。一般混合家庭需要3—6年才能建立稳固的链接，对新家产生适应。

此外，家庭暴力问题也引来更多关注，尤其是混合家庭继父母对于孩子的惩罚。虐待儿童并不是家庭暴力的唯一形式，兄妹之间的相互殴打，丈夫打妻子或者妻子打丈夫都会构成家庭暴力。家庭的收入，孩子的表现都可能是家庭暴力的诱因。家庭暴力严重影响儿童的健康成长。我们确信青少年犯罪与其自身的家庭结构，家庭教育有着必然的联系。家庭作为社会的细胞，亲密和谐的家庭结构关系，正常良好的家庭教育，是每一个孩子健康成长的至关重要的条件。核心家庭的观念深入人心，虽然有更多的人试图寻找核心家庭的替代形式，但是每一个父母为此都必须有一个充分的认识，并自觉承担起一份对社会的责任。这是社会发展的需要，同时也是减少青少年犯罪的需要。

二　特殊家庭影响青少年犯罪的路径及其特点

在中国改革开放的进程中，城镇化进程的快速发展带动了流动人口的急剧增加。这一趋势在提高城镇农村居民收入水平的同时也产生一系列社会问题。人口流动造成家庭成员之间的分离以及家庭结构的破坏，其对成年人以及子女的身心产生的不利影响成为众多社会问题根源。近年来，经常发生留守儿童无人照顾，留守老人晚年悲惨的现象，媒体以及相关领域的学者对该群体的关注逐渐增多，政府也针对相关问题出台有利于流动人口的政策。

（一）留守家庭

留守家庭是随着城乡经济的发展人口流动产生的一种特殊家庭结构。相对于一般意义上的完整家庭，留守家庭在父母的情感关怀、陪伴时间等方面存在重大差异，影响青少年的健康成长与社会化进程。根据2000年“五普”、2005年“小普查”及2010年“六普”数据，国内学者分析发现[①]，城镇化进程中家庭核心化现象明显，城市一代户家庭比重上升的速度高于农村。两类特殊家庭，即“空巢家庭”和“隔代家庭”的变动较明显，城镇与农村地区存在大规模的空巢家庭，且农村地区空巢家庭以较快的速度增加；农村隔代家庭无论是规模还是比重均高于城镇。流动人口的增加对于农村的家庭影响显然大于城镇家庭。

---

① 杨胜慧、叶裕民：《2000—2010年中国城乡家庭结构变动分析》，《南通大学学报》2015年第2期，第114—119页。

留守家庭被划分为四种形式①：

（1）父亲在外地母亲在家；

（2）母亲在外地父亲在家；

（3）父母在外地，祖孙在家；

（4）父母在外地，兄弟、兄妹或姐弟在家。

父母一方在家对孩子进行照顾以及教育职责相对于只有子女被留在家中产生的消极影响要小。留守家庭中的子女长期缺乏父母在身边时的关注，自身需要承担更多同龄人需要承担的心理压力。除了在经济上的压力外，众多留守家庭的老人以及青少年内心空虚，缺乏关爱，对待生活情绪低落，产生更多的厌倦与失望，困难与挫折的承受能力弱。

（二）留守家庭犯罪成因

全国妇联2008年2月召开的全国农村留守儿童状况调查发布会上发布的数据显示，全国农村因父母双方或一方外出务工而成为留守儿童的约5800万，其中14周岁以下的留守儿童4000多万。董士昙在对山东省农村义务教育阶段的留守儿童犯罪问题的抽样调查显示②，农村留守儿童占该阶段全部儿童的33.71%，其犯罪率高达12.54%，比非留守儿童高出近11个百分点。农村留守家庭儿童犯罪不仅对于儿童自身的身心发展不利，对于农村社会的稳定逐渐产生危害。留守儿童犯罪行为的产生有社会以及家庭双重方面的原因。

1. 社会原因

经济发展不平衡，城乡差距过大是农村留守儿童数量增加以及犯罪率上升的根本原因。城市高度发展的经济提供给农村流动劳动力高出普通农活的报酬，农村人口受到城市高工资水平的影响，逐渐放弃传统农村经济模式，大量涌进城市从事生产生活。农村的经济发展水平低，教育条件、卫生条件、医疗条件及相关生活设施受到经济水平的制约相比城市更显劣势，逐渐增加的生活成本、教育成本使得众多农民不得不放

---

① 韩俊生：《几种特殊家庭对青少年犯罪的影响》，《江苏公安专科学校学报》1998年第3期，第38—47页。

② 董士昙：《山东省农村留守儿童犯罪问题的调查与分析》，《山东警察学院学报》2009年第4期，第107—114页。

弃传统农村经营方式，转而寻求经济回报更多的工作。大批量的农村劳动力随城镇化的建设进入城市打工，造成大量的儿童、老人留守在农村家庭。经济发展水平与农村留守儿童的数量形成反比现象，贫困地区的农村留守家庭的现象更加严重。

流动人口管理的相关政策也是影响农村留守儿童数量的重要因素。城市经济的快速发展需要大量劳动力从事相关产业的生产活动，打开了对农村人口的需求。国家相关政策逐渐放宽对农村流动人口进入城市的限制。而城市的空间有限，相应的教育制度、社会保障制度、教育制度、住房制度并不允许农村流动人群带着自己的子女进入城市长期生活。子女在城市的教育问题不仅存在户籍限制、经济压力问题，更多地存在适应问题。因此，一般父母外出打工之后，子女被留在农村继续上学。

农村流动人口的弱势社会地位直接影响其子女在城市还是农村生活学习。流动人口在城市中一般从事底层劳动作业，工作环境较为恶劣，工作具有一定的危险，职业也并不是常年稳定，工作时间较长，他们并没有太多的时间单独陪伴子女，照顾子女的起居。同时一般流动人口在城市中居住环境简易，有些居住在工地厂棚或者租的简易房屋，子女进入这种环境，生活条件，社会关系的建立可能不如在农村家乡更为舒适。流动人口缺乏与子女生活在一起的经济以及生活条件。

2. 家庭原因

父母角色意识淡薄，家庭结构功能失调是产生留守家庭子女犯罪的首要原因。一般农村家庭父母外出务工后，子女的照顾一般存在：单亲父母抚养；隔代抚养；同辈抚养；近邻抚养；自我监督五类。

单亲抚养中，父母其中一方的角色缺失，另一方除了从事繁重的农作业生产之外，还需关注子女的生活学习，对父母的身心造成更多的负担。许多留守家庭是由母亲在家负责扶养子女，有研究表明，母亲抚养会使子女得到更多的母亲关爱，获得与母亲细致沟通的机会，在性格塑造、语言表达、责任承担方面有明显的优势。但是，母亲抚养对于孩子的影响更多地涉及生活层面的照顾，受到文化程度的限制以及劳动压力的影响，母亲对于子女的学习状况以及身心引导，并不能发挥全面的有效作用。母亲自身也面临较多的压力，承担来自老人、子女、农作劳动等多重的责任。单亲抚养中抚养人需要腾出更多的时间关照子女的身心健康，而另一方角色的缺失，长期家庭完整性的失落难以补足子女成长阶段对于父母双方角色关爱的需求。家庭功能的失效易使子女衍生出多样的犯罪心理及行为。

隔代抚养家庭中子女由祖父母、外祖父母抚养，除面对单亲抚养家庭中产生的相似问题外，隔代抚养中，抚养者的体力与精力更加不支，同时存在年龄差异上的代沟，对于时代进步产生的新观念，他们的接受速度也较慢，祖父母、外祖父母并不能很好理解孩子的现状与需求。此外，隔代抚养中的子女存在溺爱问题，隔代家长对于子女宠爱有加，甚至犯错之后不加责备，积陋成弊，隔代抚养中的子女更易沾惹不良习惯。

同辈监护是指在父母外出打工的情况下，由年龄稍长的兄、嫂、姐等来充当监护人的一种监护类型。董士昙在调查中发现这种监护类型占全部留守儿童监护类型的2.46%左右，其多出现在父母双方均外出打工而没有祖辈或其他合适的人照顾的情况下。这种监护状态下的留守儿童的压力最大，其违纪率和犯罪率也最高，分别占留守儿童违纪率和犯罪率的40%。[①]

同辈监护中年龄相差较大已成婚的同辈对留守家庭子女的照顾方式成熟一些，能够给予父母不在时的关爱与行为上的引导。但是，年龄相近的同辈监护，未成年的子女相依为命，生活上尚且不能自理，对待世事毫无经验，还需要承受着来自家庭的孤独与内心的渴望。当遇到生活学习上的重大困难与挫折时，他们往往惶然无措，产生错误的行为。

自我监护则是留守子女自己照顾子女，是留守家庭中较为极端的方式。但是，出于经济上的压力，父母必须外出打工，而子女具有一定的生活自理能力之后，特别是在上初中之后，众多父母外出，子女独自留在农村生活学习。这种情况下的子女处于成长的重要阶段，在没有父母正确引导的情况下，留守子女更加难以处理内心与现实之间的冲突，情绪波动较大，造成身心上的痛苦。情感需求是每个社会个体成长过程中必不可少的因素，留守家庭中自我监管的子女缺失来自父母双方的情感

---

① 董士昙、曹延彬：《农村留守儿童犯罪的成因及解决途径——基于山东省农村留守儿童犯罪问题调查之数据》，《山东警察学院学报》2010年第2期，第90—100页。

关怀，其成长的过程应得到社会各界的关爱与帮助。

（三）“空巢”家庭青少年犯罪特点

“空巢”家庭青少年是农村大规模劳动力到城市就业后出现的一个特殊的群体，通常界定为14—18岁的青少年。这类青少年相对于其他家庭的青少年得到社会更少的关注。

首先，此类青少年处于14—18岁，相对于年龄较小的儿童来说具备基本的生活自理能力，而且处于学校中学阶段，大部分时间是在学校的教育管理下度过。其次，由于父母在经济发达的地区工作，时间上的陪伴少使他们在经济上进行大量的补助，因此这部分青少年在经济上相对富裕。此外，由于处于完整的家庭结构中，“空巢”家庭的青少年在社会的关注度方面并没有其他残破家庭的青少年多，但是随着城乡流动人口的不断增加以及该群体社会问题的增多，对于“空巢”家庭青少年的关注也越来越多。在情感方面，由于与父母分居两地，面对面关怀的时间少，行为的约束力弱，感情交流的机会较少，但是他们与同龄青少年一样对于亲情有无限的渴望与期待。在现实与理想的落差中，他们的内心产生冷漠孤僻甚至抑郁等一系列不良特点，在学校生活中易受到同伴群体以及不良思想的影响进而产生一系列的违法犯罪行为。

“空巢”家庭青少年犯罪较常见，犯罪的范围也比较广泛。从整个犯罪性别构成看，男性青少年是构成犯罪的主体。青少年阶段处于自我角色统一混乱阶段，对待具体事情，得不到正确引导易转化成直接的暴力犯罪方式。青少年血气方刚，对于社会持简单的是非划分标准，在受到与自己信念不统一的情况时，他们往往会出于自身正义感，按照自己思维行动。而且，处于自尊水平上升的阶段。青少年急于向社会证明自身存在的价值，表现个性，常常出现叛逆不服从的倾向。外加受到外界不良因素的诱惑，他们的行为迅速从摇摆不定到从众发展。青少年犯罪有以下几个特征：

1. 犯罪手段暴力化

由于正处于法制观念淡薄，价值观初步形成的年龄阶段，青少年对于事件的是非判断标准较为单一，同时从众心理较强，在面对一些诱惑以及事件处理中，远离父母的管制与意见参考，他们的处理方式往往比较单纯粗暴。大部分农村“空巢”家庭青少年社会阅历浅，心理和价值观不成熟，感情易冲动，受社会环境和同伴群体行为的影响诱发犯罪。14—18岁青少年处于青春期叛逆阶段，对于学校以及社会的规定具有反叛意识，希望摆脱束缚，扩展自身的个性。“空巢”青少年长期缺乏父母的关注，更希望能够得到别人的关注，在行为以及个性特点上表现方式更加独特。青少年阶段容易产生小团体，置身于一定群体当中，青少年自身的责任意识以及风险承担意识被群体成员冲淡，产生责任扩散效应，行为以及思想上从众，在犯罪手段上表现出暴力、残忍不计后果的特点。

2. 犯罪表现团伙化

由于家庭教育上的缺乏，学校约束力的减弱，农村“空巢”家庭青少年团伙犯罪不断上升，他们由于地缘等关系或偶然相识而一拍即合、一哄而起，以哥们儿义气和其他利害关系为纽带组成较为固定的犯罪团伙，其往往具有鲜明的作案目的，组织化程度较高，作案数量明显增加，危害程度日益严重，作案范围不再局限于某个地区而进行流窜性作案。

青少年希望得到外界的认可，团伙为青少年提供了犯罪思想酝酿以及责任分散承担的场所。在团伙中个体的危机焦虑意识冲淡，甚至团伙内部的等级制度，催生青少年通过更“好”的表现获取团伙成员认可，实现自我价值满足的意愿。他们认不清事件的危害性以及团伙存在的性质，只是单纯地以获取自身利益最大化，寻求庇护为目的。团伙作案容易屡教不改，作案范围流动性大，危害广泛。

3. 犯罪成员低龄化

来自农村“空巢”家庭的青少年，初中及以下学历的占90%以上，且多为辍学在家的未成年人。犯罪年龄在14—16周岁的占据了犯罪整体的大部分，犯罪年龄在14周岁以下的犯罪案件逐年上升，低龄化趋势明显。青少年社会阅历少，面对社会问题时缺乏辨别力，上当受骗或者被欺辱现象常见。他们所采取的应对方式往往是以暴易暴，犯罪的年龄也逐渐呈现下降的趋势。

4. 犯罪类型多为财产型犯罪

农村经济条件相对落后，加上贫富差距拉大，在物欲的驱使下，抢劫、抢夺、盗窃、寻衅滋事的行为常有发生，他们经常出入电子游戏厅、录像厅、网吧等场所，动辄小偷小摸，甚至抢劫敲诈。在财产性犯罪中，尤其是盗窃处于首位。这些犯罪并非出于谋生的考虑，而是贪图享乐，即属于享乐型、高消费型的犯罪。

5. 犯罪动机偶然性强

青少年自制能力较差，常因一时冲动而感情用事。农村留守青少年年龄偏低，知识和阅历较少，思想单纯，辨别能力不成熟，活动能力超出认识水平，其作案动机往往十分单纯。其作案动机多为一时冲动、临时起意，突发性犯罪多，作案动机和目的比较单纯，并带有一定的盲目性。青少年的社会关系单一，与外界交往的对象限制在学校同学、伙伴之间，遇到突发事件时，直接按照自己内心想法实施，对于后果的严重性缺乏估计。

青少年犯罪并不像社会成年人带有精心设计、深思熟虑的犯罪计划或者关系纠葛，往往引起犯罪的事件比较单一，处理不当，易受情绪的影响发生冲动性行为。犯罪动机的强烈程度受到青少年性格以及自制力、校园环境等因素的影响。

6. 犯罪地域多为本地

因交通条件不便及经济条件有限，留守青少年违法犯罪多围绕所在村庄、就读学校、就近的中心城镇展开。而且青少年本身对于犯罪的概念并不清晰，存在侥幸心理，在相对熟悉的地方作案成功内心有很大的满足感。他们对于当地的环境比较熟悉，作案的同伙也大多为同一个地方的同学、玩伴，相互之间包庇，共同计划作案并瓜分财产。而对于陌生的地方，青少年作案活动相对较少。

7. 校园犯罪现象突出

留守青少年犯罪团伙多针对在校学生：一是勒索、抢劫在校学生的钱财；二是团伙型拉帮结派在校园内外寻衅滋事；三是因各种“矛盾”而引发的暴力伤害，其故意侵犯的对象主要是在校学生。青少年的生活学习场所除了家庭之外，大部分时间在学校中度过。学校聚集了来自四面八方的学生，为青少年犯罪提供了犯罪同伙以及犯罪对象。校园暴力，偷窃事件常有发生。拉帮结派的学生在学校中横行霸道，欺负低年级同学，传播不良思想，喝酒抽烟众多，给学校的治安以及学生的学习带来隐患。

8. 性犯罪案件增多

由于辨别是非能力不强、自控能力较弱、父母管教约束缺失和对法律认识不足，近年来已发生多起未成年人和未满 14 周岁幼女发生性关系而被判处强奸罪的案例。青少年期处于第二性征发育时期，对于自身身体变化以及异性产生强烈的兴趣，欲望膨胀但没有得到合理的宣泄与疏导，使他们选择比自己年纪更小的未成年发生性关系，酿成大错，走上违法犯罪的道路。

三　优化家庭功能，预防青少年犯罪

家庭结构的突变，父母教育方式的不当增大青少年犯罪的概率。优化家庭功能，为青少年的健康成长创造一个良好的环境是避免青少年犯罪的必不可少的途径。随着我国城乡经济的变化，流动人口越来越多，相伴随的是更多的农村人口到城市寻求更好的发展机会。由于短时期内父母并不能在城市扎根立足以及户籍等相关政策的限制，留守在农村的青少年数量越来越多。关注青少年的成长，优化家庭的功能，需要多方面的共同努力。

（1）父母观念的转变：外出务工父母应经常和留守少年保持联系沟通，要千方百计让孩子体会到亲情和温暖，而不能放任不管，或仅限于关心孩子的衣食住行和学业。父母不要一味地追求孩子优异的成绩，更要关注其道德素质。当前，面对孩子的一些情感抱怨与要求，父母通常以“我们这样做还不是为了你”“你怎么这么不懂事”“为什么不好好读书”之类的责怪的话语与孩子进行交流。他们更关注孩子的学校表现以及成绩，对孩子有很高的要求，而在情感上存在忽视。因此，父母在与子女进行沟通时应该加强关注道德素质，对子女的日常问题耐心引导，让子女感受到温暖。

留守少年的父母在将孩子委托给他人进行监管时，要考虑监管人是否有监管能力，对孩子的身心发展是否有利。很多“空巢”青少年被交由年迈的爷爷奶奶来监管，由于年纪上的悬殊，他们对于青少年的需求并不贴切，同时他们自身的生活往往需要被照料。因此在这种情境下，“空巢”青少年不仅要照顾自己更要照顾爷爷奶奶，对于他们成长易增加负担。此外，有些子女被委托给其他亲属，青少年对于他们的权威认可方面可能远远不及父母，对于相应的管教会放任不管，产生更多的叛逆情绪。因此，父母应当重视子女监管问题，选择有效的监管人。

（2）父母婚姻感情的经营：孩子是父母婚姻的结晶，和睦的婚姻可以使青少年避免众多不当的行为。婚姻不和产生众多矛盾，如果父母不在身边，两者之间还存在感情问题，会加剧青少年的孤独感与被遗弃感，引发出各种心理行为反应，增加犯罪以及自伤的概率。因此，父母之间要好好经营彼此之间的感情，出现问题也要选择合适的方式向子女表达，避免冷战、争吵、家暴等不良处理方式，尊重子女的知情权与感受。

（3）青少年自身的自律与进取：虽然处于未成年阶段，但是青少年自身在成长过程中也有主动选择权。对于知识的接受，社会道德、价值观念的遵守，以及是非的辨别有自身的基本认知。因此，青少年自身应当增强自律，体谅到父母的艰辛与付出，不随便加入团伙组织，培养自身积极向上的品格，不断磨砺自己，抵制不良诱惑。

（4）政府、学校加强“空巢”青少年监管：农村对于“空巢”青少年的监管持放任不管的态度，强化相关部门对于这部分青少年的关怀与管理，能够有效杜绝团伙作乱的行为。同时黏合青少年对于社会的信任与归属感。定期的交流活动、教育讲座等能够有效利用青少年空余时间，防止聚众犯罪。

学校不仅仅是传授知识的场所，对于青少年的德育工作承担重要角色。摒除老师的不良观念，建立一视同仁的教学作风，关注青少年的心理健康，丰富课余生活，加强与“空巢”青少年家庭成员的有效连接，为他们的成长共同营造良好环境。政府与学校之间的互相配合是青少年健康成长的外部屏障。清扫学校周围的环境，建立良好的检查管理制度。呼吁社会加强对于青少年的引导与关爱。组织社区志愿者参与到建设和谐社会环境的活动中，丰富青少年的课余生活，培养他们的责任意识以及法律意识，共同抵制犯罪行为。

第三章

学校教育功能缺陷与青少年犯罪

近年来，伴随我国经济社会高速发展，青少年犯罪已成为世界关注的焦点，青少年犯罪的原因是多方面的，但学校教育无疑是不可忽视的重要方面。在社会处于转型期、经济高速发展的同时，学校未能与社会、经济、文化同步发展，呈现滞后趋势，必然会引发一系列的问题，其中尤为严重的是青少年犯罪问题。学校本是青少年汲取知识、培养能力、净化思想的场所，但因为学校存在的某些功能缺陷严重阻碍了部分青少年的健康成长。学校培养的青少年不仅道德水平较低，法律意识薄弱，更有甚者学校为摆脱责任，把未成年的学生早早地推出校园，让其过早地接受社会的洗礼。本章主要从学校功能缺陷视角来挖掘青少年犯罪之根源，探讨教育矫正和预防青少年犯罪之途径，促使青少年得以健康成长，远离犯罪。

第一节　学校功能缺陷与青少年犯罪

学校功能主要是指学校在培养人的过程中发挥的教育及其管理作用。学校是青少年社会化的重要场所，是青少年迈入社会的桥梁。学校不仅是传授知识的场所，而且承担着对青少年价值观、人生观、世界观的培养和教育。因此，学校教育对青少年成长具有举足轻重的意义，而且亦是预防青少年犯罪的有效途径。然而，当前学校功能不完善且有很多功能性缺陷，对青少年成长产生了消极作用，是导致青少年犯罪的重要原因。

一 学校功能缺陷与青少年犯罪之内在联系

学校功能缺陷就是学校在教育、管理方面存在的问题及其功能失调。学校在培养人的过程中，因为自身的管理漏洞、教育内容缺陷、教学态度与方法的偏激，以及教师自身素质偏低的缘故，导致学生品德低下、人格不健全和学生流失严重的现象。另外，由于青少年自身的生理及心理特点，加上缺乏相应的教育以及必要的制度约束，使青少年极易走上违法犯罪的道路。

青少年犯罪与学校育人功能失调呈现较为密切的关联，学校功能能否正常运作对青少年的身心健康发展具有重要作用。2010 年，中国预防青少年犯罪研究会主持进行了“全国未成年犯抽样调查”，结果表明，八成以上的未成年犯没有完成义务教育，玩心重、缺乏学习兴趣是主要原因；学习状况欠佳，八成以上未成年犯曾经有旷课、逃学经历；学习成绩影响教师对学生的评价和与学生的关系，有六成左右的学生处于与教师的对立状态，跟不上学习进度；学校法制教育欠缺，近八成未成年人犯罪是因为自身法律意识薄弱；学校管理上存在明显的缺陷，教师对学生不良行为的管教仅占三成。我国著名的青少年犯罪研究专家康树华教授在《青少年犯罪与治理机制》一书中，提出学校与青少年犯罪之间确实存在千丝万缕的联系。①

我们可以看出许多青少年是因为学校功能存在某些缺陷而最终陷入犯罪的深渊。学校忽视德育教育是青少年犯罪的最大隐患，学校重智育轻德育、重分数轻能力，尽管国家大力提倡素质教育，但多数学校是在披着素质教育的外壳，继续实施着应试教育；学业失败是未成年人犯罪的危险信号，青少年社会阅历较浅、认识能力低、辨不清是非，又缺少相应的知识与技能。因此，在辍学后多数闲散于社会上，整日无所事事，容易受到社会不良风气的影响而走上违法犯罪的道路。

学校功能缺陷加剧了青少年犯罪。学校的教育内容缺陷忽视学生的德育及心理健康教育以及法律、法规的普及。学校教师的教育态度与方法偏差不利于激发学生的学习兴趣，不利于形成健全的人格。甚至某些

---

① 关颖：《学校教育对未成年犯罪影响的调查》，《预防青少年犯罪研究》2012 年第 3 期。

老师因为自身素质偏低，对学生进行辱骂、殴打、当众讥讽、嘲笑。当学生处在犯罪的边缘时学校不能及时制止，并给予相应的教育，从而使学生最终走向犯罪的深渊。或因为学校管理的漏洞，缺乏与家庭良好的联系，对学生缺少关心，导致学生流失而使学生误入歧途。学校功能缺陷是青少年成长道路上的绊脚石，是青少年健康成长的最大阻碍。因为学校存在的功能缺陷而导致部分青少年最终走向犯罪的深渊。

二　学校功能缺陷诱发青少年犯罪之路径

本部分主要基于学校教育和校园管理视角分析探讨当下教育功能存在的缺陷以及对青少年的不良影响。诸如学校教育内容缺陷，培养目标受偏重智育的升学主义牵制、法制教育淡化、心理健康教育虚化等；学校管理不善导致学生流失严重，学校缺乏与家长的有效沟通，校园警务系统流于形式等。

（一）当前学校教育教学内容的缺陷与青少年犯罪

处于社会转型期的大背景下，受制于升学主义影响，学校教育与社会发展并不同步，学校全面育人功能无法实现，学校重智育轻德育、忽视法制教育；教师无视学生尊严，压抑学生才能，束缚学生个性等，容易诱发青少年不良行为乃至违法犯罪行为的发生。

1. 受制于升学主义影响，重智育轻德育使青少年问题行为频现

学校教育的任务是为社会培养德、智、体、美全面发展的人才。虽然素质教育被社会各界认同，但是在现实的学校中依然难以摆脱“应试教育”“升学教育”的阴影，学校把及格率、升学率作为评价教师教学以及学生成绩好坏的重要标准。并以此为依据制定出配套的奖励制度，因此，重智育轻德育的现象依然普遍存在。学校教育在现实社会的大背景下逐渐背离初衷，最初的教育是以传递知识为途径，提高生存能力为目的，让人在获得更好的发展的同时能享受到更多的幸福，实现全面发展。然而现实的教育不仅没有解放大众，使其获得自由，而是把青少年禁锢在层层考试压力之下，使青少年没有喘息的机会，容易走向极端。学校在发挥传统的教育、教学功能的前提下，不应局限于人类已有文化知识的传递与继承，而是在素质教育、终身学习理念的指导下，根据现代社会的要求把学生培养成为具有健全人格、良好学习习惯、正确的世界观、

人生观、价值观的有用人才。

“学校教育异化”是“教育异化”的根源所在，学校中的教育叛逆、校园暴力屡见不鲜，其原因主要是青少年在这样一个物欲横流的社会缺乏必要的、恰如其分的教育，尤其是学校教育，必然难以形成正确的世界观、价值观、人生观以及健全的人格，加之青少年自身的特点，社会不良环境的渲染，以及部分人士的蛊惑，极易走上违法的道路。因此，异化的学校教育应该引起我们足够的重视。

大多数学校依然秉承分数至上的原则，注重语、数、外等考试科目的学习，而思想品德课则成为可有可无的“休闲课”。在教师的配备上存在显著的差异，专业课教师数量多、针对性强、专业出身，受过良好的培训。而德育教师一般数量少、缺乏针对性、教学方法比较陈旧，有的甚至是由专业课老师兼任。因此，学生缺乏良好的德育教育。另外，学校在评优上以分数为标准，只要分数高、学习好就是品学兼优的好学生。因此，造就了一批智力上的高能者，而德育上的低能儿。近年来，一些尖子生、高智商的青少年犯罪便是最好的证明。例如，浙江大学的周一刺杀公务员、清华大学的刘海洋用浓硫酸泼熊，大学生犯罪屡见不鲜，令人深思。

当前学校教育存在忽视德育倾向，由于学生缺乏品德教育，学生没有形成正确的人生观，进而未树立正确的人生目标。这些学生一旦受到不良诱惑，思想意志过于薄弱，易于走向社会的对立面。据 2005 年河南省少管所统计，在押的少年犯中有 50.9% 在校学习期间没有上过思想品德课，这足以说明重智育轻德育对青少年的不良影响。①

2. 轻视法制教育，导致青少年法治意识淡薄

目前有很多的学校不重视法制教育，没有专业的法制教师，由政治课教师兼任。由于教师缺乏专业知识素养，多数是照本宣科，空洞说教、毫无说服力。法律知识难以成体系，更不能使学生形成法律意识。有的学生对法律的理解仅限于掌握了一点表面的、肤浅的法律知识，并没有形成与法律规范相对应的价值观念，也没有很好地将其吸收、内化为自身的素养。据我国 2013 年未成年犯抽样调查报告分析，学校开设法制教

① 雍自元：《青少年犯罪研究》，安徽人民出版社 2006 年版，第 139 页。

育课的仅占37.9%，其中长期开设的仅占9.6%。[①] 这足以说明学校对青少年的法制教育不到位。因此，现有的法制教育难以起到预防青少年犯罪的效果，有的反而误导部分青少年，使他们心存侥幸、铤而走险去犯罪。有一个很好的实例足以说明问题，13岁少年张某杀人后，淡定地对母亲说道："不用担心我，我不会死的。"民警在对他进行询问时，他说出的原因足以让我们惊诧。"在课堂上学过相应的法律知识，老师告诉我们只要不满14岁不负刑事责任，我今年刚13岁，所以不会坐牢。"由此，我们可以看出，法律教育的目的并非仅在于宣传，让青少年知法、懂法，而在于培养青少年的法律意识、法律观念，进而转化为遵纪守法的行为。

3. 学校缺乏心理健康教育，诱发青少年不良心理问题发生

人的一生是不断社会化的过程，不断发现问题解决问题的过程，青少年处在社会化的关键期，这一阶段其生理发育与心理发展、内部心理结构的动力以及主观需要和客观现实性之间的矛盾更为错综复杂。这些矛盾的解决决定青少年能否健康成长。然而，矛盾解决的关键是青少年的心理健康教育。当下，在追求高分数、高升学率的趋势下，青少年的心理健康教育问题被逐渐忽视。老师不会去刻意培养学生积极乐观的心态、顽强的意志以及勇于进取的精神。当学生犯错时，老师不会去寻找原因，不会透过现象去探析学生可能存在的心理问题，而是一味地"审判式的批评"。这并不能解决实质问题，更有甚者会引起学生的不满以及对老师的怨恨，导致心理问题恶化。例如，轰动一时的马加爵杀人案。什么样的深仇大恨要用四条人命来弥补？其实，这本是一场可以避免的恶性事件。马加爵之所以要杀人主要是因为其心理问题，长期的家庭贫困，造就了他自卑的心理、孤僻的性格。同学玩耍时的一句嘲笑的话语，在一般人看来可以一笑而过，但对他而言那是仅剩的自尊被无情地践踏，是永远无法抹平的伤疤。他心生愤怒、怨恨又无处诉说，缺乏恰当的自我调节能力，最终酿成了不可挽回的悲剧。

青少年在他们成长的特殊阶段，面临许多的问题和压力，容易产生

---

① 路琦、董泽史、姚东、胡发清：《2013年我国未成年犯抽样调查分析报告》（下），《青少年犯罪研究》2014年第4期。

各种心理困惑、失衡以及心理疾病。有的学校没有开设心理健康课或缺乏专职心理健康教育教师，一旦青少年心理出现问题，不能及时得到教师的帮助、引导，更不能进行合理的自我调解，倍感孤独、无处求援，极易走上违法犯罪的道路。

4. 学校忽视性教育，导致青少年性行为偏差

一方面，性问题一直是一个羞于谈及但又不可避免的话题。目前，学校缺乏性教育的统一教材，课时极少，一学期局限于两节课，仅仅在生理卫生章节有有关性器官的介绍，而具体的性行为、避孕问题等都无涉及。实际上，处于青春期的学生对性知识知之甚少。有的中学生，一谈恋爱就发生两性关系，并以此来表示对爱情的“忠贞不渝”，甚至部分中学生误认为恋爱就是发生两性关系。另外，青少年拥有强烈的好奇心，加之社会文化市场处于失控状态，网络便利，大量淫秽制品随处可见，从而使部分自制力差的青少年过早地有了性行为和性体验。初次性行为后，便无所顾忌，处于乱交状态，这不仅危害青少年的身体健康，而且使青少年误入歧途。

另一方面是对性内容认识上的偏差，家长和教师片面地认为只要教给孩子一些生理知识就足以达到性教育的目的。但人类的性活动不仅停留在生理意义，还包括更广泛的心理意义和社会意义。据中国青少年研究中心调查，青少年对性迫切想了解的依次是：青春期心理发育知识、异性交往的知识、有关性交和避孕的知识、如何对待性冲动、生理方面的知识，分别占的比例为30.9%、24.3%、17.4%、8.5%、8.0%。[①] 由此可见，迫切需要的是对性的正确指引，让青少年拥有正确的性心理、性道德以及健全的性人格。教育青少年正确处理两性关系，培养青少年的责任心，懂得控制婚前性行为的重要性，这才是性教育的真正目的。

（二）学校教育态度与方法的偏差诱发青少年问题行为频现

1. 歧视后进生

在学校重分数、抓升学率的大环境下，仍有部分教师在教书育人的过程中对待学生不能一视同仁，对成绩好的学生给予更广泛的关注。对班里的“尖子生”给予充分的肯定，认为他们将来必成大器，是同学们

① 吕吉：《当前青少年性教育问题省思》，《青少年犯罪问题》2004年第4期。

学习的榜样。只要成绩好就是好学生的思想根深蒂固，教师总是给予他们更多的照顾、包容，即使他们犯错，老师也往往睁一只眼闭一只眼。而对待成绩差的“后进生”则往往缺乏耐心，认为他们拉班级整体分数，往往编排在教室的后排或“慢班”。另外，部分教师常常对他们进行人身攻击、冷嘲热讽，伤害孩子的自尊，使孩子对生活、学习失去信心，对教师产生强烈逆反心理、抵触情绪而不能正确认识、评价自己。有的学生因此厌学、逃学，常常自暴自弃。这些学生一旦犯错，学校则不给予任何帮助、改正的机会，而是直接开除，甩掉这些沉重的包袱。更有个别极度不负责任的老师本着“不能因为一颗老鼠屎坏了一锅粥”的思想，勒令班级里成绩差、纪律差的学生退学，教师推卸教育责任，把重担推向社会和家庭。而这些处于学校、家庭、社会三不管状态的学生，就开始在校内和社会上游荡、无所事事、游手好闲，最终汇集成社会闲散青少年，成为违法犯罪的“后备军”。2012 年深圳市检察院王静波检察官，曾针对当地未成年犯罪展开深入的调研，发现初中以下文化程度的占了 96%，其中大多数是辍学的未成年人。①

2. 体罚学生

在“分数至上”的教育竞争环境下，教师把提高学生的成绩作为教学的中心，为提高成绩，某些教师实行粗暴的教育方法，不仅对学生进行言辞批评、说服教育，当言辞批评不奏效时，总爱付诸体罚。例如，罚站、到操场跑圈，男生做俯卧撑，女生全部下蹲。近年来，这种现象虽有下降，但仍不时见诸报端，这些令人触目惊心的案例，是我们不得不面对的现实，从这些案例中我们可以看出师德严重缺失。尽管这些案例只是少数，但却造成无法估计的后果。

体罚学生造成的后果主要包括：容易导致学生迷失自我。学生为避免体罚，压抑个人思想，一切按教师的要求去做，为了追求某种利益，常常采用狡猾的计谋来躲避风险；阻碍学生的发展。学生在一味地满足教师的要求的同时，失去了自己原有的想象力和对未知的探索精神以及探查新事物的能力。学生开始变得木讷、呆板，安于现状，缺乏主动性、创新精神，不利于以后的发展；学生形成错误的价值

① 未成年人犯罪多为辍学青少年，http：//news. sohu. com/20120530/n344417969. shtml。

观。学生在耳濡目染暴力行径下，必然会变成暴力的信徒。认为“武力”可以解决一切问题，当学生在学习、生活中遇到自己不满的人或事时，必然会用拳头说话，最终走上违法犯罪的道路。

3. 软暴力

除了身体的伤害外，在教育中还有一种内因的、持久的暴力，它并非体现于外表，而是一种心灵的创伤，但却给学生和家长带来了无法弥补的伤害，这就是“软暴力”。在教学中很多习以为常的教学行为实际上是挫伤学生自尊心的软暴力行为。例如，给学生起绰号；用侮辱性的语言嘲笑学生；冷落差生等。软暴力尽管没有带来身体的伤害，但学生的内心正在建设之中，自尊心严重受挫，学生则感到自卑、情绪低落，缺乏兴趣，不仅影响学习，甚至导致学生误入歧途。

软暴力在日常的学习中屡见不鲜，也可以说是老师的一种教学习惯。有时教师会不自觉地对学生实施软暴力，自己则毫无察觉。并不能说实施软暴力的老师不负责任，而是老师不够关爱学生。我们反对软暴力，并不是限制教师管教学生，而是教师不能披着爱的外衣来辱骂、讽刺、挖苦学生。教师应该尊重学生，维护学生的人格，时时地关心学生，让学生健康成长。

（三）学校管理缺陷与青少年犯罪

学校在对青少年的管理教育上存在缺陷，主要包括两方面：一方面是教育管理中的问题，如管理体制问题、校园警务系统不到位、缺少与学生家庭的沟通等。另一方面是对教师管理偏差，诸如教师管理制度不完善、师生关系淡化等，学校管理缺陷导致学生流失严重，打击学生自尊心、自信心，影响学生健全人格的养成，甚至一步步把学生推向问题行为的边缘。

1. 学校教育管理中的偏差

（1）学校管理体制中的放任主义导致问题学生流失严重

流失生问题是我国学校教学中一个较为普遍的问题。他们多是学习成绩较差、道德品质差、不遵守学校的规章制度而被学校开除、劝退或自动退学的人。这些差生离开学校后，学校的负担减轻，但这些流失的学生却走进人生的“瓶颈期”。这些学生因为年纪尚小，未达到就业年龄，难以就业。他们处在家庭不管、学校不管、社会漏管的三不管状态，容易受不良因素的诱惑。

流失生问题严重的原因十分复杂，但“学校不管”具有不可推卸的责任，有的学校为了追求升学率，对学校中成绩较差的同学不提供积极的帮助、引导，不想方设法地提高学生的成绩，而是放任一些学习成绩差的或厌学的孩子自动退学；有的学生在老师的“示意”下退学；有的教师对学生退学视而不见、见而不管；有的老师厌恶学习差、纪律差的学生，对其进行批评、体罚，甚至逼迫、勒令退学；有的老师对经常旷课、小偷小摸的同学不及时地进行教育转化工作，而是全校通报或开除学籍。据2010年《燕赵都市报》报道，河北石家庄某中学竟然对班主任每辞退一名差生给予100元的奖励。上述种种做法无不是导致流失生增加的原因。

过早离开校园的流失生就像一个早产儿，属于先天营养不良。他们带着残缺的文化、残缺的灵魂、残缺的社会阅历，战战兢兢地走进错综复杂、千奇百怪的世界。面对激烈的竞争环境、缤纷多彩的世界，他们眼花缭乱、不知所措。他们很容易受社会不良因素所影响，形成错误的价值观，贪图享受、胸无大志。一旦遭遇挫折、失败便产生逆反心理、破罐子破摔，最终走上违法犯罪的道路。

（2）根据成绩分校、分班带来的不良影响

在基础教育阶段分重点学校和非重点学校，在一个学校内分重点班和非重点班，这不利于青少年社会化的正常进行。由于各个学校教学资源不同，客观上导致了教学质量不同。根据教学质量和教学水平的不同，许多地方都有重点学校、非重点学校。重点学校大家都趋之若鹜，考上重点中学，仿佛拿到重点大学的入场券，即将拥有全球500强的敲门砖，迎来璀璨的人生。跨进重点高校的学生则会沾沾自喜，有的甚至变得骄傲自大、目中无人；而没有考上重点学校的学生则垂头丧气、自甘平庸，甚至会自卑。分快班、慢班也是如此。分班前某些学生有可能学习成绩一般，但思想端正、态度积极。进入慢班后自尊心、进取心受挫，加上班里风气消沉，学生有可能由原先的单差生变成双差生，逐渐产生厌学、逃学情绪甚至滋生事端。

2006年9月1日生效的《中华人民共和国义务教育法》明确规定：不得将学校分为重点学校和非重点学校，学校不得设重点班和非重点班。

这个规定看似对解决分校和分班有重要影响，但是缺乏有效的、实质性的监督措施。分校、分班制在目前的社会中依然普遍存在。

（3）缺乏完善的校园警务系统

校园警务是指以校园警察为主导，校园安保人员、管理人员、师生等各方主体相互联动，共同发现和解决学校中所面临的治安问题，并采取各种合法手段开发相关资源，以全面、系统、长效、有序地维护校园治安秩序的思维模式和方法体系。①

在校园警务系统中校园保安和校园警察是专门从事校园安保工作的。校园警察的主要职责是防范校园周围的不稳定因素和及时处理校园中的违法犯罪事件。校园保安的主要职责是在学校内外进行巡逻、安全检查、值班监督等，预防恶性事件发生。如果学校缺乏专门的校园保安、校园警察，那么学校的师生将会生活在完全无保护的状态下，人身安全无保障，可能随时受到危险，学校一旦发生恐怖事件，例如，持刀砍人、暴力袭击，广大师生将会因缺少保护伞而受到侵害。另外，缺乏安保系统，学校里不安分的学生会毫无顾忌，肆无忌惮地在学校里为所欲为。长此以往，必然会滋生事端，使青少年最终走上违法犯罪的道路。

（4）学校责任感不足，不注意协调与家庭教育的关系

学校和家庭教育是预防青少年犯罪的两道重要防线，学校和家庭教育配合得当，互通信息，共同管教学生，不仅可以预防青少年的不良行为，使其远离犯罪，更有利于把青少年培养成为德智体美全面发展的社会需要型人才。

某些学校缺乏责任、疏于管教，认为学校只是传递知识、教授文化的场所，教学生“学做事、学做人”是家长的责任。因此，学校、教师本着“多一事不如少一事”的原则对不影响学生学习的不良习惯、错误行为不及时制止，甚至视而不见。学校的冷漠、教师的不管、家长的不知，必然会使学生恶习任意滋生，必然会酿下恶果。

学校与家长沟通的制度不完善。学校召开家长会的次数寥寥无几，且相隔时间过长，信息沟通不及时，更有甚者直到学生出事时才发现无法联系家长，没有家长的沟通方式；教师缺乏与家长沟通的积极性。学

① 赵谦：《构建校园警务共同体之思考》，《青少年犯罪问题》2012 年第 6 期。

校不重视家教沟通，教师没有认识到家教沟通的必要性。不能及时发现学生的不良行为，及时地与家长沟通，找到对学生不良行为加以指导、改正的正确方法；一部分学校和教师认为学生的不良行为是家庭教育失败的缘故，与己无关。甚至有的教师在家长会上对犯错误学生、具有不良行为学生的家长公开批评，让家长感觉丢面子、压抑、对学校心生不满，甚至怨恨孩子，这就对双方的紧密配合带来了阻力，不利于双方共同采取有利的教育措施。

2. 学校对教师管理的偏差

（1）教师管理制度不完善

教师在学校与学生之间发挥着桥梁与纽带的作用，教师是学生学习、生活的直接影响者，教师素质的高低、行为规范直接投射到学生身上，优秀的老师为学生树立好的榜样，激励学生的一生；而素质低、行为不规范的老师对学生起消极影响，甚至导致青少年走上违法犯罪的道路。不难看出，教师在学生成长道路上的重要性。但在实际的教学中，学校对教师疏于管理，甚至没有具体的教师管理规范。教学成绩作为评价教师好坏的唯一标准，认为班级排名高、班级成绩好的教师就是好老师，是学校需要的，学生离不开的优秀老师。学校缺乏对老师的统一培训及指导，没有具体的考核标准，教师队伍良莠不齐，部分思想道德水平低下的教师借教师角色之便对学生进行语言攻击、殴打、谩骂、勒索、猥亵、强奸。严重损害了学生的身体健康，更造成了难以弥补的心理伤害，导致学生人格障碍，甚至扭曲学生的人生观、价值观，学生容易远离正规，走向犯罪。

由此可见，教师不仅担负着教书育人、培养学生德智体美全面发展的责任，也是预防不良行为和犯罪事件发生的承担者。某些教师不能肩负教书育人的重任，把自己对社会的不满、愤恨带到课堂上，抱怨集体、批判社会，激发学生的不满情绪。学生是成长中的人，是发展的人，易受教师的错误指引，产生负面情绪、反社会意识，容易犯错误。

（2）师生关系淡化

当下不断地提倡建设良好的师生关系：教学上的授受关系；人格上的平等；社会道德上的相互促进。各学校、教师以此为目标，不断努力、奋进。但当师生关系逐渐向民主、平等靠拢的同时，原先有爱的师生关系逐步走向疏远，原先的伙伴式关系转向契约式。教师和学生在学校相遇，并非是为了追求共同的精神目标、知识探讨，而是作为“劳动者”双方对各自的物质利益的追求。教师教学为了追求报酬而出售知识，学生则是从教师那里获得有用的知识而交付学费。当下教师教学主要是向学生传递工具性的知识、培养工具性的思维，而很少向学生教授做人、做事的道理，引导学生向善、培养学生良好的思想品德。

教学过程中师生之间会形成不同的师生关系。部分教师以自我为中心，用制度来严格地约束学生，当学生稍有不从就采取强逼手段，让学生听从自己的号召，服从自己的指挥，这是专制型教师。在这种专制状态下，学生只能被动地接受，而不能表达个人的观点，在这种单向状态的沟通下，学生会对教师心生畏惧、不满，难以建立良好的师生关系。据2011年山东省少管所对在押的千名未成年犯统计，在学校时与教师关系紧张、感情不和，以逃课、辍学来抵制教师的管教的竟然高达39.7%。[①] 有的教师则对学生实施松散式管理，只管上好自己的课，对学生的异化情绪和不良状态视而不见甚至置之不理，对学生除学习以外的事情不做任何的评价，这是放任型教师。在这种放任自流的状态下，学生得不到教师的关注，更无法获得教师正确的指引。久而久之，师生之间不断疏远，形成隔阂，关系淡化，难以沟通。处于这种不良关系的学生，在校缺乏感情的寄托以及教师正确的指引，极易走向犯罪。

学生是祖国的未来与希望，师生关系的理想与否直接关系学生的未来以及影响学生的人格与行为能否顺利的社会化。因此，学校在形成良好学习氛围的同时，多鼓励教师建立亲密有爱的师生关系，首先要了解学生、研究学生，知学生所想，明学生所做。教师主动地与学生沟通，多与学生接触，与学生形成亲近、依赖的关系。学校可以多开展师生互动活动来进一步增进师生感情。另外，教师多反思，知不足，才能更好地进步，建立融洽的师生关系，使更多的学生喜欢老师、热爱学习，远离旷课、逃学，避免走向犯罪的深渊。

---

① 金一清：《师生关系互动与青少年犯罪预防》，《青少年犯罪研究》2005年第3期。

第二节　教育叛逆与青少年犯罪

教育叛逆是反学校运动的进一步延伸，主要是在校学生对学校和学习的一种反叛，他们对学校心生不满，厌恶学习，因此开始旷课、逃学、辍学以及校园暴力行为等。教育叛逆是青少年严重不良行为的前兆，叛逆的青少年呈现强烈的逆反心理，易冲动，做事比较极端，极易走上违法的道路。因此，对教育叛逆的预防与矫正刻不容缓，从青少年自身、社会、学校、家庭四个方面来查找原因，探寻合理的对策，诸如构建温馨家庭，加强校园文化、社区文化建设，提高教师自身素质等。通过多途径的预防与矫正，减少教育叛逆，让青少年远离不良行为。

一　教育叛逆的内涵

20 世纪 60 年代美国兴起“反学校运动”，从那时起西方学者开始致力于反学校文化的研究，认为反学校文化主要有两层含义：一种是与学校文化功能和权威相对立的学生运动；另一种是反对学校教育制度与教育垄断以及对社会所造成的负面影响，希望打破现存的教育制度的基础上，建立一种“去学校化社会”。[①] 由此可见，国外研究者主要是站在阶级差异的冲突上来透视反学校文化现象，具有浓厚的意识形态和阶级对立色彩。而我国的反学校文化是与学习主流文化相对应的一种文化，它所倡导的价值标准与行为规范是与学校主导价值相悖的。[②]

教育叛逆是反学校文化的进一步延伸，它具有更强的表现形式，部分青少年对当下学校教育管理制度、教师教学、学生群体的不满而表现的一种强烈的有对抗性质的反叛行为。如暴力行为、逃学、辍学等。

教育叛逆与反学校文化存在很大的差异。从内容上看，反学校文化有显性与隐性之分、公开与隐晦之分、直接与间接之分，而教育叛逆是一种显性的、公开的、强烈的挑战、对抗。从作用上看，反学校文化对

---

① 单柳迎、阳德华：《对青少年中的“反学校文化”现象的探讨》，《教育探索》2010 年第 9 期。

② 郑金洲：《教育文化学》，人民教育出版社 2001 年版，第 240 页。

学校教育既有消极影响，但同时又有积极影响，有利于教育体制改革、教师教学方法的更新、教学态度的转变等。教育叛逆只是学生因为对学校、教师的不满，而对教学的一种反叛，开始厌学、逃学甚至辍学的现象，影响自己正常的学业，形成错误的价值观，甚至形成不健全的人格、把自己一步步推向犯罪的深渊。

二　教育叛逆与青少年犯罪的关系

青少年犯罪行为与社会上的某些因素存在紧密的纽带关系，特拉维斯·赫希（Hirschi）在1969年首次提出社会纽带理论（social bonding theory）。主要是指我们因为家庭、学校、宗教等传统社会制度之间的纽带，保证我们不去实施越轨行为，如担心父母的看法或影响到学校的成绩而拒绝参加朋友的违法活动。赫希认为，社会纽带存在四个要素，分别为依恋、投入、卷入、信念，其中依恋是最为重要的社会纽带要素。教育叛逆可以看作是社会纽带的部分断裂，青少年不再依恋学校、教师和家长，避免个人卷入学校、班级活动，青少年的社会纽带关系越弱，教育叛逆出现频率越高，青少年越容易犯罪。

在某种意义上分析，教育叛逆间接地导致青少年犯罪，拉响了青少年犯罪的警报，是通向犯罪的“一扇半开的门”。教育叛逆的青少年多是学习态度不端正、缺乏浓厚的学习兴趣，学习成绩较差，经常受教师的批评、辱骂甚至拳打脚踢的在校学生，他们厌恶学习、讨厌老师、躲避班集体，有的甚至心理扭曲，如果不能良好地解决教育叛逆，对处于这一时期的青少年不能及时地给予心理疏导、提高学习兴趣、激发学习主动性，教育叛逆的青少年会出现校园暴力、逃学等不良行为，甚至辍学，它们将逐渐演变为恶习，挣脱学校的束缚，远离校园，踏上社会。由于自身的人格不健全、心理扭曲、社会经验不足，教育叛逆的青少年容易被社会上的坏人所利用，而走上违法犯罪的道路。

从当前青少年的教育叛逆行为表现来看，主要是青少年对学习缺乏兴趣，个人极度厌恶学习以及对学校长期形成的“正统”的学校教育文化及其管理的反叛、抵制。以公开的、直接的、比较强烈的方式进行对抗，诸如校园暴力、逃学、辍学等。

（一）逃学与青少年犯罪

逃学是指学生未经教师和家长的同意、批准，擅自离开学校，做与学习无关的事情的行为。根据2013年未成年犯抽样调查报告统计，累计三个月以上的逃学经历的未成年犯高达54.5%，可见逃学是青少年犯罪的前兆，两者紧密相关。学生感到学校生活乏味无趣，甚至是痛苦，他们就不愿意上学，但迫于父母、教师的压力，只能逃学。学生逃学在校外，远离学校的束缚、教师和家长的管教、监督。无所事事地走在大街上，容易受社会不良诱惑，产生不良行为。逃学的后果非常严重，多数青少年都是从逃学开始，走上违法犯罪的道路。

学生逃学极易沾染上不良习气导致违法犯罪。学生逃学在外，必然不敢在校园里或家周围玩耍，势必要远离校园，躲避自己生活的环境，会在大街上毫无目的地闲逛、玩耍。如看电影、打游戏机、逛马路等，他们更无心学习，成绩越来越差。他们过早地踏入社会，由于缺乏社会经验，在广泛的社会交往中容易沾染上社会恶习，如抽烟、喝酒、看淫秽录像等，为打发时间寻找不良嗜好，甚至为了吃喝学会偷窃等，逐步导致违法犯罪。

学生逃学极易结成不良群体导致违法犯罪。很多实践表明，未成年犯罪都是从不良交往开始的。学生逃学在外，整日无所事事、备感孤单，必然要寻找与自己“志趣相投”的伙伴，他们聚集在一起，具有强烈的归属感，可以满足心理的欲望，诸如友谊、尊重、力量等。这些欲望的满足使他们不再自卑、孤单，而是充满了欢快、愉悦。根据2009年中央综治委预防办在全国18省市的调查发现，很多的未成年犯是平时大家眼中的好孩子，他们大部分是由于“一时冲动”“好奇心”“为了朋友”而犯罪，所占比例分别为33.52%、13.44%、18.66%。[①] 青少年逃学在外，他们开始结交朋友，一开始只是偶尔地聚在一起闲聊、游逛、抽烟、喝酒，发泄心中郁闷，以满足心理需要，但时间一长他们就感觉无聊，而盲目寻求刺激，逐渐发展成团伙或帮派，由于价值观的扭曲，错将“哥们义气”“有福同享、有难同当”看作人生信条，他们为了群体利益去打

---

① 操学诚、刘桂明、路奇、牛凯：《我国未成年犯抽样调查报告》，《青少年犯罪问题》2010年第4期。

架斗殴或破坏公共财物而陷入泥沼不能自拔。从而，沿着“个体—小群体—不良群体—犯罪团伙”的轨迹发展变化，甚至演变为带有黑社会性质的犯罪团伙。

逃学易受坏人引诱导致违法犯罪。逃学是犯罪的雏形，容易在不良刺激的诱惑下产生违法犯罪的念头。他们逃学在外，必然需要钱来吃喝玩乐，社会上的不良分子看透他们的心理世界，对他们进行金钱、物质上的诱惑或先给他们一定的好处，逼迫他们去做违背良心的事情。长此以往，他们尝到“甜头”，不会纠结道德上的矛盾，而是习以为常，最终无法自拔。

（二）辍学与青少年犯罪

辍学是指中途停止学业，学生没有完成规定的学业而中途退学的行为。在中国的农村、边远地区存在相当数量的辍学现象，因家庭困难无力支付学费而辍学是主要原因。在经济较好的地区，辍学现象也十分严重，主要分为两种：一种是青少年自己跟不上学习进度，教师不管不问、同学嘲笑，对上学产生厌烦情绪而辍学。另一种是家长认为孩子的学习成绩升学无望，不如早点赚钱因而退学。而我们这里的辍学是指学生因个人厌恶学习或因反抗教师、学校管理制度而退学，与家庭经济状况、父母无关。

辍学的青少年远离校园，开始走向社会。他们因为年纪较小、学历低、没有任何的工作经验，因此在找工作时屡屡受挫。据2013年我国未成年犯抽样调查报告显示，有69.9%的未成年犯曾经找过工作，其中工资在2000元以下的达到40.7%。后来离开的原因多是因为赚钱少或工作太辛苦。[①] 因为他们的工作范围较窄，岗位较少，仅限于服务员、保安、售货员等相对劳动量比较大、待遇比较低的工作。青少年眼高手低，好高骛远，难以满足当前状况，而又急于求成，希望不劳而获，外加，他们实际独立生活能力很差，认识辨别问题的能力相对薄弱，容易被社会上的不良“工作”所诱惑，深陷泥沼、无法自拔。

辍学的青少年流浪到社会上，成为学校不再管、社会无人管、家庭

---

① 路琦、董泽史、姚东、胡发清：《2013年我国未成年犯抽样调查分析报告》，《青少年犯罪研究》2014年第4期。

无力管的“三不管”对象。通过对贵州、湖北、北京三省市的966名未成年犯抽样调查研究发现，有77%未成年犯在进入少管所前早已辍学，而非未成年犯的辍学率仅为5%，两者形成巨大的反差，不难发现辍学与青少年犯罪之间的相关性。[①] 辍学的青少年普遍较小、文化程度低，没有正确的社会认知能力，不能明确辨别是非，思想觉悟水平低，法律意识较为薄弱，失去了学校的管理、约束极易受到社会不良文化环境的污染，不良社会团体的拉拢以及坏人的教唆而步入歧途。如有的青少年愚昧无知，看到电视上的杀人情节，仅仅出于好奇，过把杀人瘾，竟然将本村11岁的儿童骗至村外活活杀死后，投入机井。这样的事例让我们不寒而栗，但却真真切切地发生，辍学青少年的无知、无束，一步步把他们带入了犯罪的深渊。

三　青少年教育叛逆行为之原因

（一）青少年个体因素

教育叛逆的青少年普遍缺乏学习兴趣，把学习当成一种沉重的负担，认为学习无用，他们只图眼前享受，喜好玩乐。普遍认为读大学也不见得可以找到理想的工作，还不如早早地进入社会积累经验、财富。尤其是当下大学生找工作难，刚毕业的大学生干的都是最基层的工作，拿最少的工资。另外，社会上不少文化水平低的人却创造了巨大的财富。这样的对比反差，更加坚定了他们“读书无用论”的观点，这就从思想上脱离了校园，教育叛逆是不可避免的。

教育叛逆的青少年大部分都缺乏顽强的学习意志，不能勤奋、脚踏实地学习，他们害怕吃苦，学习成绩自然落后于他人。他们只图眼前享受，对未来没有正确的规划，抱着得过且过的心态。当学习中遇到困难他们不会主动地向教师、同学寻求帮助，而是抱着“破罐子破摔”想法，认为自己天生不是学习的料，不管怎么努力都是白费力气。因此，他们对学习产生了消极的心态，慢慢逃避学习，当受到教师的批评时，产生强烈的抵触情趣，心生自卑，开始呈现教育叛逆。

---

① 赵军、祝平燕：《学校联系紧密度与未成年人犯罪因果性经验研究》，《教育研究与实验》2012年第1期。

青少年盲目的好奇与消极模仿心理。随着科技迅猛发展，互联网对青少年的吸引力与日俱增，上网的青少年不断增加，成为一个庞大的消费群体。网上的信息如洪水猛兽般向青少年袭来，各种垃圾信息使青少年陷入道德危机，青少年自身辨别能力差，自控能力弱，价值观念不定型，不能对网络信息进行正确的辨别，易受到网络不良文化的侵蚀。青少年强烈的猎奇心理，会不断对不良文化进行探索，诸如色情文化、暴力文化，甚至难以抵制自己好奇心，而趋于模仿。

（二）社会消极价值观和不良文化的影响

1. 价值观念的困惑

在现代化的进程中，我国发生了翻天覆地的变化，中国在吸收世界各国文明成果的同时，西方价值观悄无声息地进入中国，与我国传统的价值观发生激烈的碰撞，新旧价值观、中西方价值观念令部分青少年陷入选择的困惑，价值观发生坍塌，开始怀疑传统的价值观念，“重道德”观念渐渐消退，甚至有的青少年患上“道德冷漠症”，表现为蔑视规章制度、冷酷无情、无视社会公德。① 青少年价值观的扭曲严重影响到学业，他们开始重视能力的培养，轻视理论知识的学习，认为能力是以后工作、人生路上的“垫脚石”，急于进入社会去锻炼自己，对学习弃之不顾。

2. 社区不良文化环境的影响

社区管理不到位，社区文化环境良莠不齐是导致青少年犯罪的重要原因之一，据2013年我国未成年犯抽样调查分析报告表明：普通学生中有56.0%的学生居住地有图书馆，而未成年犯的比例只有24.9%；普通学生居住社区有网吧的比例为53.5%，而未成年犯居住地有网吧的比例则高达89%。② 其他的各类娱乐实施，诸如电子游戏厅、录像厅、歌舞厅等场所，在未成年犯中所占的比例要远远高于普通学生，这足以说明不健康的社区环境极易诱发青少年犯罪。社区中的大多数娱乐场所未按照国家规定，限制未成年进入。部分青少年流连忘返，自控能力差，不能

---

① 唐士红、陈乾雄：《中小学“问题学生”产生的伦理文化探讨》，《河北师范大学学报》（教育科学版）2003年第11期。

② 路琦、董泽史、姚东、胡发清：《2013年我国未成年犯抽样调查分析报告》（下），《青少年犯罪研究》2014年第4期。

很好地掌控学习与娱乐之间的关系，荒废学业。另外，社区内淫秽书刊、录像广为流传，极大地危害青少年的身心健康，消磨青少年的意志，摧残青少年的身心，使他们无心读书、终日精神恍惚，追求“性自由”，乱搞男女关系，学习成绩不断下降，逐渐陷入教育叛逆的深渊。

（三）教师教学方式和学校管理权威化

1. 教师的教学态度及方法

教师的教学思想不端正、教学目的不明确，把班级中的学生按学习成绩划分为“三六九等”，对学习成绩较好的学生往往笑脸相迎，乐于帮助、引导学生，解决学习及生活上的困难。而对学习成绩较差的同学则采取不管不问的“冷暴力”，使他们的人格和自尊心受挫，对教师产生不良情绪、成绩不断下降，背上沉重的思想负担，长此以往就开始逃学，甚至辍学。

如果教师不善于组织教学，性格懦弱，不能很好地管教学生，学生就会欺负教师。上课交头接耳，课后不完成作业，不肯主动学习。教师如果教学方法比较陈旧、不够灵活难以吸引学生的学习兴趣和激发学生的积极性。这样学生就会对所学的知识产生厌烦情绪，学习逐渐跟不上教师的步伐，呈现一种“有心无力”的学习状态，脾气变得暴躁不堪，这期间如果遇到不顺心的事，极易产生暴力行为。

2. 学校管理的权威化

我国学校的组织机构属于科层制，管理者的权力相对集中化，学校管理者具有相对较多的权力、较高的地位。学校中等级森严，教师和学生不敢反驳上级领导指定的规章制度。部分学校为了提高学生的成绩，本着为学生负责的态度，充分利用课堂上的每一分钟，向学生集中灌输大量知识，学生只能课后慢慢消化，有的学校甚至用语、数、外三大主课占据了思想品德课、法制教育课、体育课等，学生在备感学习压力的同时，导致德育、智育、能力发展不平衡，容易引发道德危机。另外，有的学校实行封闭式管理，学生被禁锢在高墙之内，没有自由。这种过分严格的学校管理不仅使学生失去了学习的兴趣，同时也阻碍了人格的发展。

（四）家庭结构和教养方式偏差诱发青少年叛逆行为

1. 家庭结构不完整，亲情缺失

随着时代的变迁，社会的进步，传统的家庭观念逐渐淡化，离婚率

越来越高。离婚、死亡、再婚是导致家庭解体的三大原因，家庭结构遭到毁灭性的、不可逆转的破坏。根据2013年我国未成年犯抽样调查报告表明：不能与亲生父亲、亲生母亲同时生活的未成年犯比例达到54.4%，父母离异、父亲或母亲再婚、丧父或丧母的分别为40.9%、20.7%、16.9。[①] 这一状况表明青少年犯罪与家庭结构是否完善紧密相关。诸如从导致家庭结构不完善的首要因素“父母离异”而言，在父母离婚的初期，孩子会呈现不同的不良反应。有的表现出强烈的恐惧、羞愧、恼怒；有的开始变得冷漠、遇事漠不关心，有暴力倾向等，这不利于学生健全人格的养成。而在单亲家庭中成长的青少年，由于父亲或母亲单独抚养艰辛，常常会把不良情绪发泄到孩子身上，导致青少年易恐慌、焦虑、心绪不定，部分青少年则会产生较严重的心理问题：自卑、冷漠、厌世、报复情绪等，青少年会把这些不良情绪带入校园，开始厌学、逃学等。

2. 家庭和谐程度

良好的家庭关系是家庭和谐的基础，父母的一言一行对青少年都具有重要的影响，一般来讲，在父母和睦、温馨的家庭环境中长大的青少年较少有暴力行为，而成长在暴力行为相对较多的家庭，青少年实施暴力犯罪的可能性也较大。心理健康的父母对青少年产生积极的影响，他们遇事冷静并以积极的态度解决。处在社会转型期的部分父母，由于工作、家庭方面带来的巨大压力，严重影响了自身的心理健康，他们焦虑、冷漠、缺乏安全感，这些不良情绪潜移默化地影响着青少年，甚至导致人格障碍，这也是产生暴力行为的原因之一。

3. 家庭的社会经济地位

家庭的社会地位、经济状况对学生的学习具有不可轻视的作用，因为经济资本、文化资本、社会资本之间可以相互转化。如良好的经济条件可以为孩子配备更好的学习设备、学习环境，可以请最好的老师专门为孩子进行课后辅导，这样可以激发孩子的学习兴趣，提高学习成绩。而班级里成绩较好的学生往往会受到教师的格外重视，因此孩子往往会有比较好的心态，他们喜欢学习，对知识充满渴求，厌学、逃学的可能

---

① 路琦、董泽史、姚东、胡发清：《2013年我国未成年犯抽样调查分析报告》（下），《青少年犯罪研究》2014年第4期。

性大大降低。而家庭贫困，没有足够的资金给孩子买学习资料、电脑、点读机等学习设备，这样的孩子的智力背景被窄化，扩展性较差，学习发生困难，经常受到教师的批评，往往会产生叛逆情绪，开始旷课、逃学，渐渐地呈现教育叛逆倾向。

4. 家长的教育方式

家长采用什么样的教育方式对青少年是否教育叛逆具有直接影响，生活在专制型和放任型家庭的青少年相对比较叛逆或自由放纵。经常遭受父母暴力行为的青少年会产生两种倾向，第一种是学会反击，产生暴力倾向。他们处于模仿父母行为或为了维持内心的平衡，在校园内经常与其他同学相互辱骂、打架斗殴。第二种是性格懦弱、胆小怕事，经常被父母殴打的孩子，会逐渐变得谨小慎微，为了逃避体罚而听从父母的安排，不敢表达个人意见。而生活在放任型家庭的青少年看似无忧无虑，自由快乐，但由于缺乏父母必要的约束，缺乏自主性、自制力，不能掌控好学习与娱乐之间的“度”，因此，往往会“亲近游戏，远离学业”，最后沉迷于网络无法自拔。另外，父母本身对学校的态度以及教育的重视程度对青少年是否教育叛逆也有不可轻视的作用。如果父母比较重视教育，孩子则会比较重视学习，在日常的学习中将会更加努力，这在一定程度上有效地避免了教育叛逆。

四　预防与矫正青少年教育叛逆的对策

针对青少年教育叛逆，我们应该从家庭、学校、政府三个维度进行预防与矫正。父母应该做到言传身教、给予孩子正确的“爱”；学校应该在加强校园文化建设的同时，注重提高教师素质；政府应该建设良好的文化机制，并逐步加强社区建设。教育叛逆的原因是多方面的，我们不能仅从一方面入手，应该做到齐抓共管。

（一）父母注重亲情感化，构建温馨家庭

父母是孩子的第一任老师，父母的言行举止对孩子起着潜移默化的作用，父母是孩子学习的一面镜子，有什么样的父母就会有什么样的孩子。作为家长应该为孩子树立良好的榜样，应该不断地提高自身修养，学习现代化的教育方式，克服传统的家长制作风，父母要尊重孩子，以平等的姿态和孩子交流、沟通。另外，家长还要为孩子营造一个良好的

家庭氛围，父母之间尽量避免当着孩子的面争吵，要理性地处理问题，夫妻双方要恩爱有加、友好相处，坚决杜绝家暴、邻里之间的争吵。尽量缔造一个温馨和谐的家，让孩子得以健康成长。

家庭是爱的源头，爱是家庭教育的基石，没有爱的家庭难以塑造出完美的人格，当然过分的爱也不能培养出一个独立的人。随着计划生育的实施，现在的青少年大部分都是独生子女，被父母视为掌上明珠，溺爱现象非常普遍。父母一切都顺着孩子，只要孩子想要，父母都会尽最大努力来满足。父母早早为孩子做好未来的规划，让孩子在成长的路上走得顺风顺水，少走弯路、少吃苦。但人生终究是孩子自己走出来的，父母不可能面面俱到，总会有意想不到的事发生。为了避免看到孩子未来束手无策、泪流满面，还不如早早地教会孩子独立、自强、自信，明白人世间的是是非非，而不是成为一碰就碎的“瓷面娃娃”。

家长是孩子成长道路上最亲密的伙伴，父母也是初为人父、人母，对孩子的教育也是逐渐的摸索的过程，因此，在教育的道路上允许有失误，但却不能有失败。家长在教育孩子上要注意分寸，不能对孩子过分溺爱、纵容，当孩子有错时要及时地纠正，让其向正确的方向发展。另外，父母要给孩子树立一个积极、乐观的学习态度，要让孩子认识到读书学习的重要性，不要将一些“读书无用论”“拜金主义”等不良思想传输给孩子。因此，父母应该学会正确地去“爱”，让孩子以积极、乐观的态度去面对学习和生活。

（二）改进教育教学方式，构建和谐校园文化

1. 加强校园文化建设

校园文化是指学校全体师生在长期的教育教学中形成的规章制度、道德规范、行为方式、价值观念等。[①] 加强校园文化建设有利于促进学生的健康成长，对远离教育叛逆具有重要作用。首先，应该创设良好的校园文化环境，做好校园文化建设。可以充分利用图书馆、画报栏、标语牌等场地宣传名人名言、校内的道德先锋等。其次，要加强学校的校风校训建设，校训是学校文化的灵魂，良好的校风是学生得以健康成长的基本保障。校园内要坚决取缔不良思想、污秽文化的传播，对校园内出

---

① 朱月红：《加强中职校校园文化建设的措施探讨》，《江苏教育》2009 年第 9 期。

现的黄色书刊、有色录像带等要坚决没收，立即销毁，并一查到底，从根源上杜绝不健康文化在校园内的传播。另外，要加强学生的思想道德教育和法制教育，提高学生的思想道德意识和觉悟水平，让学生自觉抵制不良文化对校园的侵袭，共建健康、和谐的校园环境。

在素质教育实施的过程中，学校不能仅按照学习成绩来评价学生的优劣，应该综合、全面地实施评价。在强调培养学生综合能力的同时，注重减轻学生作业负担、减少学习压力。相关部门出台了不少规定，学校应该加大执行力度。诸如组织学生参加形式多样的兴趣小组，激发学生的学习兴趣，教师不能布置额外作业，增加学生的课后负担。学校要在提高学生学习兴趣的基础上追求学习效率，用更少的时间让学生在愉快的环境里学习更多的知识。

2. 教师不断学习，提高自身素质

（1）教师要提高自身的业务水平

随着素质教育的推行，终身学习理念贯穿于教育始终，传统的教学理念、教学手段难以适应现代化进程中学生的要求，教师应不断更新教学理念，逐步提高教学水平。应该坚持不懈地学习，积极参加教师培训，拓展自己的知识背景，将新的教学理念和教学手段融入教学实践中，激发学生学习的兴趣，让学生主动学习。美国心理学家波斯纳提出教师的成长公式：“经验 + 反思 = 成长”，因此，教师在积累教学经验的基础上要学会反思。教师要做到每年、每月、每天甚至每节课都要及时地反思，寻找自己的不足或上课存在的弊端，提出改进策略，为一节完美的课堂教学做好充分的准备，争取照顾到每一个学生，使学生都能得到知识的滋润，远离教育叛逆。

（2）教师要有人格魅力，要有爱心

只有一个具有崇高人格魅力的教师才能赢得学生发自内心的尊重、敬佩。这样的教师往往具有一些共同特点：他们总是面带微笑，较少批评、训斥学生，总是对学生充满耐心，细心指导每一位学生，课堂上同学们可以在欢声笑语中学习知识，并且能够及时地掌握。这些教师内心深处都有一个共同的标准，就是教师对学生的爱。因为只有爱，教师才能真正走进学生的内心世界，才能默默无闻地甘做人梯。具有人格魅力的教师不仅能在轻松愉快的环境中传授知识，而且也能与每位学生建立良好的师生关系，对学生进行正确的指引、及时的帮助，使每位学生都能健康地成长。

（三）强化政府和社会的干预，营造良好的社会化环境

1. 政府打造良好的社会环境

随着社会的快速发展，外来文化的不断入侵，文化呈现多元化趋势。在社会快速发展大背景下，良好的文化环境是预防青少年教育叛逆的重要外在条件。影视、媒体、出版社等坚持正确的道德观念以及舆论方向，对提供危害青少年身心健康的内容和信息的相关部门或个人一律依法严惩，为青少年的健康成长提供良好的文化空间和社会环境。当下不良文化严重干扰青少年的身心健康，黄色书刊、影视暴力在社区内随处可见。因此相关部门必须严厉打击，对危害青少年健康、不依法执行国家规定的网吧、歌舞厅等一律查处。对具有暴力、色情等内容的游戏要严格审核。对于社区文化务必加大审核力度，确保青少年的健康成长。

2. 建立健全社区干预机制

在城市化的进程中，社区成为青少年活动的主要场所，对青少年认知、情感、行为都具有不可忽视的影响。而我国的社区正处在初始阶段，功能不健全，没有发挥应有的作用，我们应该借鉴国外的社区机制，不断完善、不断改进，为青少年的健康成长提供良好的社区环境。

一方面成立社区心理健康干预服务站。青少年的教育叛逆行为是心理问题的外在表现，我们只有找出心理深层次的、根本性的原因才能对症下药，真正解决教育叛逆问题。社区应该聘请优秀的、专业性的心理健康老师，通过轻松愉快的聊天来发现青少年的心理问题，帮助青少年找到改良方案，逐渐摆脱心理阴影，养成积极、乐观的心态。另一方面建立健康向上的社区文化，丰富青少年的活动场所。随着城市化步伐的加快，社区文化对青少年成长起着至关重要的作用。当下许多的社区主要是成年人的歌厅、网吧、游戏厅等一些商业性的娱乐场所，缺少青少年的学习娱乐地方，如图书馆、篮球场等，这就严重威胁到青少年的健康成长。为了给青少年提供良好的社区氛围，政府主管部门应该高度重视社区文化建设，给予政策、资金、场地支持，为青少年提供多元化的服务，建立积极向上的文化场所，开展丰富多彩的文化活动，如书法绘画、舞蹈音乐、趣味体育比赛等。让青少年参与其中，既可以丰富他们

的生活，又有助于心理健康。

第三节 校园暴力与青少年犯罪

在现代化进程中，伴随着经济、科技、文化迅猛发展，社会竞争和压力与日俱增，传统文化、伦理道德、社会规范遭受前所未有的冲击，青少年作为最敏锐的社会观察者，处在社会转型期的风口浪尖，受到现代化的不断撞击，处于中西方文化的冲突和社会多元价值观困惑抉择之中，如果得不到学校、教师的正确的引导与帮助，他们站在善恶的十字路口而不知所措，就有可能导致一系列问题。校园暴力与青少年犯罪就是比较突出的问题。

近年来，未成年人犯罪案件呈不断下降趋势，但以同学间欺凌弱小和敲诈勒索为典型的校园暴力事件，不满 14 周岁未成年人实施杀人、强奸等恶性犯罪案件等新闻不时见诸媒体，引起社会强烈反响。因此，应该探寻校园暴力的原因，找到预防与矫正策略，净化校园环境。

一 校园暴力的概念及表现形式

（一）校园暴力的概念

暴力行为是指以暴力为手段，以人身、财产为侵害目标，对被害人的身心健康以及生命财产造成极大的损失，直接危及人的生命、健康与自由的一种行为。一般来说，有的暴力行为直接表现为暴力犯罪，如杀人、强奸、抢劫、伤害等。暴力实施的行为，具体表现为家庭暴力、学校暴力、街头暴力等。这里我们主要指校园暴力中青少年的暴力行为。诸如殴打教师、破坏公共财物等。青少年暴力行为频发，不仅干扰了学校正常的教学秩序，而且不利于青少年的健康成长，给平静的校园带来了巨大的涟漪，尤其是在青少年的成长过程中发挥消极作用，严重阻碍了青少年社会化进程。

校园暴力已成为一个国际性的社会治安难题，引起全世界的广泛关注。所谓暴力是指行为人采用不恰当的方式与手段，以某些人或物为侵害对象，侵害他人的身心健康和公私财产，并造成一定危害的行为。校园暴力是一个比较宽泛的概念，目前学术界并没有一个统一的概念。近年，各媒体、宣传机构对暴力进行大手笔的描写，而关于校园暴力的概念则很少界定。

上海市教育法制研究咨询中心谭晓玉博士认为，校园暴力可分为广义和狭义两种。广义的校园暴力是指发生在校园内的，由教师、同学或校外人员针对受害人的身体和精神实施的，达到一定程度的侵害行为。狭义的校园暴力是指发生在校园或主要发生在校园中，由同学或校外人员针对学生身体和精神实施的造成某种伤害的行为。李大鹏在《解析校园暴力行为》中指出，校园暴力行为是指发生于学校内的暴力行为或犯罪行为。[①] 管晓静在《论未成年人暴力犯罪的家庭防控措施》中说道，校园暴力是指发生在校园内的暴力行为。[②] 而我们指的校园暴力是发生在校园内的教师与学生和学生与学生之间的暴力行为以及校外人员进入学校对师生实施的暴力行为。2017 年 12 月教育部等 11 部委发布《加强中小学生欺凌综合治理方案》，强调中小学生欺凌是发生在校园（包括中小学校和中等职业学校）内外、学生之间，一方（个体或群体）单次或多次蓄意或恶意通过肢体、语言及网络等手段实施欺负、侮辱，造成另一方（个体或群体）身体伤害、财产损失或精神损害等的事件。

学校是青少年离开家庭，踏入社会最好的转折场所。青少年的成长过程本身就是不断社会化的过程。校园暴力行为容易使他们对社会的认知产生偏差。他们极度反感、厌恶校园制度、教师的教学行为，讨厌这种有序的生活。因此，这类青少年难以形成正确的价值取向、积极向上的人生观、价值观，他们极易封闭自我、远离校园、逃避社会，他们适应社会的能力较低，甚至对社会产生憎恨而报复社会走上违法犯罪的道路。从青少年身心发展的特点来说，他们开始追求“成人化”及个体独立，这是实现个体社会化的必然过程。倘若在此期间，青少年由于过度地缺乏安全感，处理事情过于情绪化，行为方式过于暴力化，势必造成他们不健全的人格以及喜欢用暴力来解决问题，行为方式逐渐向暴力转变。由校园里的“小暴力”逐渐发展成社会上的“大暴力”，一步步走向犯罪的囚笼而不自知。

---

① 李大鹏:《解析校园暴力行为》,《思想・理论・教育》2004 年第 7 期。

② 管晓静:《论未成年人暴力犯罪的家庭防控措施》,《青少年犯罪问题》2002 年第 5 期。

（二）校园暴力的表现形式

对很多学校来说，校园暴力不是陌生的词语。近几年，校园暴力案件层出不穷、屡禁不止。原本平静、祥和的学校氛围逐渐被辱骂、打架、斗殴所取代，不仅影响学生的学习，学生的人身安全毫无保障，甚至影响整个人生。校园暴力案件主要包括学生之间的暴力案件、教师体罚学生案件、校外人员对师生实施的暴力案件三种类型。

1. 学生之间的暴力行为

学生之间的暴力案件主要有以下几种：同学之间因琐事打斗造成伤害，诸如为了作业、值日分配、游戏等鸡毛蒜皮的小事；不堪忍受同学长期的侮辱、挑衅而伤害对方的，不堪忍受同学给自己起绰号，而采取暴力手段自我保护；不愿拉帮结派而被同学伤害，拒绝同学、舍友的帮派活动而被伤害；因早恋带来的伤害，如为了报复女朋友移情别恋而伤害女朋友或为了争夺一个女生，两个男生之间“决斗”；有严重不良行为的学生对守纪同学的伤害，如强迫他人做一些违纪的行为，比如逃课上网、强迫他人替自己写作业等。

学生之间的暴力行为频繁发生，因互为不满或个人情绪化而辱骂、斗殴甚至冷暴力来伤害对方或破坏公私财物，不仅影响学生身心健康，甚至造成了恶劣的社会影响。例如，2013 年 4 月云南省昆明市某高校学生因被舍友小雪误以为偷拿内衣而邀约 9 名同学找小雪“谈话”，不仅对小雪拳打脚踢，而且当着男同学的面强迫小雪脱裤子，实施侮辱行为；2013 年 4 月震惊全国的复旦大学的投毒事件，林森浩因琐事对舍友黄洋不满，怀恨在心，故而在宿舍的饮用水中投毒，最终黄洋因抢救无效，毒发身亡；2015 年 3 月贵州安顺市普定一中学生因就餐时间严格限制引发的对学校军事化管理制度不满，最终导致学生打砸学校食堂的恶性事件。

2. 教师和学生之间的暴力行为

师生暴力行为是指师生中的一方采取强制力量或武力对另一方人身安全造成伤害、摧残的行为。师生暴力行为包含两种：教师对学生的施暴行为和学生对教师的侵害行为。近几年，后者急剧上升，尤其是在高校类似事件数不胜数。师生之间的暴力行为主要表现在：

（1）教师体罚学生

教师对学生肉体实施体罚，并使学生受到伤害的行为，如殴打、罚站、下蹲、超过身体极限的运动等。适当地施以小诫是非常必要的，不仅让学生认识到自身的错误，规范学生行为，发挥教育的作用。在教育学生时应有“度”，教师不能拿教育的挡箭牌来体罚学生，甚至部分教师由于个人私事而情绪不佳，把情绪带到课堂上，影响教学质量的同时，常常对学生实施体罚，来发泄心中的怒气。体罚在我们的学校中已成为一种司空见惯的现象，教师稍有不满就对学生拳打脚踢。例如，2015 年 2 月湖北宣恩县椒园中学男生被怀疑偷拿同学饭卡，而被班主任暴打，导致脾脏受损并被切除；2013 年 5 月山西省太原市某幼儿园 5 岁女童被教师扇 70 个耳光。

（2）冷暴力

冷暴力不仅存在于“师生”之间，也同样存在于“生生”中，冷暴力是师生和同学之间非肢体的攻击行为，是一种内在的、心理上的伤害。冷暴力主要表现形式：轻视贬低、挖苦讽刺的语言伤害；教师疏远孤立、隔离学生，任其放任自流；同学间的“小团伙”也是一种常见的冷暴力方式。

校园冷暴力对学生造成的伤害是隐性的、长久的，受害者往往有苦难言，具有很大的迷惑性，周围的人一般难以察觉，只有当受害者自己难以承受，情绪大爆发，危害事件发生时大家才惊觉。冷暴力对学生影响深远，因为它打击学生学习、生活的积极性，伤害学生自尊心，侮辱学生人格，学生认为自己难以被教师或同学认同、接纳，失去对集体、社会的认同感、归属感，在内心深处留下难以磨灭的阴影。如果教师长期对学生采取嘲笑、孤立、冷淡、威胁、讥讽、控制的教育方式，久而久之，学生开始自卑、产生抵触情绪、对抗心理，造成心理疾病，甚至导致自闭，或产生人格行为障碍。不仅造成师生关系对立，影响教学效果，更有甚者学生开始厌学、逃学、违法犯罪甚至自杀的严重后果。例如，2014 年 11 月某初二女生因为与外班同学动手打架而在班主任设立的“荣誉感评选”班会上被全班同学投票评为“全班最没荣誉感学生”。在老师毫无遮拦地大声朗读了投票结果和同学嘲笑、奚落的多重打击下，她心理抑郁、自我否定，欲跳楼自杀；2014 年 12 月学生家长举报辽宁省沈阳市沈河区北一经小学一年级班主任在课堂上对学生进行侮辱、讽刺以及对学生家长进行侮辱。家长递交的29段音频，总共约42分钟，记录了班主任上课的言语："臭不要脸"出现18次、"傻子"一共是16次、"笨蛋"9次，致使原本爱笑的孩子已不爱说笑，半夜经常会从噩梦中醒来。而当事老师竟以"我真没注意这事"予以回复。

（3）校园性暴力

世界卫生组织把性暴力概括为"无论在何时、何地以及何种情景、当事双方何种关系，一方通过强迫手段与另一方发生任何形式的性行为"。性暴力是性侵犯、性骚扰、性伤害等词汇的概括。校园性暴力主要包括教师对学生的性侵害和学生之间的性侵害以及校外人员进校实施的性侵害。

校园性暴力频繁见诸报端，据北京青少年法律援助与研究中心对2006—2008年媒体报道的50例校园性侵案统计表明，农村是校园性侵案的高发地，农村留守女童是主要的施暴对象，而校长和教师则是主要的施暴者，占70%，校外人员进校实施的占16%，学生之间的性侵害占10%。①

师源性侵害多指男教师与未成年女生的性暴力，教师利用职务之便，对年幼无知的学生实施猥亵、强奸，事后恐吓、威胁学生或利用金钱贿赂、利益诱惑等哄骗学生让其保守秘密。手无缚鸡之力的学生则只能默默忍受。师源性侵害主要是教师与学生之间，两者在学习、生活上密切联系，接触时间较长，所以具有隐蔽性、持续性。2013年5月曝光的河南省桐柏县56岁的小学教师杨士付在该校执教的30余年间性侵小学女生多达16人，竟然没有被校方及学生察觉，直到某天他坐在教室摸一名一年级女生的下体时被外班的一名男生发现告诉家长，杨士付性侵害女生的罪恶之举才得以揭发。

学生之间的性侵害，是由于学校管理、教育不到位，没有尽到学校应负的责任，教师没有发挥教书育人的天职，重智育轻德育。另外，青少年正处在性萌芽时期，对性充满好奇感，加之社会文化市场处于混乱状态，淫秽录像、黄色书刊随处可见，学生自控能力差、法律知识淡薄。有的因为同学之间的一句玩笑、一个赌注而去违法，更有甚者，做了违

① 董晓莹：《校园性暴力的现状与思考》，《中国性科学》2013年第9期。

法的事而不自知。2010 年 10 月洛北河中学，一名初一女生因晚间肚子饿而去离宿舍仅有 10 米的小卖部买东西吃的时候，被本校的两名男生强行拖至男生宿舍，先后被 5 名男生轮奸，整个过程中，寝室在场的另外 16 名男生没有一人出来阻止。这样的荒诞事件竟真切地发生在我们称为“梦想的天堂”的校园，令我们匪夷所思。校外人员进校实施性侵害也时有发生，主要集中在住校的小学、初中女生。趁学校值班管理人员疏忽，翻墙而遛进校内，专找单个出入的女生实施侵害。

（4）学生对教师施暴

传统的尊师重道在现代化的进程中被一点点地吞噬，教师的地位一落千丈，不再是崇高的、神圣不可侵犯的。传统的教师观、学生观遭受前所未有的重创。早前，教师殴打学生的事例屡见不鲜，近年来，学生对教师施暴的案件屡见报端，呈上升趋势。为何出现这样的转变？归根结底还是落实到教育问题，社会处于转型期，学校教育不到位，德育、心理素质教育、法制教育与学生智育发展不同步。另外，教育方法的弊端初见端倪，在学校教师普遍“重分数”的大背景下，“双差生”逐渐地被教师冷落、疏远、隔离，部分教师稍有不满，则对他们严厉批评甚至是体罚，势必会引起学生的不满，产生反抗情绪，最终把暴力之手伸向了教师。例如，2015 年 4 月河南信阳潢川彭店中学男教师因一女生上课大声喧哗、扰乱课堂纪律，上前制止无效，女生怒骂老师“滚”，老师在感到权威受到挑战的情况下，拿起书本向女生头猛摔，最终与女生互殴。2015 年 3 月广东省东莞市樟木中心小学，教美术的陈老师因催交作业与四年级男生发生口角，而遭到学生的暴力殴打，导致住院。

3. 校外人员对师生的暴力行为

学校异于社会其他机构之处，在于学校主要由教师和学生组成，其任务就是传递知识，传承文明，培养适应社会、促进人类文明的优秀人才。学校是一个为祖国培养花朵的后花园，是一个美丽、安静的场所，但又是一个缺乏保护、被不法分子窥探的地方。校外的不法之徒把魔爪伸向学校。手无缚鸡之力的学生成为他们施暴的对象。2010 年 3 月，福建省 42 岁的郑民生因屡次恋爱失败，与同事、家人关系不和，悲观厌世，蓄意报复社会，在南平实验小学门口持刀砍伤 13 人，其中 8 名学生致死。紧接着在我国广东、江苏和山东等地连续发生多起校外人员闯入校园进行施暴的案件。

上述案例不过是校园暴力事件的冰山一角，一桩桩的校园暴力事件为我们敲响了警钟，校园本是静美场所，学生汲取知识、愉悦身心、提高思想觉悟的地方，然而这片净土却充满了矛盾、冲突、暴力，甚至是腥风血雨。近几年，校园暴力事件层出不穷，足以让我们认识到事情的严峻性，给我们敲响警钟。

二　校园暴力的成因分析

校园暴力的产生原因错综复杂，既有主观因素，又有客观现实，当下校园暴力的成因分析主要基于学校、个人、家庭、社会视角，着重从学校的管理弊端、教师教育缺陷、青少年的身心特点、社会暴力文化、家庭结构不健全、家庭教育方式等方面进行重点分析，探寻校园暴力的产生原因，对于防范和治理校园暴力具有重要意义。

（一）学校原因

校园暴力的产生是由多方面原因共同造成，但是学校作为校园暴力发生的主要场所，具有不可推卸的责任。部分学校管理制度存在弊端，诸如校内安保秩序紊乱，门卫制度不健全，对校园暴力缺乏及时有效的处置措施；另外教职员自身素质偏低，不能正确地教育学生，对学生暴力相向等，这些都为校园暴力行为埋下了种子。

1. 学校相关制度供给不足，管理不力

（1）学校门卫制度不健全

校外人员进校违法犯罪是校园暴力犯罪的重要组成部分，从根源上看，学校门卫制度不健全，学校是学习的地方，主要是由学生和教师等工作人员组成，社会人士不能随意出入校园，扰乱校园秩序。部分门卫人员玩忽职守，给社会不良人士可乘之机，他们乘虚而入，师生的人身安全难以保障。因此，建立学校进出准入制度势在必行，加强执行力度，相关人员应高度负责，提高警惕性。

（2）校内安全管理混乱，进入学校的车辆太多

部分学校没有车辆管理制度，车辆肆意进出校园，尤其是在高校中，不仅教师、学校工作人员随意开车进出，学生、社会人士享受同样待遇。校园面积有限，高密度、大流量、川流不息的车流，大片无序停放在路

边、楼前空地等处的车辆，使骑自行车和步行十分不便，严重影响了教师和学生的正常校园活动。在校园内交通事故不断增加的同时，由交通事故引发的校园暴力也日益攀升。

（3）校园暴力的应对措施缺乏

多数学校对于学校暴力事件事先无预防，事后也没有好的解决办法。首先，学校缺乏“心灵沟通驿站”“校园心理辅导中心”等场所，学生一旦出现心理问题得不到及时的、全面的、细微的治疗。还要注意加强与学生家长、教师的信息互通机制，及时地了解学生的最新动态，提早发现学生的异常行为。心理出问题的学生不能自我调节，问题就像滚雪球一样越堆越大，心理压力不断累积，直至崩溃、坍塌，做出过激行为。例如，自残、自杀、伤害他人等。其次，当校园暴力案件发生后，学校不能理智地、综合地、客观地处理问题，而是抱着“维护学校”的理念，在不妨碍领导个人前途的前提下，尽量大事化小、小事化了。能私了的绝不公之于众，能和解的绝不上法庭。抛弃事实本身，忽略受害人身心的悲痛，纵容包庇犯罪分子，置法律于不顾。

各个系统处于有序的工作状态是社会这个复杂系统得以运行的必要条件。但是，这个必要条件的前提条件是突发事件出现，原有秩序运转失常，紧急状态秩序的合理运行。校园系统也是如此，一旦发生校园暴力事件，应冷静、快速地打开非常态运作机制，而不是非常态下的惊慌失措的混乱状态。近几年，校园暴力频繁发生，学校应制定一套非常态下的切实可行的程序来予以应对，例如“校园暴力事件通报系统”“校园暴力处理系统”等。

2. 教职员工原因

（1）教师自身压力过大

处于社会转型期的大背景下，学校努力地做出相应的调整，争取与社会步调一致。学校大力倡导素质教育，减轻学生学业负担，培养全面发展的综合性人才。但学生的“减负”反而造成了教师的“加负”，在激烈的社会竞争中，教师面对堆积如山的工作、苛刻的要求，压力与日俱增。高校教师面临的不再是单纯的教学，而是科研、职称评定等各种纷繁复杂的工作；中小学教师面对的则是“升学率”，在实施素质教育的大背景下，不加重学生学业负担的前提下，追求更高的、更好的升学率，成为老师必须解决的沉重问题。教师在完成自身任务的同时，根本无暇顾及学生的心理问题，情绪的异样化。一个人的精力是有限的，不可能做到面面俱到，因此，不可避免因为教师的关心力度不够，不能及时发现学生异化情绪、心理问题等，难以合理调节学生的矛盾心理，导致学生情绪的崩溃。

（2）教师体罚或变相体罚学生

在日常的学习中，教师体罚学生已司空见惯。如学生未完成作业、破坏公共财物、学生偷拿东西等都会受到教师的严厉批评、辱骂甚至拳打脚踢。学生是发展中的人，有很强的向师性，教师的言行举止，学生在耳濡目染中就会不断模仿、吸收、内化为自己的行为规则。学生遇到某人违反他认为该遵守的秩序时，就会心生不满，势必会用老师教育他的方式来对待他人，校园暴力由此产生。

另一方面是变相体罚，教师不会去刻意体罚学生，而是以一种无形的方式来体罚学生，从外界难以察觉，这就是变相体罚。部分教师不能对学生一视同仁，歧视、疏远“双差生”，教师不会批评、辱骂，而是对他们视若空气、置之不理。教师的疏远、隔离，会带动班级其他成员的积极跟随，这样在整个班级中就等于把他们屏蔽，学生本人没有存在感，有苦难言，长此以往，必然会导致心理问题甚至心理扭曲，产生强烈报复心理。

（3）教师教育理念不科学，责任心不强

学校片面强调升学率，道德教育、法制教育、心理健康教育缺失。在国家大力提倡素质教育理念，培养学生“德、智、体、美、劳”全面发展的政策方针下，学校依然没有落到实处。依然坚持“分数至上”原则，忽视学生德育、法制教育、心理健康教育，不利于学生世界观、人生观、价值观的形成，甚至扭曲学生三观，学生对社会、人生、自我没有一个正确的认识，甚至会产生错误的人生价值观念，引发校园暴力犯罪。

（二）个人原因

青少年是指年龄在14—25岁的年轻人，此阶段是青少年身体快速发育期，个体的生理器官开始成熟，机体机能逐步健全。伴随着性器官的发育，身体各系统也急剧变化，带动青少年智育的发展和心理的成熟。

这里主要从青少年的生理原因、心理原因以及两者发展的协调性上来分析校园暴力发生的原因。

1. 生理特征与青少年犯罪

（1）身体原因

进入青春期以后，神经系统和内分泌系统的发育完善为青春期身心发展提供了充足的养料。其间生长发育速度加快，身高猛增、体重加大的同时，第二性特征逐渐显现，如性器官外表的变化、乳房的发育、男生喉结凸显。个体的生殖能力逐渐成熟标志着个体性的成熟。由于各种激素分泌比较旺盛，神经系统不稳定，情绪多变，易冲动、爆发性强且不稳定。情绪具有隐蔽性、表里不一，外人很难揣摩青少年的真实想法。另外，青少年的控制力较差、易烦躁，当突发事件发生时难以控制自己，更不能做出正确的反应。

（2）心理原因

青少年在经历身高、体重、体形、循环系统、呼吸系统、性器官等一系列的成长、发育后，生理特征逐渐向成年人过渡。但是，青少年由于涉世未深，心理发展相对落后，情绪易激动、烦躁不安，心理相对不成熟。但这时的青少年开始追求独立、向往自由，心理学家霍林沃斯将这一现象称为“心理断乳期”。他们情绪被无限制地扩大且喜、怒、哀、乐等多种情感快速地交替进行。一件微不足道的小事足以让他们感动、欢笑或痛哭流涕，这足以说明青少年本身具有动荡不安的特性。由于青少年身心发展不协调，必然在发展的路途上产生一些矛盾，这些矛盾如果得到很好的解决，有利于促进青少年的健康成长。反之，则会把青少年推向犯罪的深渊。

2. 人格特征与青少年犯罪

青少年兴趣广泛、具有冒险精神、勇于挑战、求知欲强烈，敢于尝试新事物，往往高估个人能力，心理的不成熟使他们与周围的事或人频繁地产生矛盾，如果得不到正确的引导，部分学生会形成不健全人格，容易走上歪门邪道。青少年的不健全人格主要包括：以自我为中心，罪恶感淡薄；抗压能力低，受挫力较差；缺乏自控能力，逃避责任；包容性差，爱争吵。如2010年10月在西安发生震惊全国的“药家鑫事件”，药家鑫原是西安音乐学院在读的大三学生，开车撞人后又将伤者刺了六刀致其死亡。假如他撞人后及时救人、报警，这样在挽救两条生命的同时也挽救了两个家庭。法庭上法官质问其为何要拿刀捅向受害者。“我看到她记下了我的车牌号，害怕他缠上我的父母。”药家鑫解释道。从这个案例可以看出部分青少年对生命的蔑视，对生命如此的冷漠，生命价值观的缺失，更多与学校的教育密不可分，当问题来临时不能勇敢地去面对，而是无助、恐慌、逃避。

（三）社会原因

我国正处于社会转型期，社会不断变革，社会背景对青少年的健康成长具有重要的影响，社会的经济、政治、文化气息会在他们身上打上时代的烙印，社会对青少年校园暴力有不可推卸的责任。社会迅速发展的同时，社会道德对青少年的约束力不断下降，社会不良风气腐蚀着青少年纯洁的心，扭曲了他们的价值观、人生观。暴力文化在席卷全国的同时，也侵入校园，导致校园暴力不断增加。

1. 社会道德约束力弱化

在现代化的进程中社会道德滑坡成为不可否认的事实，诸如公交车上部分年轻人不给老年人让座，老人大街上摔倒无人搀扶等事件屡见不鲜。或许会有人质问“我们的年轻人怎么了”。随着社会的发展，在城市化、工业化的进程中，我们传统的家族格局被逐渐解体，现有核心家庭代替了原先的扩大家庭，由原先亲密无间的邻里关系转化为现在的“陌生人”，人与人之间的距离越拉越远，传统的道德约束力难以发挥效用。社会对青少年的教育、管理跟不上社会转型期发展的速度，新旧体制的交接不够衔接、难以配套。

2. 社会不良风气

社会不正之风是诱发校园暴力的“思想温床”，是导致校园暴力的重要因素。青少年认知能力、行为能力较低，心理不成熟、社会经验不足，难以自控，轻易受社会不良风气、习惯的影响，做出错误的判断。另外，社会上流行着一些错误的价值观，如拜金主义、享乐主义，青少年好攀比、爱炫耀，不同家庭背景的学生就会形成鲜明的对比，造成心理落差，家庭条件较好的就高高在上、目中无人。相反，家庭条件不好的子女易产生自卑甚至仇富心理。在错误价值观念的影响下，校园里的贫富差距势必将成为校园暴力的导火索。

3. 暴力文化的影响

暴力文化成为文化市场的中流砥柱，成为当下文化领域的“主流文化”。暴力文化随处可见。西方文化在侵入中国市场的同时，伴随着大量的血腥、惊悚、暴力、色情场景，如在中国比较受欢迎的《吸血鬼日记》《暮光之城》《速度与激情》等影视作品中充满大量的血腥、暧昧镜头。柳斌在《三谈关于素质教育的思考》中提出“西方国家把暴力和色情搬上屏幕，而我们则把暴力与色情从屏幕搬向生活。中小学是暴力文化、色情文化的直接受害者”。[①] 甚至在一些国产的具有正面教育意义的电影、电视中，暴力血腥的场景也并不少见，这对于处于叛逆期、成长期的青少年来说，起到了无法估量的潜移默化的腐蚀作用，长期反复地观看暴力、恐怖活动的某些经过淋漓尽致描绘的情节，必然会扭曲青少年的行为规范。往往按照个人的理解来解释这一切，易做出错误的选择，导致不可挽回的后果。尽管我国有关青少年的法律中禁止孩子接触暴力文化，但这一法律条文一直处于放任状态，在现实中缺少切实可行的规定。尽管我国一直在努力限制色情、暴力文化的传播，在打压色情文化的同时，对暴力文化却较少关注，大有愈演愈烈之风。暴力文化不仅占领了影视作品，甚至统治了整个游戏界，网络游戏中打打杀杀随处可见，青少年沉迷于网游，难以自拔，更有甚者把游戏角色代入现实生活，认为自己具有超能力，可以任意地以某种方式处置任何人。这样的暴力文化下，青少年怎能逃避暴力行为呢?

（四）家庭原因

青少年教育始于家庭教育，家庭环境是青少年得以健康成长的重要因素，青少年的茁壮成长离不开良好的家庭环境。父母是青少年的第一任老师，父母“背后的形象”是青少年学习的最初教材。然而，由于家庭残缺、父母教育方式上存在的弊端对青少年的健康成长构成极大的威胁，使青少年在成长的过程中充满了坎坷、荆棘。

1. 不良的教育方式

不同的家庭在教育方式上存在很大的差别，不当的教育方式易导致孩子走向犯罪的边缘。根据父母的教养态度存在差异，教育方式可分为

---

① 柳斌：《三谈关于素质教育的思考》，《人民教育》1996 年第 9 期。

四种类型：民主型、专制型、溺爱型、放任型。专制、溺爱、放任都是错误的、不良的教育方式。

在专制型家庭中，父母对孩子期望过高、要求过于严厉，稍有不从，轻则辱骂、重则棍棒加身，孩子在这样一个暴力环境中成长，最初对家庭、父母的信任、依恋一点点消失，取而代之的是冷漠、易怒、自我为中心，并沾染上父母的暴力行为，在学校中，稍有不顺，便用拳头解决问题。

在溺爱型家庭中，父母把青少年放在不恰当的高度，对其有求必应，满足青少年的一切物质要求。过分关心、疼爱孩子，不让青少年参加力所能及的劳动，即使他们犯错，如逃学、偷拿他人东西、打架斗殴等，父母不会对其严肃批评、公正处理，而是一味地纵容、包庇，使其不能正确认识自己，客观地评价自己。在溺爱型家庭长大的青少年往往以自我为中心、自私自利、独立性差，不正当行为难以纠正，在校园里难以和其他学生和平共处。

放任型教育凸显。在社会快速发展期，父母忙于生计，无暇顾及孩子，尤其是进城务工人员，他们背井离乡，整日忙碌，孩子则留守家中，成为“留守儿童”；或父母都是双职工的家庭，早出晚归，有的中午也不回家，没有时间管教青少年，因此被迫实行放任型教育。另外，父母文化程度偏高，受西方思想的熏陶，盲目效仿西式教育，给予青少年过多的自由，尊重他们的个人喜好、追求，任其自由发展，美其名曰“解放天性、返璞归真”。这种完全的“拿来主义”只怕事与愿违，发展到最后很有可能是害了孩子。

2. 家庭不健全

家庭是社会生活中最基本的单位，父母双方在其中发挥着不可替代的作用。近年来，我国的离婚率不断上升，单亲家庭增多，离婚家庭首先面对的最大的、最棘手的问题就是家庭教育的缺损现象。家庭不健全的青少年在成长的过程中因缺少父母一方的行为榜样，难以完成个体的社会化过程。生活在残缺家庭的青少年，由于在物质上处于困境，在精神上得不到关爱，缺少一个完整的情感空间，部分情感无法寄托、难以表达。长此以往，就出现性格冷漠、孤僻、狭隘、固执、偏激，甚至个性扭曲或性格畸形的后果。这些青少年往往觉得社会不公、悲观厌世、对周围的人和事充满了仇视心理，在校园内很难和其他同学和平共处，在他们身上容易引发校园暴力行为。

三 校园暴力的预防机制

影响校园暴力的原因是多方面的、综合性的，因此校园暴力的预防不能仅从一方面谈论，也应该是多角度，诸如学校预防，建立校园安全责任制、增强学校的教育功能、建立早期干预机制；家庭预防，创建温馨的家庭教育环境、实施良好的教育方式等；社会预防，完善社会管理机制、加强社区监管等，全方位、多角度共同实施预防措施。只有家庭、学校、社会密切配合，共同预防，发挥整体作用，才能有效预防校园暴力。

（一）净化校园环境，增强学校全面育人功能

遏制校园暴力，学校教育责无旁贷，学校是青少年实现人生蜕变、完成个人社会化的重要场所。学校教育是青少年收获知识，汲取文明素养的沃土，更是培养学生健全人格、良好道德品质的无可替代的最佳场合。近年来，由于学校管理不善、教师教育偏差，校园暴力泛滥，学校应该从根源上来抑制校园暴力，净化校园环境，增强学校的教育功能，排除校园周围不稳定因素的影响，建立非暴力沟通渠道以及应急反应机制。

1. 建立校园安全责任制

校园暴力、学生安全已成为上级主管部门尤为关注的问题，并出台了一系列的指示，各级各类学校应该服从上级指示，规范、强化校园安全措施，实行具体责任落实制，“谁出错，谁负责”，把责任落实到领导个人。提高领导对校园暴力的警惕性，增强领导个人的责任意识，落实具体的政策方针。优化校园环境，远离校园暴力。

首先，要明确安全责任。明确主要负责人的责任：包括学校的领导机构、与校园安全相关部门。如学校宿管科、学校保卫处、学校门卫处等。加强工作责任意识、执行力度，确保每位师生的安全。另外，实行奖惩制度。年底、学期末都要对不同部门进行全面的考核，达到标准的予以奖励，未达标者则给予惩罚。如出现严重失职，可以直接开除或追究相关的法律责任。

其次，加强安全教育。在明确校园安全责任制的同时，加强对全校师生的安全教育工作。做好安全知识教育，可以请优秀的警察到校内面对面地与师生交流、探讨，讲解相关的案例，让学生了解相关法律，知道如何预防校园暴力，以及当身边发生暴力行为，如何及时救助他人和做好自我保护。

最后，安全检查到位。各上级部门都要做好检查工作，确保下级部门的工作成效。另外，保卫科工作人员一定做好进出登记制度，对可疑人员要详细盘问，提高警惕。严防不法分子进入校园，扰乱校园治安，威胁师生安全。

2. 提高教师素质，增强教师责任心

教师是净化人类心灵的工程师，是知识得以传承的桥梁。教师是学校的重要组成部分，对青少年的健康发展起着不可推卸的责任。部分教师素质偏低，教师的教育思想不端正，教育目的不明确，歧视“双差生”“弱智生”，冷暴力、体罚、变相体罚学生的现象时有发生，使青少年的人格和自尊心受到挫伤，毫无争论这是导致学生厌学、逃学、心理问题的重要原因，甚至间接地推动校园暴力的发生。因此，我们首先从教师抓起，多举行教师培训课、建立教师互相监督机制等，从内外两方面加强教师自身素质，增强教师责任感。

3. 建立干预和应急反应机制

学校肩负着学生身心健康发展的重任，有责任探寻正确的渠道来引导、疏解学生心中的压力，纠正学生的不良行为，对学生的片面理解给予帮助、引导、改正。建立早期的干预机制，如矛盾调解室、心理咨询室、学生心灵之家等教会学生理性解决矛盾纠纷，智慧解决意见分歧。要加强教师与学生的互动，增强师生之间的了解，使学生对教师形成归属感、认同感，使学生的感情得以寄托，不再孤寂、冷淡、脱离集体。另外，学校要配备心理辅导教师，开设必要的心理辅导课，让学生面对面地与教师沟通、交流、互动。针对个别学生的过激行为，应该早关注、早干预，采取合理的措施，防止学生自残、自杀以及伤害他人，尽最大的努力来制止不必要的损失。

（二）为青少年创建和谐的家庭环境

父母的道德意识、思想意识、行为习惯对青少年有着重要的影响，甚至影响他们一生。许多青少年不良思想的产生都与父母教育不当有关。校园暴力的施暴者大多数家庭生活状况比较凄苦，生活不幸、家庭残缺、家庭教育方式不科学，甚至受家庭暴力等负面影响，青少年从小缺乏安全感、缺少父母、亲人的关爱，从而过于自我保护，形成“攻击性人格”。因此，他们遇到不符合自己心意的事或人，往往喜欢暴力解决，为的就是达到内心的平衡，排除心中的抑郁情绪，阴霾内心深处的自卑心理。因此，必须认识到家庭教育的重要性，强化家庭教育的职能，为青少年造就一个祥和、温暖的成长环境。

1. 营造和谐温馨的家庭氛围

良好的家庭环境、和谐的家庭氛围对青少年的成长产生积极的推动作用，家长应努力维持家庭的完整，尽量使青少年得到健全的爱，既有如山的父爱，又有似水的母爱。父母双方应相互理解、相互包容，尽量避免在孩子面前吵架、冷战、家庭暴力等情况的发生。这就要求父母要注意自己的言行，严于律己、以身作则，为孩子树立良好的榜样，有利于孩子建立良好的人格，健康、快乐地成长。

2. 采取科学的家庭教育方式

良好的家庭教育方式不仅可以增进父母与青少年的感情，更可以有效地避免暴力行为。家长应学习一定的教育学、心理学知识，了解不同年龄段的孩子的心理特点，知道什么样的教育方式更有利于孩子的发展。认识到各种教育方式的优缺点，避免传统的专制型、溺爱型的教育方式，在学习西方的放任型的教育方式时，要结合自身家庭的具体情况，切不可实行“拿来主义”。另外，家长要与青少年多沟通、多了解，父母应该放下身段，以朋友的身份和青少年相处，了解他们的学习情况以及内心的真实想法，解答他们心理的困惑不安，为他们指明前进的方向。

3. 加强法律知识的学习

父母是孩子的监护人，应明确监护人的具体职责，有责任对孩子进行良好的教育、有义务保护自己的孩子，减少外界的侵害。因此，父母应努力学习相关的青少年法律，传授青少年更多的法律知识，让其一旦遇到暴力行为，可以及时做出正确的判断，更好地保护自己。另外，当青少年遇到不法侵害时，具有一定法律知识的父母可以更好地保护青少年、维护他们的合法权益。

（三）社会预防

1. 完善社会管理机制，优化社会环境

社会环境与校园暴力有着密不可分的关系，校园暴力并非孤立存在，而是以社会大环境为背景，从某种意义上说，是由于社会管理不善导致的。因此，政府与相关部门应采取积极的措施，净化社会环境。一方面，法院、检察院、教育部等有关部门要加强合作，负有高度的责任心，认真履行职责，以对学校广大师生高度负责的精神，深入到学校内部，为学校营造稳定、安全的法治环境。以文化部为主的各部门要团结合作，共同做好“传统美德”宣传教育工作，共同抵制“色情文化”“暴力文化”等不健康的文化，切实落实好“扫黄打非”，创造文明的社会环境。另一方面，要对校园周边的书刊、网吧实行彻底清查，坚决取缔黄色、暴力书刊。网吧要做到“未成年人禁入”，对违反规定的网吧要实行严惩，对造成恶劣社会影响的要依法取消营业执照。社会媒体应多宣传先进事迹，尤其是优秀青年、优秀学生的感人事迹，为广大青少年树立学习的榜样。通过协同创新，为青少年健康发展创建一个良好的社会环境。

2. 加强社区监管

实践表明，社区中的闲散青少年、不良青少年、刑满释放人员经常游荡在校园周边，对在校青少年构成潜在隐患。他们常常威胁小学、初中的学生以收保护费为名猎取钱财，甚至强迫青少年加入不良团伙，稍有不从就暴力相向。因此，在社区中应建立专门的监控和预防机构，随时监控这些不良社会青少年的不良行为，同时要与民警、司法机构加强合作，寻找行之有效的解决措施。另外，社区要加强青少年活动设施建设，开展丰富多彩的文化活动，为青少年创造和谐的社区环境。

第四章

社会分化、阶层固化与青少年犯罪

当前社会正处于从传统向现代急剧转型发展的过程，处于错综复杂的社会转型阶段，这既是一个“黄金发展期”，也是一个“矛盾凸显期”。伴随着中国社会结构的深度转型，社会阶层逐渐分化、利益主体多元化、思想观念开放化、社会生活多元化，人们的选择性、差异性、独立性日益增强，达成社会共识、扩大社会认同的难度不断增大。经过改革开放30多年的发展，当前中国社会的经济体制、利益结构、思想观念、社会阶层发生了空前变革，这些在给我们带来巨大发展的同时，也带来了巨大的矛盾和问题。诸如近年来社会结构不断分化、阶层固化日益凸显，青少年犯罪成为社会公认的难题。正如美国社会学家F.R.斯卡皮蒂所说：“当社会制度的某一特殊方面未能使个人或集团充分实现自己的价值标准所确立的社会目标时，社会混乱就发生了。”[①] 社会转型期造成的结构分化、阶层固化引发了青少年犯罪，尤其是“二代犯罪”现象屡见报端，引起社会各界广泛关注，值得我们深思。

第一节　开放、流动与控制：阶层固化与青少年犯罪

随着社会的转型，传统的政治、经济、文化、社会、道德等方面的规范遇到前所未有的挑战，社会转型期是一个社会问题多发、高发期。近年来，在社会快速发展的同时并没有产生适当的社会规范来制约社会

---

① F.R.斯卡皮蒂：《美国社会问题》，中国社会科学出版社1986年版。

发展带来的负面效应，阶层固化现象日益严峻。阶层固化表示代际间的阶层世袭制度，反映了阶层属性呈僵化状态，社会财富、权力、名誉掌握在中、上社会阶层手中，他们可以利用手中的资源制定利己的社会规则，中下阶层难以通过自己的努力来获得资源或平等的机会。而青少年作为这一阶层的最敏感群体，势必会反抗这种不平等的社会规则，不同社会阶层之间逐渐演变成对立，一旦青少年采用非制度化、非常规化手段来处理各阶层的矛盾与冲突时，就会导致越轨行为，乃至产生犯罪。

一　当前我国社会阶层固化问题凸显

阶层固化与社会流动相对应，属于社会学意义上的范畴。社会流动在社会发展中起着举足轻重作用，它是社会发展的不竭动力，对社会阶层及其产业结构起着制约作用。社会流动是指社会成员从一种社会地位转移到另一种社会地位的现象。[①] 根据其是流向较高的社会阶层还是较低的社会阶层，可以分为向上流动和向下流动。每一个社会成员都渴望向上流动，以获取更多的资源、更好的机会以及享受丰厚的福利。一个良性发展的社会不仅可以为每一位社会成员提供向上发展的机会，而且应该形成开放性、有弹性的分层结构，使个体可以通过个人的努力奋斗获得较好的社会地位。而阶层固化是社会流动的一种特殊现象，它使社会流动受阻，是一种非常态下的状况。社会转型期的阶层固化对青少年产生深远影响，不仅阻碍青少年向上流动，甚至使一个人的社会地位在一生中都很难改变。

在前工业社会，一个人的社会地位在他出生时就已决定，受家庭背景、民族、性别、种族等先赋性因素影响，相应的社会地位几乎贯穿一生，很难改变。但是，随着社会的发展，由传统的封闭性社会向开放性社会转变的同时，社会流动加快，人们可以通过后致性的因素以及自身的努力来改变最初的社会地位。改革开放以来，我国进入开放性社会，社会流动速度加快，频率加大，更加合理化、开放化。很多社会地位相对较低的群体通过自身的努力使社会地位得到提高，但是20世纪90年代中期以后，社会流动脚步放缓、频率降低，后致性因素不断被削弱。中

---

① 陆学艺：《当代中国社会流动》，社会科学文献出版社2004年版。

国社会学界系统地分析中国社会阶层结构及阶层流动状况，形成了以孙立平为代表的“断裂论”、以陆学艺为代表的“层化论”、以李强为代表的“碎片论”。尤其是进入 21 世纪以来，经济改革和产业结构的调整，经济快速发展的同时，贫富差距日益加大，逐渐呈现两极化趋势。社会地位的代际继承性不断增强，呈现财富世袭、权力世袭、事业世袭。下层阶层的人难以通过个人的努力扭转较低的社会地位，难以被社会认可，而上层社会的继承性加强，社会趋于封闭，阶层固化不断凸显，尤其是青年一代。由于父辈所拥有的文化资源、经济资源、政治资源稀缺，他们能够继承的资源非常有限，“农二代”“穷二代”以及“民二代”依旧处于社会底层阶层，难以向较高的阶层攀升，而“官二代”“星二代”“富二代”长大后依旧是政治精英、文化精英、经济精英，这种代际的流动状态呈现一种复制式流动，加大了贫富差距，造成机会不均等，不仅阻碍社会的和谐发展，也是引发青少年犯罪的重要环境因素。

二 我国不同历史时期阶层变化与青少年犯罪

社会转型引发了各阶层之间的变化，各阶层间的流动代表着潜在的资源与机会的变通，而青少年犯罪多是因为资源和机会的分布不均而引发。不难看出，各时期阶层变化与青少年犯罪紧密相关，以下主要从新中国成立以后各时期阶层变化对青少年犯罪造成的影响进行分析。

（一）政治变革初期与青少年犯罪（1949—1977 年）

1949 年新中国成立以来，中国发生了两次重大的制度变革，第一次是新中国借鉴苏联模式建立新的政治经济体制，诸如对农业、手工业、私营工商业的社会主义改造。第二次是公有制代替私有制，中央集权的计划经济体制代替了以小生产为基础的市场经济，通过没收官僚资本、消灭地主阶级、消灭资产阶级实现公有化。在制度变革的推动下，不仅工业化水平有了显著的提高，经济建设取得很大的成就，社会结构也发生了深刻的变化，逐渐形成了以工人、农民为首的两大阶级，以知识分子为代表的阶层。政治封闭时期的政策、制度、社会结构的变化影响着个人、家庭甚至阶层的变化，但从总体上看社会趋于封闭，阶层之间的差距不明显，主要以先赋性规则为社会流动依据。各阶层间差距不明显有利于维护社会稳定，但随着政治的变动，青少年犯罪呈现上升趋势，这一问题我们从以下数据可以很好地看出：1950—1959 年国内青少年犯罪的数量占整个刑事犯罪数量的 20%；1960—1965 年呈现上升趋势，达到 30% 左右；“文化大革命”期间全国平均比例为 50%，一些典型地区上升到 60%。[①] 这一时期有大量的政治运动，如土地改革运动、抗美援朝运动、整风运动等，这些运动普遍鼓励青少年参与，青少年从传统的思想束缚中解脱出来，这是导致犯罪率增加的主要因素。

（二）*改革开放以后社会分化与青少年犯罪*（1978—2000 年）

1978 年中国十一届三中全会实行改革开放以来，中国开始了社会体制、政治体制、经济体制的第二次社会变革，开始由计划经济体制向社会主义市场经济体制转变，这一转变促进了国民经济体制的快速发展，使我国由农业社会向工业社会、由乡村社会向城市社会转变。经济的高速发展促进社会结构的分化，产生了诸如农民工、私营企业主等社会新生阶层。改革开放前期，经济、社会处于和谐发展期，两者相辅相成、共同进步且政府处于主动状态，对它们的发展有很好的掌控性、制约性。社会流动规则由原先的先赋性转向后致性规则，各阶层之间的流动速度加快。随着社会的不断开放，矛盾逐渐凸显，经济和社会的发展难以协调，社会发展呈现滞后性，由此出现严重的社会问题，诸如社会治安状况恶化、犯罪率不断上升、黄赌毒范围扩大化、贪污腐败现象屡禁不止。社会阶层开始呈现分层趋势，产生了十大阶层，各阶层之间贫富差距、社会地位过于悬殊，大众根据社会阶层差异，把青少年统称为“二代”，分为“农二代”“富二代”“官二代”“星二代”等，来表示他们所处的阶层背景。根据公安部对青少年犯罪的历年统计数据，我们可以看到 1978 年到 2000 年青少年犯罪的趋势（见图 4. 1）。

可以看出改革开放后，由于社会经济结构、利益格局、思想观念、社会结构发生空前变革，推动社会大力发展的同时，也带来了尖锐的社会问题，尤其是青少年犯罪。1978 年、1979 年、1980 年连续三年犯罪人数增加，开启了青少年犯罪的新浪潮，1985—1990 年达到新中国成立以来青少年犯罪的最高峰，犯罪比例高达 70% 多，引起社会各界的高度关

---

① 黄教珍、张停云：《社会转型期青少年犯罪的心理预防与教育对策》，法律出版社 2007 年版。

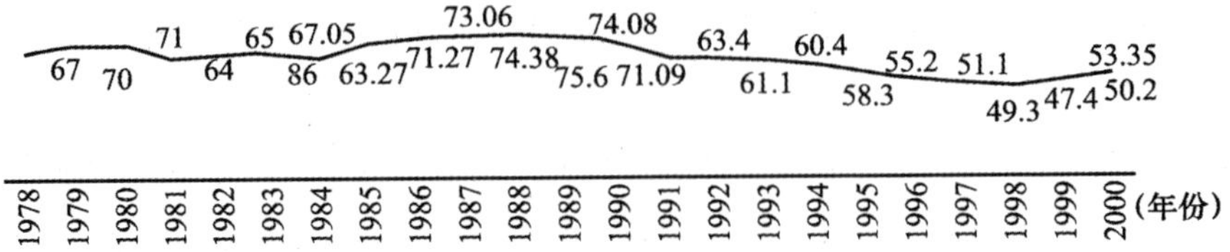

图 4.1　1978—2000 年我国青少年犯罪占全部作案人员比例（%）

注。经过各部门的综合治理，从 1991—2000 年青少年的犯罪人数有所下降，但犯罪比例仍然保持在 50% 左右，青少年犯罪是社会转型期不容忽视的问题（见图 4.1）。

（三）社会阶层逐渐固化与青少年犯罪（2001 年至今）

随着 21 世纪的到来，社会阶层趋于稳定，社会流动规则又趋向于原先的先赋性规则，阶层固化现象凸显。社会转型期阶层固化现象所造成的资源、利益、机会差距要远远超过任何时期，这是因为改革开放以来，我国加入世界贸易组织，实行全面对外开放政策，积极引进外资、加大科技投入，争创世界强国。经济发展在取得举世盛赞的辉煌成就的同时，人们的生活水平、生活条件普遍得到提高与改善，短短几十年的发展赶超上千年的文明，但是社会越高速运转，阶层固化越牢固，不同阶层的差距就会越大，社会矛盾越突出。当下之所以社会流通渠道堵塞，与计划经济时代留下的制度性障碍密切相关，诸如人事制度、社会保障制度、就业制度、户籍制度等，无不阻碍着广大中下阶层的青少年向上流动以获得更好的社会地位。社会流动模式呈现出新的特点，即新老社会流动机制并存的特点，也就是说并没有产生符合社会转型期的新的流动机制。不难看出，社会阶层的逐渐僵化下，青少年犯罪引起社会各界的广泛关注，尽管社会呼吁各界高度关注青少年犯罪问题，着重强调学校、家庭、社会共同预防与治理，但青少年犯罪率仍然居高不下，这与社会流动机制密切相关。根据钟其在《社会转型期中的青少年犯罪问题研究》中对 2001 年到 2011 年的青少年犯罪调查发现（见图 4.2）：

可以看出 2001—2011 年，我国的青少年犯罪占全部作案人员的一半以上，可以根据青少年犯罪比例分割成两段，从 2001 年到 2005 年是上升趋势，由 2001 年的 53.64% 上升到 2005 年的 62.9%，后几年呈现下降趋

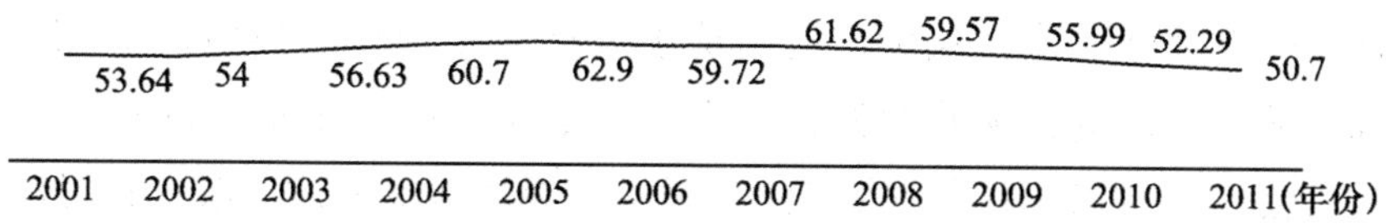

53.64　54　56.63　60.7　62.9　59.72　61.62　59.57　55.99　52.29　50.7

2001　2002　2003　2004　2005　2006　2007　2008　2009　2010　2011(年份)

图 4.2　2001—2011 年我国青少年犯罪占全部作案人员比例（%）

势，由 2005 年的 62.9% 下降到 50.7%，呈现 21 世纪的最低水平。这说明我们对青少年犯罪预防起到一定的作用，但是治理力度仍然不够，需要从根本上来探寻青少年犯罪的原因并予以治理。

第二节　阶层固化视野下青少年犯罪特点及表现

本节着重探析进入 21 世纪以来，阶层固化背景下青少年犯罪呈现的特点及表现，诸如青少年犯罪呈现阶层化特点；较低社会阶层的青少年更容易走向犯罪；高学历青年犯罪增多等。

一　社会阶层固化与青少年犯罪

社会阶层冲突成为一个比较严峻的问题，并引发质疑：穷会成为穷的原因，富会成为富的原因吗？处于社会底层的青年富有理想、心怀抱负，但苦于生在一个阶层固化的社会，他们拼不过权力、拼不过财富、拼不过声望，阶层固化下的阶层冲突成为社会热点。

（一）阶层冲突对青少年犯罪的影响

进入 21 世纪以来，“新身份社会”呈现回潮现象，何为“新身份社会”？是指一种非正常的社会形态，属于传统社会的遗留状态，“身份”成为社会流动的决定因素，而非“能力”。诸如 2004 年中国社科院的《当代中国社会流动》报告表明，干部子女成为干部的机会是非干部子女的 2.1 倍多。在目前的事业单位招聘中“人情招聘”“内部招聘”的现象仍旧非常突出，尤其是在面试环节“打招呼”的现象随处可见，通过家庭背景等身份来保证“官二代”及其亲属在招聘考试中胜出。不可否认，“身份”等家庭背景因素在当前社会流动中的作用日益凸显，诸如教育资源的获得与家庭背景呈显著相关，“官二代”“富二代”“星二代”由于良好的经济基础、社会地位，他们从小就读贵族学校、外国语学院等相对较好的学校，接受优质的教育，为其向上流动提供了更大的资本和更好的机会。而“民二代”“穷二代”则由于经济状况就读一般或相对较差的学校，他们的教育环境相对恶劣、学校教学水平较低，有的“被留守”家中，不仅失去父母的照顾、良好的家庭教育，更有甚者早早辍学，肩负养家的重任。因此，比起“官二代”“富二代”“星二代”他们缺少向上流动的资本，即便有机会也因为自身能力不足难以掌控。从小因“身份”差异注定了命运的不公，机会的不平等，致使他们失去了向上流动的资本，为他们走向犯罪埋下了伏笔。

社会转型期，由于社会分配机制不够完善，社会制度变革和调整的动力减弱的情况下，社会资源、机会在父辈与子辈之间呈现世袭，贫富差距也产生代际的传承。这就形成了一种“马太效应”。“马太效应”是1968年美国科学史研究者罗伯特·莫顿在《新约·马太福音》中提出的一种解释社会分化的概念，主要是指强者越强、弱者越弱、好的越好、坏的越坏的现象，这就潜移默化地拉大了不同阶层的差距，不同阶层之间的“围墙”越来越高，他们在行为方式、价值观念、生活方式上逐步形成各自的特点，各阶层难以流动，并不自觉地贴上相应的标签，阶层固化背景下的阶层冲突不断加深，逐渐演化为对立阶层，形成“仇富”“仇官”心态。容易使某个或某几个阶层的青少年在越轨行为上产生错误的价值观，形成共同的文化认同感和无罪恶感，诸如他们不把抢劫富人看作犯罪，而是看成“劫富济贫”“大公无私”的事，认为这是为正义献身、勇气可嘉。随着社会的发展，不同阶层青少年之间的冲突会不断升级，甚至从对立走向对抗，引发一系列的青少年犯罪。

2010年9月16日《人民日报》就关于社会固化现象发表长篇通讯《社会底层向上流动面临困难》，提出贫富差距加大的趋势带来严峻的社会性问题，较低社会阶层的青少年心怀梦想却缺少机会，他们勤劳却不富有，他们不断奋斗却屡屡受挫。这些终将导致他们对个人前途心生绝望，积累越来越多的负面情绪，这些负面情绪的积累使他们产生被剥夺感以及抱负社会情绪。据2013年中国预防青少年犯罪研究会的调查报告，未成年犯罪的主要身份及其所占比例分别为：无业57.1%、学生22.4%、工人9.7%、农民10.8%，其中农村无业青年在无业中所占比例高达

52.3%；未成年犯父亲、母亲的职业所占的比重分别为：职业为农民的占28.1%、37.4%，工人的占27.5%、13.5%，个体劳动者的占15.9%、12.7%。[①] 从上述数据我们可以得出农村无业青年是青少年犯罪的高危人群，由于他们自身所处社会阶层较低，缺乏相应的劳动技能、知识有限以及思想觉悟较低，一旦远离校园走入社会，难以被社会所接受，找工作困难、遭人白眼、四处碰壁，同时，面对这个浮夸的社会，亲眼看见“富二代”“官二代”“星二代”的奢靡生活，对比自己的落魄必然会形成强烈的心理落差，这种落差如果得不到及时的调节，极易引发犯罪。另外，父亲、母亲职业为农民、工人、个体劳动者的比例分别达到71.5%、63.6%，可见社会阶层相对较低的子女比高社会阶层的子女更容易犯罪。随着阶层冲突的加深，阶层之间的对抗会日益凸显，青少年犯罪将会成为更加严峻的问题。

（二）社会阶层失范对青少年犯罪的影响

社会失范理论最初是由法国早期的社会学家埃米尔·迪尔凯姆提出，他认为社会失范是由于社会转型期规范失控而导致的。他在《自杀论》中提出失范性自杀是由于社会规范对什么事情该做，什么事情不该做没有做出明确的规定，而他们原有的规范和准则失去了作用，生活变得漫无目的，人们处于摇摆状态，自身产生矛盾进而引发的一种自杀。自杀与犯罪率在快速变迁的社会变得更高，这是因为传统意义上的控制人行为和态度的规范变得不再明确，在新环境出现之前它不再适用，无规范感或失范就会出现，先前被控制的渴求变得毫无限制，让人感到无所适从，也难以处理他们当下面临的问题。1938年美国社会学家罗伯特·默顿在《社会结构与失范》中将失范的含义由无规范更改为规范冲突，他认为每个社会都包含了各种文化目标以及如何达到这些目标的制度手段。这两个维度如果是和谐的，社会成员则具备达到这些目标的可能性，通过一些符合社会规定的途径来达到目标。但是假如社会过于强调目标，而缺乏实现这种目标的手段，社会成员就会倍感着急，通过违背社会规则的手段来实现目标。因此，目标和手段的不和谐或是失范容易引发犯

---

① 路琦、董泽史、姚东、胡发清：《2013年我国未成年犯抽样调查分析报告》（下），《青少年犯罪研究》2014年第4期。

罪，尤其是青少年犯罪。

阶层固化现象导致了社会规范的解体，社会转型期由于道德和制度两维度的偏差，致使相关的社会观念、社会政策以及社会规范呈现混乱。默顿认为社会结构的解体构成了紧张，而紧张促成犯罪。社会上各经济阶层的人都向往中产阶级的价值目标：声望、权力、财富。由于阶层固化，处于上层阶层的人对财富和权力的控制性不断加强，并且千方百计地把现有的权力传递给他们的后代，呈现权力、财富的不断“世袭”，低阶层的人难以实现对权力、财富、声望的渴求，不利的经济和社会地位使他们难以成功，于是造成了低社会阶层的紧张，他们愤怒、沮丧，对社会转型期给他们带来的不平等机会产生强烈的不满，这种情绪使他们通过越轨途径来实现目标。

随着社会、经济、科技的快速发展，国家间不同文化的融会贯通，西方的价值观念快速被大众尤其是被较高的社会阶层所接受。诸如拜金主义、享乐主义、利己主义、性自由等观念在高社会阶层的青少年中似乎已达成共识，形成共同的价值观、人生观。由于他们所处的阶层拥有强大的财富、权力、声望支撑，他们的行为方式、价值观念对社会规则具有很大的制约性，他们的奋斗目标被标示为大众共同的目标，一切向他们看齐。但处于社会较低阶层的青少年受高社会阶层青少年的影响，极易形成共同的价值观、行为方式，他们被社会规则所制约，树立各阶层共同的奋斗目标，但是低阶层的青少年缺乏支撑的资本，难以通过合法的途径来实现目标，目标和手段之间难以和谐，他们就会通过违背社会规则的手段来实现目标。青少年的成长需要一个社会化的过程，而现在社会化过程中的阶层固化却有促使他们犯罪的隐患。

（三）社会中下阶层控制性减弱与青少年犯罪

青少年犯罪并非一蹴而就，而是一个逐步深化的过程，在青少年的犯罪生涯中都经历过从不良行为到严重不良行为再到犯罪的演变过程，在这个逐步走向犯罪深渊的过程中，有诸多的影响因素可以阻止青少年犯罪的“脚步”，例如，青少年犯罪研究中普遍强调的家庭、学校、社会因素。在不同社会阶层中这些因素对青少年的控制性各异，相对而言，中下阶层中的控制性无疑是最弱的。就家庭而言，由于他们的父辈经济基础相对薄弱，不得不为全家的衣食无忧整日地在外奔波劳碌，有的甚至背井离乡，把孩子留在家里由祖辈照看，孩子自小“被留守”家中，缺少温馨的家庭、父母的关爱，他们的成长之路注定比“富二代”“官二代”“星二代”要坎坷。就学校而言，在社会转型期，学校教育异化现象日益突出，较低社会阶层所处的学校资源相对较差，他们面临的问题更加严峻。学校难以逃脱传统应试教育的风气，依然重智育轻德育、忽视法制教育、心理健康教育、师生关系淡化，部分教师歧视后进生，对班里的学生不能平等对待，对后进生往往缺乏耐心，疏于管教，有的甚至冷嘲热讽，伤害孩子自尊心，甚至有的教师对学生冷暴力，对学生不管不问，导致学生情绪低落、自卑、厌学。在学校中由于学校的管理漏洞和教师的疏于管教导致学生流失严重，校园暴力事件频发，为青少年犯罪埋下了一粒种子。据 2013 年中国预防青少年犯罪研究会的调查报告显示：由于学校管理松懈，未成年犯中有 54.5% 的学生有累积三个月以上的逃学经历，其中因“与社会朋友玩”“对学习没兴趣考试不及格”“被开除”所占比例分别为：52.9%、28.5%、18.1%，可见学校的管理制度与考试制度对未成年人逃学构成巨大影响，间接导致了青少年犯罪。就社会而言，传统道德对青少年的约束力与日俱下，甚至有的青少年患上道德冷漠症，蔑视社会公德、规章制度、无视法律。社会中的不良文化、不良诱惑随处可见，青少年频繁出入网吧、歌厅、录像厅、游戏厅等娱乐场所，流连忘返、精神恍惚，不仅影响学业，而且极易交友不慎，加入犯罪团伙。

社会转型期，学校、家庭、社会相应的变革速度难以与社会同步，家庭功能的弱化、学校教育的缺失促使青少年提前步入社会，而由于他们知识水平相对较低、社会阅历浅薄及青少年特有的心理、性格特点，使他们对社会缺乏必要的免疫和抵抗力，政府、社会的力量又难以介入，社会对这类青年又特加防范，大众用有色的眼睛来看待他们，种种负面效应把青少年推向深渊。随着阶层固化的逐渐加强，各种非正式关系对青少年健康成长的正面作用不断减弱。

二　阶层固化下青少年犯罪特点及其表现

在社会转型期，经济、社会持续高速运转的同时，社会流动性在不断减弱，阶层固化日益凸显，青少年犯罪呈现新的特点，诸如较低社会阶层的青少年犯罪陡增；处在社会转型期的青少年，在外来文化的侵袭下更容易激情犯罪；随着高等教育的发展，知识精英犯罪增多；阶层固化背景下青少年犯罪阶层化明显等。

（一）社会底层阶层家庭子女犯罪现象突出

在现代化社会中青少年犯罪一直居高不下，调查研究发现，青少年犯罪与其家庭环境、父母职业及所受教育程度密切相关，即较低社会阶层的青少年犯罪现象相对比较严重。据 2013 年中国预防青少年犯罪研究会的调查报告，未成年犯在乡村、城乡接合部、商业居民区、集镇居民区、工业居民区、机关学校区等不同的居住地区所占比例情况分别为：48.8%、18.2%、12.8%、10.8%、5.2%、2.3%。不难看出，居住在乡村的青少年犯罪居于首位，这也反映出较低社会阶层的青少年犯罪现象的严峻性。低社会阶层的青少年犯罪现象颇多，这与他们的父母职业及其所受教育不无关系，在未成年犯中父亲职业为农民、工人、个体劳动者的比例分别为 28.10%、27.5% 和 15.9%，而未成年犯中父亲、母亲初中及初中以下学历所占比例为 79.2% 和 80.5%①，我们可以得出，青少年犯罪与其所处的外部环境紧密相关，较低社会阶层的青少年由于他们父母文化水平偏低，难以在社会转型期的社会规则下获得丰厚的资源和机会，因此家庭经济条件相对较薄弱、居住环境较差，父母整日为“养家糊口”而奔波忙碌，无暇顾及子女，导致“农二代”“穷二代”没有良好的社会环境、家庭环境、学校环境。他们往往较早辍学，处在社会、家庭、学校的三不管状态，青少年犯多为无业，而农村无业最多，高达 52.3%。可见，无业是导致青少年犯罪的首要原因，而教育又对无业青少年承担着不可推卸的责任。一方面，无业青少年是因为过早地放弃学业而导致失学状态；另一方面，无业青少年因为没有接受良好的教育，自身文化素养偏低、无特长、缺乏社会经验而难以适应信息化的社会。相对而言，中、上社会阶层的家长普遍重视孩子教育问题，他们接受先进的思想并以良好的教育方式来应对成长中的青少年，而青少年从小生活环境优越，社会、家庭、学校给予他们更多的资源与机会，他们普遍

---

① 路琦、董泽史、姚东、胡发清：《2013 年我国未成年犯抽样调查分析报告》（上），《青少年犯罪研究》2014 年第 4 期。

文化程度较高、能力较强，即便将来工作仅靠个人能力也可以迅速地融入社会，更何况他们还拥有强大的家庭支撑。阶层固化加固了代际传承，较低社会阶层青少年的成长轨迹趋从于他们的父辈，但是在社会转型期，经济、科技、文化在加速发展的同时，造就了一个浮夸的社会，这类青少年难以适应现代化进程中的社会规则，他们走向犯罪似乎成了社会发展的必然。

（二）阶层固化诱发青少年阶层“仇富”犯罪现象增加

社会处于转型期，没有切实可行的社会规则来保障经济、科技、文化、社会的和谐发展，各阶层间的流动性较差，阶层固化加剧了各阶层之间的冲突，甚至逐步形成对立阶层。尤其是在阶层固化的背景下，低社会阶层的青少年抱怨社会不公，对中、高社会阶层心生怨恨，他们产生“仇富”“仇官”心态，一旦与“官二代”“富二代”产生摩擦，内心的不满便会被激发，怨气被扩大化，极易导致激情犯罪。所谓激情犯罪，在西方犯罪学中被认为是一种“挫折攻击性”犯罪。而在我国激情犯罪多被认为是因为外界刺激引起的情绪失控、人格偏差、行为失衡而导致的犯罪行为。[①] 青少年正处在生长期，情绪具有不稳定性，易暴躁、突发性强。而社会阶层较高的青少年，他们自小娇生惯养形成了蛮横无理、霸气十足的性格，一旦与某些人或事产生冲突，往往会不顾后果，走向犯罪。在2007年一项基于北京、上海、广州、南京等八地的调查发现，青少年在违法犯罪前没有预谋的占到76%，其中有86.4%的违法青少年在违法前没有预谋，有71.3%的犯罪青少年在犯罪前没有预谋，一般没有预谋的青少年犯罪，大多数都是激情犯罪。[②]

（三）阶层固化下的青少年高学历犯罪现象

随着教育的不断发展，青少年的受教育水平逐步提高，高学历者犯罪更值得我们深思。从20世纪90年代末大学生工作分配制的结束，意味着高等教育不再等同于潜在的资源与机会，学历不再是通向成功的“万能钥匙”，高学历者不再一毕业就有现成的工作，他们必须接受社会的考

---

① 钟其：《社会转型期中的青少年犯罪问题研究》，浙江工商大学出版社2014年版。

② “流动青少年权益保护与犯罪预防研究”课题组：《我国8省市青少年违法犯罪状况调查报告》，《中国青少年研究》2009年第2期。

验，个人能力需要达到公司的要求，以及通过个人不断的努力才能获得所需的物质资源、权力资源、经济资源。但是随着社会的发展，高等教育进入大众化后，伴随人才输出的增多，就业环境变得更加严峻，知识精英间的竞争性不断增强，大学生的优越性逐渐消磨殆尽。尤其是从较低社会阶层走出的大学生，他们为走向中、上社会阶层而努力奋斗，梦想通过努力学习来扭转自己所处环境。但是当走向社会时，他们发现一直视为通向梦想桥梁的知识，此时却难以支撑他们的梦想。在学校时，他们面对贫富差距带来的落差，难免会心理失衡，但此时还有梦想做支撑，一旦进入社会，四处碰壁，面对不公平竞争与潜规则，他们难以与中、上社会阶层的青少年抗衡，梦想变成了幻想，这些导致被剥夺感的产生，引领他们走向犯罪。中国犯罪学研究会会长康树华教授在 2000 年所做的一项调查显示：1965 年青少年在整个社会刑事犯罪中约占 33%，其中大学生犯罪占青少年犯罪的 1%；“文革”期间，社会动乱不堪，青少年犯罪增加，大学生犯罪也增长到 2.5%，而近几年，随着阶层固化的加深，青少年犯罪成为我们面临的棘手问题，青少年犯罪和大学生犯罪普遍上涨，分别达到 70% 和 17%。[①] 知识精英犯罪应该引起我们足够的重视，因为他们犯罪往往有精密的计划，作案危害性较高。

（四）阶层固化背景下各种“二代”现象增加

在社会转型期，由于资源与机会分配不均，导致阶层固化现象日益突出。青少年自身强烈的猎奇心理使他们站在时代的最前沿，处于改革的风口浪尖。目前，青少年犯罪仍然是我国面临的一个突出难题，阶层固化下青少年犯罪呈现阶层化的特点。不同阶层的“二代”犯罪日趋明显，犯罪类型也截然不同。在经济与社会的不断发展与推动下，人们的收入不断增加，生活水平大幅度提高，但是社会转型期并没有产生与其相适应的社会规则，致使社会规则又逐渐倾向于传统的先赋性规则，相对改革开放前各阶层的生活水平普遍提高，但是阶层间的上涨幅度差距明显。阶层间的流动性较差，丰富的资源与机会仅限于中上层社会的青少年，这就使贫富差距不断加大，各阶层间的间隙不断凸显。在现代化的社会中，科技的不断发展，缩短了人与人之间的距离，即使身处贫困

---

① 周路：《犯罪调查十年——统计与分析》，天津社会科学院出版社 2001 年版。

的青少年依然可以通过电视、电脑来观看世界。他们处在一个丰富多彩、变幻莫测的世界，但由于自身的资源与机会的短缺，他们不能享受世间的美好，他们只能观看、渴望却不能触摸与拥有，进一步促进了“相对剥夺感”的产生，这种心理的失衡为他们走向犯罪埋下了种子。而处于中上层社会的青少年，凭借优越的家庭条件随意挥霍资本，过着萎靡奢华的生活。这造成了他们的骄傲自大、目中无人，诸如 2010 年的李启铭开车撞人后淡定从容地说“我爸是李刚”；有“京城四少”之称的王烁竟因为贪玩而持有枪支弹药；李天一在 2011 年因殴打他人被拘留一年后再犯强奸罪等。根据 2013 年中国预防青少年犯罪研究会的调查报告可以看出，较低社会阶层的青少年 70% 以上所犯的以抢劫罪、盗窃罪等侵犯财产型犯罪为主，他们因为经济的贫困求的是“财”，而中上层社会阶层的青少年 90% 以上所犯的是故意伤害罪，多是因为人格上的偏差引发的犯罪。不难看出，阶层固化加剧了各阶层青少年犯罪。

第三节　社会转型期“二代”犯罪现象的法律审视

改革开放以来，经济、文化、科技得以迅速发展的同时，社会逐渐步入转型期。所谓社会转型特指传统社会向现代社会的转变。当前社会转型主要表现为结构转变、机制转变与观念转变三个层次。我国目前正处于改革的关键期，社会转型的深化期。在此期间，人们的生活水平、物质基础、价值观念、心理结构都得到不同程度的提升，社会实现了急剧的变化。但是，由于新的规范、体制还没完全建立，因此出现了一系列的问题，诸如社会阶层分化、文化市场的混乱、经济发展不平衡等，这些问题为青少年犯罪提供了“肥沃的土壤”，我国的青少年犯罪率波动中呈现上升走势。

由于社会分层中复杂多样的利益群体、收入状况、职业声望的背离、贫富差距的急剧加大；社会结构失衡，个人主义的核心地位逐渐增强，意识价值中的物质利益被高度激发，道德观念的多元化冲突不断升级，促成了社会的不满与紧张，尤其是处在生长发育期的青少年，易冲动、暴躁、以自我为中心的特性，以及不健全的人格，难以正确面对社会转型期的问题，因此青少年极易失控，做出越轨行为，产生各种大众难以接受，甚至被社会所痛恨的行为。近年来“二代犯罪”现象屡见不鲜，引起民众的广泛重视。所谓“二代犯罪”并没有明确的概念，大众普遍以社会阶层为标准划分为“官二代”“富二代”“星二代”“农二代”以及“穷二代”，而“二代犯罪”是指他们实施的危害社会并应受到刑法处罚的行为。

一 “二代”犯罪现象的社会学分析

“二代犯罪”现象在社会转型期不断增加，引起社会的广泛关注。导致“二代犯罪”的原因颇多，着重从理论结合现实情况进行分析，诸如社会结构转变引起家庭结构、阶层结构的变化导致的“二代犯罪”；观念转变过程中新的价值观念、人生观念对“二代犯罪”的影响；社会机制转化中的权力运作机制、利益分配机制对“二代犯罪”的影响。

（一）社会结构转型与“二代犯罪”

社会结构是指一个国家或地区的社会成员在资源、机会等方面的分配布局及关系格局。从总体上可以将其分为人口结构、城乡结构、消费结构、区域结构、社会阶层结构等，社会阶层结构是社会结构的核心结构、基础性结构，影响并决定着社会结构的性质。20 世纪 80 年代以来，包括中国在内的绝大多数社会主义国家都逐渐进入社会转型期，社会结构逐渐远离传统模式，由原先的“短缺经济时代”转向“丰裕社会”。中国传统的社会结构是以皇权和分散的小农经济为中心，通过封建专制制度维系关系，相对稳定。到近代，由于外来势力的入侵社会结构呈现多元化状态，政治上形成了外来政治势力、封建官僚势力和资产阶级民主势力共存局面；经济上呈现新兴民族资本主义经济、小农经济与殖民主义经济的共存局面。[①] 到现代，社会在逐步转型的同时呈现“断裂状态”，经济发展与社会发展、文化发展难以同步，不同社会阶层差距过于悬殊。孙立平在《失衡——断裂社会的运作逻辑》中讲到，中国当今的社会结构呈现贫富差距很大的“蜡烛台型”。“在全球化的马拉松跑道上，跑在

---

① 董伟：《后危机时代——制度与结构的反思》，社会科学文献出版社 2011 年版，第 135 页。

最前面的主要是依靠国际消费的城里人，其次是城乡中间阶层，再次是‘长不大的个体户’，复次是产业工人、农民工、农民……最后是被甩出社会结构之外的掉队者。”[①] 可以清晰地看出各个社会阶层差距扩大的状况，是我国目前需要解决的难题。

美国社会学家罗伯特·默顿（Robert King Merton）于1938年在芝加哥学派的社会解组理论的基础上创立紧张理论。它主要是以社会结构为背景来分析犯罪行为。其基本思路是社会结构的解体导致了紧张，而紧张促成了犯罪。也就是无论哪种经济阶层的人都向往、憧憬着中等阶层的价值目标：权力、声望、财富等，但是由于他们经济阶层的差异，不同社会阶层的人取得这种目标的能力各不相同。中高社会阶层的人可以轻而易举地得到，因此不存在紧张，但是下层阶层的人却很难达到，他们可望而不可求，于是抱怨社会不公、心生不满，普遍存在紧张、焦虑情绪，他们极易为了追求目标而走上越轨的道路。默顿在《美国社会学评论》中提出社会反常理论，成为紧张理论的典型学说。他指出，社会以大众文化界定的目标为成功依据，但是达到这个目标的方法社会却不能平均分配，因此，目标与方法之间的断裂就是反常状态，社会过于反常必然导致犯罪的增加。[②]

1. “二代”的社会阶层区隔诱发青少年犯罪

社会阶层差异是社会结构失调的显著特点，在不同阶层的收入水平、生活状况、文化修养差距日益增大的同时，产生了“富二代”“穷二代”“农二代”“官二代”“星二代”，不同的“二代”代表了不同的阶层，他们之间的经济基础、社会地位差距显著，造成青少年处于紧张状态，严重阻碍了青少年的健康成长。以下以紧张理论为理论基础，从“二代”的阶层结构差异与家庭结构差异来探析青少年犯罪的原因。

据2013年中国预防青少年犯罪研究会的调查报告，未成年犯罪时的主要身份及其所占比例分别为：无业57.1%、学生22.4%、工人9.7%、农民10.8%，其中农村无业在无业中所占比例高达52.3%；未成年犯父亲、母亲的职业所占的比重分别为：职业为农民的占28.1%、37.4%，

① 宋培军、张秋霞：《中国社会：断裂的洋葱头》，《社会考察》2005年第2期。

② 张小虎：《转型期中国社会犯罪原因探析》，北京师范大学出版社2002年版。

工人的占27.5%、13.5%，个体劳动者的占15.9%、12.7%。[①] 通过上述数据我们可以发现，未成年犯与父母的职业关系密切，多为农民、个体劳动者、工人等相对较低阶层。在诸“二代”中，“富二代”“官二代”“星二代”都有良好的经济基础和社会地位，相比而言“农二代”“穷二代”则处于劣势地位，他们的父母多是普通产业工人、农民工或农民，背井离乡，整日在城市的角落里奔波劳碌，或是面朝黄土背朝天，过着日出而作、日落而息的生活。他们不辞辛苦但收入水平却相对微薄，在这样的环境中成长的青少年难免会自卑、情绪低落，如果教育不到位，极易产生“仇富”思想，他们怨恨命运的不公，认为人生而不平等，产生紧张、焦躁情绪，极易产生报复社会心理。另外，“农二代”“穷二代”中有很多因父母外出打工，被迫成为“留守儿童”，他们从小缺少父母的关爱，不能享受家庭的温馨，在成长道路上缺少了最重要的人生导师。甚至有的因为家庭窘困、生活困难而早早辍学，年幼的肩膀扛起养家的重担，饱受生活的折磨。他们由于文化水平较低、社会经验较少，因此社会目标与他们所能达到的目标之间形成不对等关系，为了达到目标采用不适应的行为方式，导致犯罪。

2. “二代”家庭结构诱发青少年犯罪

家庭是青少年成长的“第一课堂”，温馨的家庭环境有利于增强青少年的幸福感，加强对家庭、父母的依恋，树立青少年坚定的信念，减少犯罪率。但是，目前父母的离婚率越来越高，家庭结构遭受着前所未有的重创。改革开放前，社会整体相对封闭，思想受传统影响较深，生育率居高不下，是典型的联合家庭，家庭成员之间关系密切，传统家庭观念比较重。随着社会的发展，计划生育的大力实施，在孩子减少，收入增加，外来文化不断入侵的背景下，传统的家庭观念受到强烈的冲击，家庭纽带关系变得不堪一击，离婚率越来越高。北京市婚姻家庭研究会的一项调查结果表明，34.7%的人认为婚姻不能凑合，57.3%认为家庭

---

① 路琦、董泽史、姚东、胡发清：《2013年我国未成年犯抽样调查分析报告》（下），《青少年犯罪研究》2014年第4期。

应该民主化，仅有1.9%的人以生儿育女为结婚目的。[①] 另外，由于大量农民外出打工，仅剩孩子、青少年、老年人在家，形成了断层家庭，尤其“穷二代”“农二代”，他们缺少父母的关爱，不能享受家庭的温馨，与父母之间的亲情关系被弱化，对父母的依恋较低，缺少必要的家庭教育，他们在学校中也常常被孤立，不能融入学校生活，感情无以寄托，缺乏归属感，因此这类家庭的孩子因为缺少父母的关爱以及家庭教育而盲目无知。另外，父母的教育方式导致孩子不能正确地认识自我，缺乏自控。尤其是“富二代”“官二代”“星二代”，他们从小生活在优越的家庭，是家里的“小皇帝”，父母对其过于纵容、溺爱，养成了他们骄傲自大、养尊处优、蛮横无理、游手好闲的性格。他们没有树立正确的自我认识，对挫折、困难缺乏包容性。认为一切都可以用钱解决，实在不行还有父母罩着，因此对法律无所畏惧，形成了知法、懂法却犯法的局面。例如，2010年10月发生在河北大学的“官二代”李启铭校园飙车案，肇事者在撞人后，不仅没有及时救人，而且毫无畏惧，从容淡定地说“看把我车刮的……我爸是李刚”；李双江之子李天一在2011年因殴打他人被拘留教养1年后，2013年2月又因强奸罪被判处有期徒刑10年；2011年9月北京王府井世纪发展有限公司董事兼总经理的王烁（有“京城四少”之称），因非法持有枪支、弹药罪，故意毁坏财物罪被公诉至东城区人民法院。这些“二代”们的犯罪比比皆是，应该引起我们反思。

（二）价值观念转变诱发“二代犯罪”

在社会化过程中，随着工业化、城市化的不断加剧，人们的观念也随之发生变化。人们习惯用头脑中的观念来指导现实生活，当从沉醉了几千年的孔孟之道回到现实社会，人们不得不用新思维、新观念来重新审视周围环境。在计划经济向社会主义市场经济体制转变过程中，西方文化不断地冲击下，人们的思想观念、价值取向进行着一场声势浩大的转化，西方的自由主义、享乐主义、拜金主义等不断侵袭着青少年，由于他们人格不健全，难以进行正确的辨别，极易树立错误观念。在教育

---

① 《对转型期家庭与社会问题的思考》，http：//blog. sina. com. cn/s/blog_5390db44010171ch. html。

上，人们开始提倡民主、自由，呼吁学校以学生为出发点，注重培养孩子的能力，实施素质教育。但是，行动总是落后于计划，教育体制难以跟上教育理念的步伐，学校教育不能适应社会的发展，在青少年的教育中出现了一系列的问题，导致“二代”青少年犯罪的增加。

霍华德·贝克尔在 1963 年的《局外人：对越轨行为的社会学研究》中首次提出标签理论（labeling theory），他认为越轨是由社会群体的主宰者通过制定规则并将规则运用到某些特定的人群身上，把他们贴上局外人的方式来制造越轨。他把越轨分为三类：第一，受到虚假指控的越轨行为，即本身没有做违背社会规则的事，却被贴上越轨标签。第二，纯粹的越轨行为，即实实在在违背社会规则后，被贴上越轨标签。第三，秘密的越轨行为，即违背社会规则，却没有贴上越轨标签。贝克尔还指出一个人的主导身份影响着他的处事方式、态度等。例如，某人有多重身份，即丈夫、父亲、儿子等社会身份，但假如他的职业是人民教师，那么教师就是他最重要的身份，人们会根据教师这一标签对他做出反应，在他人的观念里他应该为人师表、知书达理。

1. 价值观念、人生观念对“二代”犯罪的影响

青少年处于人生发展的关键期，由不成熟走向成熟的过渡阶段，他们精力旺盛，学习能力强，勇于尝试新事物、新思想。但是却缺乏明辨是非的能力，遇事往往不能做出正确的判断。然而在学校中，由于应试教育根深蒂固，素质教育难以完全融于当下的升学、考试制度，学校普遍存在重智育轻德育的弊端，部分学校为了追求高分数、高升学率，忽视道德教育、法制教育、心理健康教育。在这样一个高速运转的社会，部分青少年的内在认知不能达到社会的基本要求，致使青少年的内在遏制力大大降低。引起人们极大热议的“二代犯罪”无不与青少年的观念转变存在千丝万缕的联系，尤其是价值观念、人生观念。价值观念对个体的行为取向具有决定性作用，诸如受西方文化的影响，形成的拜金主义、享乐主义普遍流行于各个校园。家庭经济条件不错的“二代”则开始互相攀比，追求名牌，甚至在网上公开炫富。这些举动无疑深深刺痛了“穷二代”“农二代”，他们出身贫寒，目睹了父辈赚钱的辛苦，这种巨大的落差令他们感到不公。另外，部分“二代”树立享乐主义的人生观念，他们认为人生只有一次，活着就该享受人生，享受世间的美好，

他们贪图享乐、不劳而获，经常旷课、逃学甚至辍学，流连于各种娱乐场所，当“囊中羞涩”时，往往采取“非常手段”来牟取暴利。学校教育与社会发展存在落差，使“二代”们没有树立正确的德育观、价值观、人生观，容易被社会不良文化所腐蚀，走上犯罪之路。

2. 学校的“标签观念”对“二代”犯罪影响

学校是青少年走向社会的桥梁，是青少年社会化的最好学习场所，在传统的应试教育的影响下，学校忽视思想品德、心理健康教育，甚至在管理上出现漏洞，教师教学上出现偏差。诸如老师无形中给学生贴上“好学生”“坏学生”标签，班级里的主导群体给被主导群体贴上“富二代”或“穷二代”的标签等。这些学生会以标签为标准进行分类，聚集在自己的小群体内，不同的群体互相排斥、难以相容。群体往往不能均衡发展，有强有弱、有大有小，会形成以强凌弱、以大欺小的局面。在一个班级里，大部分学生的经济条件都不错，都属于“富二代”，那么经济条件相对较差的“穷二代”则会被孤立于群体之外，受到同学的非议、歧视等，如果大部分为“穷二代”，则“富二代”则会被孤立。例如，震惊全国的“马加爵事件”，2004 年云南大学的马加爵因为与同学发生矛盾，连续杀害自己的四名同学，并藏尸于宿舍衣柜内。马加爵在自己最后的公开遗书中曾经这样写道：“我感到有些同学总是有意无意地歧视我，说些很伤我心的话，他们看我的行为举止很怪，我的穿着打扮很怪，我开始悄悄打工，不想被同学看成是异类……”从中可以看出马加爵的家庭经济状况不好，被同学贴上标签，受到孤立、排斥、歧视，他内心备受痛苦与煎熬，心生怨恨，又没有得到教师的及时心理辅导，最终走上害人害己的道路。

（三）社会机制转化与“二代”犯罪

斯莫尔在 1905 年《常规社会学》中首次提出社会机制，他把这一概念应用于一种非正式途径。默顿在《社会理论与社会结构》中对社会机制做了概念性的论述，他把社会机制定义为“在特定的社会过程中所引发的社会结构的特定部分”；强调了社会机制的重要性。1990 年湖北省社会科学院社会学研究所的相关专家对社会机制问题进行了专题探讨，并对社会机制做出归纳：社会机制是社会规律的作用形式和利用方式；社会机制是社会组织和社会人的调节原理。社会机制转换是指社会的权利运作机制、利益分配机制、社会控制机制、社会沟通机制、社会流动机制等都在发生根本性的转换。社会的不断发展使原先处于相对稳定地位和角色的各阶层之间开始发生转化，社会制度的改革、体制的转变使原先的权力机制、利益结构被打破，这必然要求新的权力结构代替旧的权力结构，但是社会权利的制约机制相对匮乏，难以对权力做出相应的约束，造成“官二代”的自我膨胀，加上利益分配偏差，引起“穷二代”“民二代”的强烈不满。

在20世纪五六十年代，社会学家沃尔特·C. 雷克利斯形成了他的越轨遏制理论。他把遏制分为两种，内在遏制与外在遏制。内在遏制是对自己的一种约束，包括积极的自我概念、对挫折、困难的包容以及实现目标的能力。外在遏制是指外在环境对青少年不良行为的制约，例如，家庭、学校、社会等。雷克利斯认为，有效防止青少年犯罪应该从内外一起监护，在提高青少年自我约束的同时加大外在的防范机制。社会对“二代犯罪”具有不可忽视的作用，从社会的权力运作机制、利益分配机制来分析二代犯罪的原因。

1. 权力运作机制失衡诱发“二代犯罪”

古代社会权力主要是世袭制，即父传子，当下这种继承制度名义上虽已消亡，但是却隐性地存在，自古中国就有“父子一体”的传统思想，父亲高权在握，我们往往会把他的权力与“官二代”相联系，看作一体，两者相互转化，即把本与权力无关的“官二代”贴上权力的标签。青少年自身作为一个不成熟的个体，无论是身体还是心理都处于不断发展阶段，世界观、人生观、价值观尚未完全形成，没有正确的自我认知以及对世界的科学认识。因此，他们的思想、意识处在不断发展期，容易受到外在事物的干扰，被不良思想所左右，造成他们自身的角色定位模糊。而权力本身具有很强的权威性、支配性，在社会转型期，社会机制不健全，权力的约束体制难以高效运转。社会上出现官员贪污、受贿、以权谋私等不良现象，甚至有的“官二代”犯了错误，会因其特殊身份，予以免责。长此以往，“官二代”肆无忌惮、变本加厉，终将造成自酿苦果的悲剧。

2. 利益分配机制失衡诱发“二代”犯罪

在现代化的进程中，利益分配机制的不完善，致使利益分配不均衡，主要表现在区域之间、城乡之间。因为利益不均，造成“二代”享受的资源、机会失调，诸如“富二代”“官二代”“星二代”他们从小接受优质教育，出入高档场所，从小可以得到更多的接受教育的机会。而“穷二代”教育资源有限，他们没有好的学习环境、优秀的教师、丰富的图书以及学习工具，当经济条件相对较好的孩子在抱着电脑学英文的时候，他们还不知电脑为何物，因此，在教育上，不同的“二代”产生了显著的差异。“穷二代”由于家庭经济困难或父母轻视教育的理念致使他们所受教育相对较低，有的更是早早辍学，走上社会。据2013年中国预防青少年犯罪研究会的调查报告，在未成年犯学历结构中所占比例居前六位的是：初中未毕业占53.8%，初中毕业占13.4%，小学未毕业占12.2%，高中未毕业占9.4%，小学毕业占6.4%，文盲占2.1%。[①] 不难看出学历水平与犯罪率显著相关。“穷二代”由于没有接受良好的教育，思想觉悟水平较低，法治理念匮乏，缺乏自制力，再加上对社会资源、机会分配不公的抵触情绪，容易受他人教唆，走上不归路。究其原因是教育的匮乏导致了他们的无知，而无知则是引发犯罪的导火索。

二　“二代”犯罪的预防对策

（一）学校、家庭教育及其良好环境的构建

教育是青少年成长道路上的第一位要素，良好的家庭教育是青少年得以健康成长的核心，家庭教育不仅只是对子女的抚养、看护，更多的是对子女的教导和培育。当今的“二代犯罪”频发，与其家庭教育缺失存在高度相关。预防“二代犯罪”首先应该从“二代”的家庭着手，父母是孩子的第一任老师，应不断提高自身修养，严格控制自身行为，要做到举止得体、言行文明，要正其身、率先垂范，为“二代子女”树立良好的榜样。父母要以正确的教育方式培养“二代子女”，树立正确的教育观，给予“二代子女”合理的爱。尤其是家庭经济条件不错的“官二代”“富二代”父母不仅要注重对孩子价值观、消费观、人生观的教育，更应该磨炼孩子坚强的意志，增强“二代子女”形成积极的自我概念，提高他们对挫折、困难的包容以及实现目标的能力。

学校是青少年活动的主要场所，学校对“二代子女”的道德养成、

① 路琦、董泽史、姚东、胡发清：《2013年我国未成年犯抽样调查分析报告》（下），《青少年犯罪研究》2014年第4期。

知识积累、人格净化具有不可推卸的责任，但是部分学校难以摆脱传统教育的影响，忽视德育、法制教育，对学生贴标签，诸如按成绩分快班、慢班，“好学生”“差学生”等，忽视学生人格发展。有的“穷二代”“农二代”因为家庭经济原因，被迫辍学，过早进入社会。另外，有部分家长因自己生活不如意，常常对子女进行打骂，实施暴力行为，子女在这样的环境中长大，潜移默化地认为出现问题就应该用武力解决。针对这些问题应该借助法律途径来保护“二代子女”，我国早在 1989 年《关于严格控制中小学生流失问题的若干意见》中提出学校要严防学生流失，减少中小学生弃学经商或做工，针对因经济问题而被迫退学的未成年人，相关部门要给予援助，使他们接受教育，提高自身素质，预防违法犯罪。《预防未成年人犯罪法》明确规定：为减少青少年犯罪，务必加强理想、道德、法制和爱国主义、集体主义教育。《未成年人保护法》中明确规定，父母或其他监护人应当依法实施监护职责，不得虐待、遗弃青少年。因此，学校、家庭应该根据法律、法则的相关规定，实施自己的职责，相关部门呼吁全社会共同监督，切实从法律上来维护“二代子女”的正当权利，预防“二代犯罪”。

（二）加大文化市场监管力度

在社会转型期，经济全球化的背景下，外来文化对中国传统文化形成巨大的冲击，对“二代”们的价值观、人生观、世界观带来大规模的冲击，影响青少年对传统文化、传统道德的认知。外来文化中强调个性、追求自由，注重自我满足，青少年过于盲目的追求，形成了个人主义和享乐主义的价值观。“二代”们贪图奢靡生活、花钱无度、自由散漫，流连于各种娱乐场所。因此，加大文化市场的监管已成为当务之急。

1. 营造积极健康的社会文化风貌

中华传统文化博大精深、源远流长，具有五千年的文化沉淀，蕴含极强的文化感染力，我们应该弘扬优秀的传统文化，诸如艰苦奋斗、自强不息、勇于进取精神。传统文化的宣传教育不仅是学校的责任，更是整个社会、全国人民的责任。学校可以请优秀的专家讲解中华文明历史，让学生在了解历史的基础上来学习传统文化，不仅可以激发学生的兴趣，更可以引导他们的自主学习、探究能力。社会可以通过宣传片、电影、电视等方式来让学生潜移默化地接纳、认可优秀的传统文化。“二代”们汲取传统文化精华，提高欣赏能力、辨别能力，树立正确的“三观”，必然能够极大地降低犯罪率。

2. 坚决抵制不良文化

社会中的消极因素是“二代犯罪”的催化剂，尤其是不良文化因素。在现代化进程中歌厅、舞厅、迪厅、网吧随处可见，影视作品中充斥着大量的暴力场面、色情画面，强烈刺激青少年的感官，吞噬着他们纯洁的心灵。因此，严格整顿文化市场，坚决打击一切违纪的色情文化，认真地排查学校周围及其社区周边的娱乐场所，一旦发现违纪要予以严惩甚至取缔。第二，基层公安部门要加强与学校的合作力度，把预防工作延伸到学校，加强学校的法制教育，可以与学校共同举办形式多样的法制宣传活动。另外，可以通过相关部门对影视作品中的暴力文化、色情文化实施恰当的限制。

（三）建立权力约束及其机会平等、公平利益分配机制

1. 建立权力约束的系统工程

“人民基本权利的肯定和维护，是任何一个崇尚民主法治且实行宪政的国家所责无旁贷的责任。”① 特别是现代国家，很多“官二代”借着父辈的权力胡作非为，难以保障权力的正义。因此，我们要对权力施以约束，为“官二代”敲响警钟。

（1）建立行之有效的、合理的权力实现机制

权力实现机制是指法律为权力在社会生活中转变为权力主体所获得的社会利益内容而提供的一系列规则、条件、程序等的综合。权力实现机制主要包括权力宣告机制、权力运作机制、预防侵害机制以及损害救济机制。② 这四个机制不仅通过法律的途径保障权力的正常运转，把权力暴露在公众视线，加大了人民的监督力度，保障了权力更好地运行，避免权力主体为“官二代”谋私利。建立行之有效的权力机制不仅能保障权力内容的充分实现，更能够有效地避免和防止权力脱离正常的轨道。

（2）防止权力滥用加剧“二代犯罪”

当前部分权力主体在权力的实行过程中，未按照法定范围、程序运

① 陈新民：《德国公法学基础理论》，山东人民出版社 2001 年版。

② 戴剑波：《权力正义论》，法律出版社 2007 年版。

作权力，造成权力滥用，这种现象并非偶然，而是普遍存在，尤其是当“官二代”出现违法行为时，他们父辈会利用手中的权力，对他们的违法行为甚至是犯罪痕迹予以抹去。长此以往，权力成为“官二代”的靠山，他们对法律肆无忌惮，终酿悲剧，因此，我们对这种行为要予以治理，加强对权力的控制可以通过两种途径。第一，权利控制权力。简言之，就是权力和权利的总量根据现实生活的要求达到一种平衡。即权利总量与在当下社会生活中公民合理期待的财富总量达到一致；权力总量与国家共同体在目前和合理期待的范围内所掌控的社会财富保持一致。另外，加强权力的监督机制。充分发挥人民主权的作用，从源头和过程上对权力进行把关，最大限度地减少权力运作过程中的投机性和暴虐性，保证其正常运作。第二，权力控制权力。即把权力进行分解，按照功能属性的不同，分为行政权、立法权、司法权。按照行使权力的主体不同，分为中央权力和地方权力，不同的部门相互制约、共同监督，保证权力的正常运转。

2. 建立机会平等、公平利益分配机制

社会资源的有限性和人类欲望的无限需求之间存在深刻的矛盾，所以必须按照一定的原则对社会资源进行合理的分配。具体地说在经济领域实行“效率优先、兼顾公平”的原则，但是，由于社会成员在心智和体力上的差别，在急剧变化的社会转型期效率优先原则加大了两极分化，使“富二代”和“穷二代”相差过于悬殊，经济上的差异导致生活领域的千差万别，收入差距的加大容易使不同阶层的“二代”树立对立情绪，极易走上犯罪的边缘。所以我们应该建立机会平等、公平利益分配机制。第一，我们坚持按劳分配为主体，多种分配方式并存的原则，强调按劳分配原则必须先从政策上解决分配上的平均主义，形成合理的报酬差异，优化报酬的刺激作用，促进社会的稳定与发展。第二，促进各利益群体在利益分配上的均等，努力创造平等竞争的社会环境，机会均等下的差异是大家普遍理解、接受的。在社会转型期，呈现不同阶层的“二代”机会不均现象，诸如有的“官二代”利用权为自己谋取私利，“富二代”利用钱来达到目的，“星二代”利用名来达成心愿。这样的环境下，无权、无钱、无名的“穷二代”和“农二代”则处于相对劣势地位，他们的利益难以保障。因此，必须通过建立平等机会、公平利益分配机制保障各阶层的“二代”享受同等的机会与利益。

第五章

城乡社会流动和农村流动青少年犯罪

改革开放40年来，随着我国城乡经济政治体制改革的深入，城乡社会人口流动越来越频繁。农村社会每年多达1.5亿人口迁移到城市或县镇务工，其中“90后”的农村青年约占60%，是当今社会最大的流动群体。步入21世纪以来，我国农村校外流动青少年作为特殊群体，频繁流动于城乡社会，构成农村教育研究和城乡社会发展新课题。

第一节　城乡流动与农村流动青少年社会特征

课题组于2016年7月对山东青岛、烟台和威海等地流动青少年社会特征状况进行问卷调查和实地访谈。本次调查采用整群随机抽样方法，调查对象为聚居于城市建筑工地、企业（富士康、田讯电子和大宇重工）、餐馆、城中村等地新生代农民工群体。主要考察了新生代农民工的年龄、性别、户籍、受教育程度、教育需求和社会支持等基本情况，重点就新生代农民工职业教育与技能培训及对其社会分层和流动的影响进行问卷调查和访问。发放问卷500份，回收有效问卷489份，有效回收问卷率97.8%（见表5.1）。

表5.1　　调查对象基本情况

	分类	总数	百分比（%）
性别	男	237	48.5
	女	252	51.5

续表

	分类	总数	百分比（%）
年龄	18 岁以下	92	18.9
	18—23 岁	217	44.6
	24—33 岁	155	31.7
	34 岁以上	25	4.8
文化程度	文盲或半文盲	8	1.7
	小学	84	17.0
	初中	258	52.7
	高中	104	21.2
	大专及以上	36	7.5
籍贯	山东	288	58.9
	河南	39	8.0
	山西	6	1.2
	陕西	10	2.0
	云南	2	0.4
	新疆	1	0.2
	四川	1	0.2
	宁夏	1	0.2
	河北	16	3.3
	贵州	42	8.6
	内蒙古	2	0.4
	安徽	4	0.8
	广东	3	0.6
	甘肃	2	0.4
	辽宁	3	0.6
	北京	1	0.2
	湖南	3	0.6
	湖北	10	2.0
	江苏	1	0.2
	广西	3	0.6
	西藏	1	0.2
	黑龙江	3	0.6

一　城乡流动青少年的社会特征与价值追求

1. 缺乏务农经验，渴望留守城市

城乡流动青少年是我国社会结构城市化特有产物。表 5.2 调查中发现，74.4% 的农村劳动青少年愿意留守城市，他们渴望在城市就业，成为城市居民。仅有 25.6% 的新生代农民工不愿意留在城市。

表 5.2　　农村流动青少年是否愿意留在城市（%）

愿意	74.4
不愿意	25.6

新生代农民工认为，城市有较好的工作环境、较多的工作机会且有较大的发展空间，他们很少选择回到农村，甚至有人表示，“我们宁愿饿死在城里，也不会再回农村了”。关于新生代农民工愿意留守城市之原因调查（见表 5.3），54.8% 调查对象因城市工作机会多，有发展空间而愿意留守；36% 的新生代农民工喜欢城市舒适的工作和生活环境；34.6% 认为城市收入高，文化生活丰富；29.1% 考虑城市优质教育资源和子女教育前景；19.8% 认为成为市民，可以享有退休工资和社会保险等。

表 5.3　　农村流动青少年愿意留在城市之原因（多项选择%）

工作机会多，有发展空间	54.8
工作、生活环境好	36.0
城市收入高，文化生活丰富等	34.6
子女教育	29.1
市民有退休工资和社会保险等	19.8
不适应农村的生活方式	5.5
家里无田可种	9.4

在我们的调查中（见表 5.4），认为自己能够完全融入城市的新生代农民工占所调查总数的 10.4%，能融入城市的占 46.4%，融入城市程度

为一般的占到37.9%，不能融入城市的占到3.4%，完全不能融入的占到1.9%。从以上数据判断，大多数农民工认为自己能够融入城市。

表5.4　　新生代农民工是否能够融入城市（%）

完全能	10.4
能	46.4
一般	37.9
不能	3.4
完全不能	1.9

2. 受教育年限相对较长

课题组在青岛、烟台和威海等地发放489份新生代农民工问卷，结果显示新生代农民工具有大专及以上文化程度占7.5%，具有高中学历占21.2%，文化程度高，平均受教育时间长，老一代农民工的平均受教育时间仅有6.12年，而新生代农民工受教育年限则达到9.68年，两者相差3.56年。与老一代相比，新生代农民工拥有良好的教育背景。

3. 外出务工动机呈现多元化

表5.5调查显示，46.2%的新生代农民工认为外出务工最主要目的是赚钱；32.7%认为外出打工目的是刚毕业，出来锻炼自己；13.8%的新生代农民工是为了学一门技术；5%的新生代农民工是想到外面玩玩，2.3%认为在家乡没有意思。

老一代农民工外出务工目的即是赚钱，属于候鸟类型，对农村有太多依恋。新生代农民工外出务工动机多元化趋势明显，包括积累工作经验，适应城市生活方式，学习技术等。

表5.5　　农村流动青少年认为外出务工最主要目的（%）

挣钱	46.2
刚毕业，出来锻炼自己	32.7
想到外面玩玩	5.0
学一门技术	13.8
在家乡没意思	2.3

随着我国城镇化进程的加快，大多数新生代农民工不甘于像祖辈一样过“面朝黄土背朝天”的日子，认为家乡太穷、没有任何发展机会、工作太少，而且一直在学校念书，没有务农经历，干农活根本没有办法养家糊口。此外，农村的大多数青壮年都已经进城了，农村已然成为老人和孩子的世界，很多年轻人认为这样的情况根本不适合待下去，所以纷纷进城寻找更好的生存机会。这已经超出了改革开放初期的推拉模式框架——工农业生产存在的收入“剪刀差”是农村人口外出务工的主要原因。

与老一代农民工相比，新生代农民工的个人消费迅速增加，在基本生活之外的消费渠道呈现多样化特征。根据我们的调查，“娱乐”“与朋友聚会”“网络”三项的比例分别为25.1%、25.3%、16.1%，从这个比例来看，新生代农民工相对注重个人精神和物质生活享受，较热衷于轻松体面的工作和时尚的生活方式。他们与城市同龄人一样，热衷于名牌服饰、名牌手机、网络交流等，KTV、酒吧等娱乐场所对一些新生代农民工来说也不是陌生的。新生代农民工的教育投入和购买书籍杂志仅为6.7%和10.4%（如表5.6所示）。

表5.6　　农村流动青少年日常消费支出（多项选择%）

基本生活	78.2
娱乐	25.1
与朋友聚会	25.3
网络	16.1
书籍杂志	10.4
教育投入	6.7
其他	12.2

新生代农民工有较高的自我期望，认为自己能力强，不应该留守农村，对当前的热门职业表现出了较高的自我期望，有的人则希望自己能创业做老板。

表 5.7 农村流动青少年一年内更换工作的频率（%）

从不	45.8
一次	23.8
两次	19.4
三次	5.6
四次以上	5.4

与老一代农民工相比，新生代农民工的求职之路更丰富、走得更远。36.7% 调查对象认为“收入太低，待遇不好”，10% 的调查对象认为“受到不公正待遇”，23.8% 的调查对象认为“加班太多，吃不消”，24.4% 的调查对象认为“学不到技术”，33.4% 的调查对象认为“没有前途”（如表 5.8 所示）。

老一代农民工多从事高度消耗体力的工作，只是谋求比务农更高的收入。而新生代农民工不甘心和父辈一样从事体力劳动，开始谋求职业前景，以及工作休闲和舒适，个人权利诉求意识逐步增强。

表 5.8 新农村流动青少年对目前工作感受（多项选择%）

收入太低，待遇不好	36.7
与直管领导不好，受到不公正待遇	10.0
加班太多，吃不消	23.8
与同事相处不好	6.3
学不到技术	24.4
没有前途	33.4
其他	23.6

新生代农民工的特点，决定了他们是农民工队伍中最具市民化意愿、距离市民化最近的群体之一。

二 农村教育滞后阻碍农村流动青少年向上流动

新生代农民工完成“脱农化”，却尚未实现城市化，难以成为真正意义上的“市民阶层”。实现新生代农民工素质市民化，关键在于新生代农民工的教育水平的提高，使之适应城市社会，提升自我认同。

近年来，国家对农村教育的投入逐渐增加，农村学校办学条件和教学水平有明显提高，但是仍然有相当数量的农村学生完成义务教育之后，无法升入高一级学校深造，外出务工逐渐增多，这些农村青年因过早离开系统的学校教育而达不到承担经济现代化和新农村建设的素质要求。

联合国粮食政策研究所的艾伦·德·布劳与世界银行发展研究集团的约翰·贾尔斯发现，不断扩大的城乡人口流动在提高了中国农村许多地区人民的生活水平的同时，不断增长的流动就业开始对农村青年的受教育水平的持续提高形成了阻碍。同时以户籍制度为基础的城乡二元结构和低质量、低层次农村教育积累的复杂背景，使农村流动青年面临很多问题：农村流动青年文化素质低下，教育培训困难重重。

当前农村教育质量欠佳，以升学为导向的应试教育，使其职业技能储备严重不足；农村各类职业教育发展滞后，培训效果欠佳。在我国目前城乡差距巨大和二元体制的背景下，新生代农民工不仅仅输在早期教育起跑线上，而且在九年义务教育期间也难以接受高质量的教育，甚至有些人因为家庭贫困等经济原因而辍学或失学。城市劳动力市场需要文化程度较高和职业技能熟练的技术工人，但是新生代农民工难以适应其要求，这是阻碍新生代农民工融入城市的关键性问题。

新生代农民工工作流动频繁，使新生代农民工不断处于熟悉工作岗位的过程中，无法积累工作经验，难以成为熟练工。城市劳动力市场需要受过专业技能训练的技术工人，但是，大部分农村子弟初中毕业后直接进入劳务市场，缺乏基本技能训练。因此，新生代农民工由于教育和学习处境不利而遭遇就业困境。虽然国家对初、高中毕业后不再继续就读的农村学生提供半年技能培训的政策，但是农村失学青年参加培训人数较少。政府、企业和社区有责任为新生代农民工提供规范、科学和实用的职业技能培训体系，努力改善新生代农民工的生活境遇和提升其社会流动活力，这成为当前迫切需要解决的现实问题。

1. 流动青少年教育困境与教育需求现状分析

农村教育是农家子弟向上流动的推进器，但是大部分新生代农民工既缺乏职业技能，又缺少老一代农民工吃苦耐劳的精神，所以缺乏就业竞争力，未来的归属仍然是城乡双重边缘人，无法转化为市民。

新生代农民工职业和岗位获得主要是基于血缘、地缘和业缘的人际关系网络。目前，新生代农民工提高技术水平的主要培训方式是“做中学”，但是，学徒式技能培训是属于被动的、较低层次的农民工培训形式，无法适应新技术革命带来的产业结构升级转化的需要。

调查发现，青年农民工中仅有6.3%表示现有教育水平非常适应市场需求；24.4%的农民工认为自身教育水平基本适应当前社会发展需要；45.2%的新生代农民工认为现有教育水平不适应城市需求（如表5.9所示）。

新生代农民工的教育水平与城市化的市民素质存在较大差距，提升新生代农民工自身教育素质和“软实力”，是新生代农民工融入城市的关键。

表5.9 农村流动青少年现有的教育水平是否适应当前社会发展和市场需要（%）

非常适应	6.3
适应	17.1
基本适应	24.4
不适应	45.2
不清楚	7.0

调查发现，22.6%的新生代农民工表示从没有参加过技能培训，62.1%表示很少参加技能培训，仅有15.3%的新生代农民工经常参加技能培训（如表5.10所示）。

表5.10 流动青少年是否参加过技能培训（%）

从没有	22.6
很少	62.1
经常	15.3

目前新生代农民工培训内容狭隘，仅局限于技能培训，缺乏心理辅导、职业规划、城市文化教育等综合素质培养，难以适应激烈的城市竞争。

随着经济社会快速发展、工业化城镇化快速推进，大量农村新生代农民工流动性越来越强，学习需求的差异化也越来越大。64.9%认为参加教育培训是为了提升技能，31.9%认为是增加理论知识，37.2%是提高赚钱机会，31.9%是为了提高学历。

该结果表明，新生代农民工的学习需求仍然具有一定的功利性，即为了提高赚钱机会，但已经不是最主要的学习目的了，提升技术技能是其首选，同时兼顾理论知识的增加和文化程度的提高，这些都体现其渴望实现自我价值的需求，对教育水平的期待较高。（见表5.11）

表5.11　　农村流动青少年参加教育培训动机（%）

增加理论知识	31.9
提升技术技能	64.9
提高学历	31.9
提高赚钱机会	37.2

调查表明，新生代农民工学习需求趋向多元化，但是缺乏学习资源，社会支持体系不健全是制约新生代农民工自我提高的主要障碍。

总之，新生代农民工遭遇多种形式的社会排斥，导致其极早陷入生存能力贫困、发展权利贫困和身心状态贫困的窘境，新生代农民工受教育程度和职业技能培训亟须加强。

2. 流动青少年受教育程度与参加培训频次、工资水平和城市融入相关性分析

新生代农民工学习需求受多种因素影响，包括离农倾向、收入、工作性质、文化程度、年龄、工作和收入满意度、对自己工作能力评价、性别等，其中受教育程度是重要自变量，考察其与技能培训、工资水平、城市融入关系。

（1）流动青少年受教育程度与参加职业技能培训频率之关系

表 5.12 流动青少年文化程度与参加技能培训频率差异性比较

	χ^2 值	df	渐进 Sig.
Pearson 卡方	28.761[a]	8	0.000
似然比	27.866		0.001
线性和线性组合	9.225	1	0.002
有效案例中的 N	478	—	—

不同文化程度的新生代农民工参加职业技能培训频次呈现显著差异。χ^2 值为 28.761[a]，$P<0.001$，差异非常显著（见表 5.12）。

22.2% 大专文化程度的新生代农民工经常参加职业技能培训，19.6% 高中文化程度的新生代农民工经常参加职业技能培训，13.1% 初中文化程度的新生代农民工经常参加职业技能培训，16.2% 小学文化程度的新生代农民工经常参加职业技能培训，文盲或半文盲几乎不参加职业技能培训。

（2）受教育程度与工资水平关系

受教育程度与工资水平呈现显著差异，χ^2 值为 84.039[a]，$P<0.001$，差异非常显著（见表 5.13）。

表 5.13 流动青少年受教育程度与工资水平差异比较

	χ^2 值	df	渐进 Sig.（双侧）
Pearson 卡方	84.039[a]	12	0.000
似然比	61.044	12	0.000
线性和线性组合	14.787	1	0.000
有效案例中的 N	475		

接受高等教育程度的农民工工资收入水平明显高于初高中文化程度农民工。

47.2% 大专文化程度的新生代农民工，月工资收入超过 4000 元以上，而初中文化程度新生代农民工工资收入达到 4000 元以上的仅为 7.2%。

表 5.14　　　　流动青少年目前工资水平（%）

1000—2000 元	23.6
2000—3000 元	46.9
3000—4000 元	20.3
4000 元以上	9.2

目前 46.9% 新生代农民工工资水平在 2000—3000 元，仅有 9.2% 新生代农民工工资水平在 4000 元以上。实践技能匮乏，收入不高、待遇低是新生代农民工实现社会融合的障碍（见表 5.14）。

（3）流动青少年受教育程度与城市融入关系

受教育程度与愿意留守城市之间无相关。χ^2 值为 4.052[a]，$P>0.05$。78% 大专文化程度新生代农民工愿意留在城市，77% 初中文化程度的新生代农民工期望留守城市，不同文化程度的新生代农民工都有渴望留守城市的意愿（见表 5.15）。

表 5.15　　　　流动青少年受教育程度与融入城市意愿差异比较

	χ^2 值	df	渐进 Sig.（双侧）
Pearson 卡方	4.052[a]	4	0.399
似然比	3.703	4	0.448
线性和线性组合	0.710	1	0.399
有效案例中的 N	450		

总之，新生代农民工已经呈现明显代际特征变化，在受教育需求、学习动机以及融入城市态度方面均存在极大差异。关注和改善农村流动青年生存处境不利问题，防止过早进入劳动力大军，政府和利益相关者在政策供给、学习资源、条件保障和技术服务等方面适应农村青年流动人口的实际需求，实施以职业价值观、职业综合素质、职业技能培训、现代文明生活为重点的非正规教育，增进农村流动青年的职业竞争力，以获得更好的工作机会，使其生活得更加幸福，更有尊严。

第二节 流动青少年社会认同困境与出路

美国社会学家乔恩·威特认为，社会认同是指个体与社会的相互联系、相互依赖过程，包括三个不同阶段，分别为建构文化、建构自我与建构社会三个不同阶段。我国学者章志光对社会认同的定义是指个体与某一社会身份建立心理联系的历程和后果。

在社会认同的过程中个体自身身份的认可与界定，与之建立一定的情感联系。社会认同的基本过程从类别化开始，类别化使得个体与群体之间建立一定的联系；第二阶段形成社会身份的定位，把自己的个人信息与群体进行联系，获得在群体当中的地位与自尊；最后进行社会比较形成所在群体独有的特征，这些特征使之区别于外在其他的群体。

一 流动农村青少年社会认同调查

关于农村流动青少年社会认同调查问卷，问卷采用 Cronbach'α 系数以及 Spearman-Brown 系数鉴定量表的信度内部一致性以及同质性，内部一致性系数在 0.753—0.858，具有可以接受的可靠性。两个评价的分半信度为 0.769 与 0.838，总量表的分半信度为 0.634，说明问卷的题目同质性较高。

10 个项目以 7 点计分的方式呈现，程度从消极向积极过渡，例如，满意程度分为：相当不满意、有些不满意、稍微不满意、一般、稍微满意、有些满意、非常满意；从七项中选择一项。计分方法为从相当不满意到非常满意分别计为 1、2、3、4、5、6、7 分，反方向计分的题目为 1 道，分别按选项倒序计分，通过转换把所有题目变为正向计分。得分越高表明新生代农民工对自身以及城市生活的认可程度越高。两个项目为计数题项，表现该群体的主观感受与未来归属。

Bartlett 球形度检验的 χ^2 值为 724.316（自由度为 66），伴随概率值为 0.000 <0.01，表明母群体的相关矩阵有共同因素，可以进行相应的因子分析。

表 5.16　　流动青少年自我认同方面平均分及得分比

	职业态度	自我贡献	发展前景	现状满意
平均数（M）	4.63	4.45	4.81	4.32
标准差（SD）	1.47	1.58	1.43	1.43
4 分以上	58.4%	46.8%	63%	46.2%
4 分及以下	41.6%	53.2%	37%	53.8%

由表 5.16 可以看出，调查对象在自我认同方面平均得分都高于 4 分，显示出总体积极的自我认同倾向。

但是从各项得分的百分比来看，“城市贡献”“现状满意”在 4 分及以下的百分比较高，说明该群体对于自己在城市发展中的作用以及现在的生活现状满意程度的评价较低。

表 5.17　　流动青少年城市评价平均分及得分比

	城市环境	市民歧视	城市生活	城乡评价
平均数（M）	4.43	4.43	4.47	4.83
标准差（SD）	1.48	1.41	1.32	1.36
4 分以上	53.2%	53.8%	52%	59.5%
4 分及以下	46.8%	46.2%	48%	40.5%

农村流动青少年在城市认同方面的四个题项中得分都高于 4 分，而且 4 分以上的得分百分比很高。新生代农民工在城市生活环境、社会保障、城市生活、自己融入城市生活的评价较高，表明他们对城市的整体评价态度比较明确，认可城市的生活。

表 5.18　　流动青少年农村评价平均分及得分比

农村生活环境		农村态度
平均数（M）	4.52	3.70
标准差（SD）	1.52	1.65
4 分以上	55.5%	26.6%
4 分及以下	44.5%	73.4%

由表5.17可以看出，调查对象对农村生活环境持较肯定的态度，但是关于回到农村态度，4分及以下的得分比率为73.4%，平均分为3.7分，表明他们回农村工作的可能性较小，大部分新生代农民工希望在城市继续发展，尽管他们对农村的生活环境持肯定的态度（见表5.18）。

表5.19 流动青少年社会认同的年龄差异方差分析

	F	Sig.
农村生活评价	3.248	0.001
农村人口评价	2.063	0.036
回农村态度	2.081	0.034
户口歧视	4.742	0.000

根据方差分析表（见表5.19）看出，年龄因素对新生代农民工的社会认同有一定程度的影响。在方差分析的相关统计描述中，首先在对农村生活环境的态度上，21岁与22岁的得分2.17分与3.85分都明显低于平均得分4.52分。在这一年龄阶段的群体对农村生活环境倾向于消极态度。

同时在对城市融入评价上21岁群体为3.17分，低于平均分4.82分，表明该年龄阶段的新生代农民工城市融入度较低。相反，16岁平均分，23岁以及24岁年龄段的群体得分也显著高于平均分，该年龄段的个体的城市融入程度评价较高。

与此相对应，在以后回家工作的态度上，该群体体现出与城市融入度的显著负相关，相关系数为-0.313，也就是城市融入度，低19岁、21岁、22岁希望回家工作的得分明显高于平均分，表现出较高的农村认同倾向。

而在对于户口歧视的评价上，24—25岁的群体较其他年龄段的群体得分低，表明他们更多地感受或者经历过歧视。年龄越小得分越高，更加对户口歧视问题没有在意。

二 流动青少年身份认同困境

新生代农民工融入城市是必然趋势。从农民演变为非农民，经历了一个嬗变的较长过程，主要有职业更替，转向非农职业带来生存压力；城市适应，二元分割制度造成新生代农民工心理适应困难；身份变更，市民化带来社会认同偏差。[①] 新生代农民工已经难以适应农村和农业生产，但是在城镇化进程中陷入各种社会认同困境。“我是谁”表达新生代农民工对其社会角色和社会身份的追问，其背后涉及对其先赋身份和后致身份的审问，涉及以进入城市之前的身份想象为参照点的反思。

与老一代农民工相比，农村流动青少年一般都有初中毕业文凭，而且有相当一部分是家中的“独生子”，没有务农经历，且有较为丰富的城市生活听闻，并且通过网络、媒体等传播媒介了解到城市生活的很多细节。

新生代农民工渴望通过勤奋的努力来赢得城市美好生活。尽管在进城之前对城市生活有了一定程度的了解，对其进城后的身份也有所预期，但此时的身份想象是时空分离的，时空分离语境下的身份想象过于理想化，等真正进入城市，新生代农民工的想象身份遭到现实的冲击，他们的身份体验表达出复杂性。

（一）“适应但不同化”——社会认同的焦虑

社会学家吉普森提出“适应但不同化”概念，指一些社会边缘人群努力适应社会主流文化和生活方式，但是无法同化和融入该群体，表现出边缘人的认同焦虑。

新生代农民工在城市中的“边缘人”角色具有“适应但不同化”的特征。新生代农民工离开农村，走向城市，大部分就不愿再返回农村，城市的现代文明逐渐消解了新生代农民工对乡土文化和乡村生活的联系，但是，多年的乡村文化熏陶也使新生代农民工的认知无法完全摆脱地缘的影响，外出进城务工农村青年的道德判断和道德认知仍旧是受制于农村文化习俗主导的，这造成了他们在城市的“边缘人”角色——既不愿意回乡，努力适应城市，也无法真正融入城市。许多新生代农民工因城市边缘化特点构成独特的亚文化，一方面沉溺于网络，较少参与社会活动，存在空间的隐蔽性；另一方面处于城乡监管失控状态，成为城乡管

---

① 邹农俭：《论农民的阶层分化》，《甘肃社会科学》2004 年第 4 期，第 42 页。

理工作隐患。①

农民难以融入城市是一个古老的问题，王笛在《街头文化——成都公共空间、下层民众与地方政治（1870—1930）》一书中说道："成都同中国其他城市一样，由族群、籍贯等方面引发的问题非常普遍。"② 这种"难融合"的现象在今日已经有所改观，尽管如此，新生代农民工面临城镇化、工业化、现代化加快的社会背景，其面临的社会冲突和社会融入的困境会更大。相当多的农民工已经脱离户籍所在地，但未获得城市户籍，导致他们在城市面临着较大的表达自身利益的困境。

表 5.20 出门打工，新生代农民工遇到的主要困难（多项选择%）

城市对农民工的各种限制或针对农民工有不合理收费	23.2
受到不公待遇，如城里人对农民工的歧视及子女受教育问题	26.3
工作机会不多，工作压力太大，竞争激烈	65.6
亲人不在身边，感到孤独寂寞	58.9
住所不稳定，居住及生活条件差	48.9
遭受犯罪者不法侵害	8.4

65.6%的新生代农民工认为城市工作压力大，竞争激烈；58.9%的新生代农民工认为外出务工，亲人不在身边，感到孤独寂寞；48.9%的新生代农民工认为住所不稳定，居住及生活条件差；26.3%的新生代农民工认为受到不公待遇，城里人对农民工歧视及其排斥其子女受教育（见表 5.20）。

（二）社会认同话语权丧失与"污名化"效应

在目前的城市生活中，媒体掌控着身份类别的建构、掌握着文化和话语权，媒体根据社会主流意识进行宣传。因为媒体资源的掌握者主要是城市主体，他们掌握媒体资源，进而控制着话语权利。

新生代农民工的身份类别在媒体的宣传中被建构起来了，在此过程

① 郑又贤：《新生代农民工市民化中的价值观问题研究——以福建省为例》，博士学位论文，福建师范大学，2012 年，第 82 页。

② 王笛：《街头文化——成都公共空间、下层民众与地方政治（1870—1930）》，商务印书馆 2013 年版，第 262—263 页。

中，新生代农民工只是作为沉默的被言说者，只能沉默地接受城市主流媒体对自己的身份界定。

新生代农民工作为城市他者，只能被动接受城市社会精英群体和媒体的身份建构，这种建构包含“污名化”效应，社会学互动学派学者戈夫曼创造“污名”概念，代表社会用来贬低特定族群价值的标签，一旦被赋予农民工身份，便不容易在市民乃至他人面前表现自我成就感，甚至会可能感到自卑。污名化加剧新生代农民工社会认同困难。

（三）结构化不平等和反移民倾向增加农村流动青少年社会认同距离

流动青少年社会距离是通过结构化的城市制度和群体自身的反文化倾向共同形成的。与地理距离明显不同，社会学家齐美尔将社会距离表述为人与人之间的一种社会关系，在本质上是一种主客体关系。人与人彼此之间具有想象，主体是在与客体的遭遇过程中认识自我，他们之间复杂多样性是构成社会距离的关键。

结构化的不平等待遇增加了新生代农民工的社会距离，城市社会至今仍然存在“二元社区”，造成了对新生代农民工初次外出求职的首次剥夺。城市居民对进城农民工也存在根深蒂固的偏见和歧视。农民工，包括新生代农民工，始终是生活在城市体制之外的边缘群体，表现出“落后他者”的生活方式、行为方式和思考方式。

与城市同龄人相比，新生代农民工在城市中就业难、难以享受城市社区的公共服务。更换工作的次数和频率也反映了新生代农民工不尽如人意的工作环境。在新生代农民工的社会关系上，与市民呈现疏远。城市主体，包括城市管理者和城市居民，在现代化的发展过程中习惯用偏见来审视进城农民工，此外，城市提供的保障性住房难以惠及农民工，他们也很难实现阶层流动，在上海、北京等大城市买房子的可能性更小。

国家相关政策的变革也无法引起农民工重视。调查中发现，28.4%的农民工不了解国家有关农民工的政策和规定，仅有11.5%的农民工对国家有关农民工政策和规定表示满意，37.4%的农民工对国家有关农民工政策和规定抱着无所谓的态度（见表5.21）。

表5.21 新生代农民工对国家有关农民工政策和规定的态度（%）

非常满意	2.9
满意	11.5
一般	37.4
不满意，但感觉越来越好	13.8
非常不满意	6.1
不了解相关政策和规定	28.4

新生代农民工的反移民化倾向增加新生代农民工社会认同距离。长期的城市现代文明熏陶，使新生代农民工在作为“落后他者”的同时，也有逐渐强烈的主体实践特征，他们已经不再是沉默的城市他者，而是拥有更多的自我生命建构意识者。这种意识带来新生代农民工的“反移民化”倾向。

当新生代农民工在城市体系中寻求生存和发展空间的时候，他们发现基于原有的文化状况，在城市正式社会文化和结构之外建立一套新的文化体系，自愿在城市内部形成一种“城乡二元结构”，随着这种结构的逐步稳定，进城的新生代农民工就会自愿形成对该结构的依赖和维持，这虽然减轻了他们与城市文化融合和城市生活适应的难度，但是造成对城市文明主动排斥，不利于城乡一体化真正实现。新生代农民工的实际融入意愿因为他们对城市文明的主动排斥而呈现出减小的趋势。

主动排斥的愿望也会因职业性质不同而呈现差异。与新生代城市外来白领相比，新生代农民工的排斥预期值更加强烈，这与新生代农民工比新生代城市外来白领遭遇到更多的城市排斥有关。新生代农民工的社会距离增值仍然要高于新生代外来白领。

第三节 城乡流动青少年犯罪问题理论剖析

近年来，我国青少年的犯罪率居高不下，其中流动青少年占有很大的比重。生活在城市的流动青少年往往背负较大的生存风险，但又因社会资源匮乏、合法性解决手段欠缺而处于孤立无援的境地，一旦遭遇失业，难以保障其基本生活，而处于困境中的流动青少年也更容易为基本的生活需求所迫而走上违法犯罪道路。

一　社会控制与流动青少年犯罪

犯罪社会学家赫希在其著作《少年犯罪原因之探讨》[①] 中认为，犯罪行为的发生与个人和社会联系的纽带紧密相关，这种纽带能使青少年增强社会责任感，顺从社会传统规范，是防止青少年走向犯罪的重要原因。青少年并不是具有“犯罪基因”的人，流动青少年犯罪率升高，是家庭、学校乃至整个社会控制弱化的产物。流动青少年从农村进入城市，社会资源、人际关系方面都是陌生的处境，而且在社会保障制度不健全的条件下目睹父母生存的艰辛与不易，同时自身在社会中独立生存的能力较差。加上青少年判断能力，问题的处理能力方面存在片面，在计算犯罪行为产生的成本时，他们往往弱化精神代价的效力，并不在意外界怎么看待自己，形成认知上的盲目，产生较多的越轨犯罪行为。

芝加哥学派认为，社会解体是导致犯罪的原因，人们生活在群体之中，以亲情、友情、师生和邻里关系等为内容的非正式社会关系对犯罪的影响远比警察、法庭等官方正式社会关系大，但社会发展产生的一系列结果都市化、人口流动频繁、人际交往减少、文化多元性等，使非正式社会关系趋于解体，犯罪因而必然增加。

流动人口从农村来到城市，社会空间上的转变使其原来的个人社会支持网处于严重缺失状态，而在移入地的政府支援力量未及时到场时，两种资源的缺失使流动人口犯罪现象凸显。此外，由于社会的解组，传统的伦理道德秩序被打破，流动人口传统的伦理道德观念已不适应城市生活，与城市各种规范相冲突，规范意识的不同必然引起流动人口对异地新型社会规范环境的不适应，从而易出现各种冲突行为。

二　相对剥夺理论、社会排斥与流动青少年犯罪

“相对剥夺”（Relative Deprivation）最早由美国学者斯托弗（S. A. Stouffer）提出，其后经默顿（R. K. Merton）的发展，成为一种关

① 特拉维斯·赫希：《少年犯罪原因之探讨》，吴宗宪等译，中国国际广播出版社 1997 年版，第 34 页。

于群体行为的理论。它是指当人们将自己的处境与某种标准或某种参照物相比较而发现自己处于劣势时所产生的受剥夺感，这种感觉会产生消极情绪，可以表现为愤怒、怨恨或不满。犯罪学家谢利·路易丝在《犯罪与现代化》一书中指出，“贫困不会产生犯罪，但对贫困的不满却会奇怪地足以产生犯罪”。相对剥夺所产生的不公平感是一种很危险的心理状态。社会学家普遍认为，相对剥夺是犯罪、暴乱、恐怖主义、内战和社会运动的起因。

流动青少年在进入新环境之后，将自身的家庭成长背景即以现在的生活处境与周围同龄城市户口或者其他条件优越者相比，内心会产生极大的落差感，这种落差促使一些不良的嫉妒情绪产生，在未合理调节的情况下，容易转换成犯罪行为。青年农民流动群体是一个有着明显问题化倾向的群体。存在职业隔离、体制隔离、相对剥夺感的存在以及文化冲突等。

流动家庭收入较低，经济来源渠道较窄，流动到城市甚至大城市打工，以希望获得相对丰厚的经济收入。大部分来自农村的流动青少年也是为了寻求更好的升学资源、工作以及发展机会，跟随父母、亲属、朋友等流入城市中。由于流动青少年普遍受教育水平较低，接触的社会资源也相对较少，他们的职场竞争力较弱，从事的工作范围也很狭窄。流动青少年处于城市社会的底层，遭到当地社会关系的排斥，因此，他们在城市的建设中处于较低的位置，有更强的遭受歧视感，社会融入度低，从而产生的越轨行为较多。

第四节　城乡流动背景下流动青少年犯罪预防和治理

一　民主的家庭教育方式

家庭环境是青少年最先接触的外部环境，父母的教育方式以及抚养风格对青少年的人格发展具有重要的塑造作用。因此，改善家庭教育方式和优化家庭环境，是防治流动青少年犯罪的重要途径。

青少年成长受家庭结构的影响，因此组建家庭后，对特殊家庭结构的青少年父母进行一定的知识普及，保证他们能够关注青少年成长的心理健康，关注教育，为其健康成长树立好的风气。良好的情感链接是青少年具有归属感的重要因素，在民主式家庭教育方式下，父母和流动青少年地位平等，父母尊重他们作为一个独立的个体，能充分理解其兴趣和要求，并能进行有效引导。在这种家庭环境的熏陶下，父母能够了解流动青少年的需求，掌握流动青少年的失范行为，准确及时地进行情感传递和行为纠正。父母必要的心理辅导和关怀，能够帮助青少年度过心理危机阶段，以此阻断越轨亚文化接手流动青少年行动权利的控制权，流动青少年也才会认可父母的权威形象，愿意把自身行动的权利让渡给父母控制。根据中国科学院心理研究所对北京市 1800 名父母为期三年的跟踪调查发现，2/3 的家庭教育方式是不当的，父母教育子女的方式亟待改善。民主的教育方式确保双方的行动都能使对方获益，既能使父母重新树立起自己的权威形象，也能使流动青少年得到父母应有的关怀，促使双方同时产生建立有效规范的需求。

优化家庭环境，父母要更多关注青少年，多与其进行情感沟通交流。尤其是在快节奏的现代社会中，应避免出现用金钱物质来弥补精神关爱的情况，因为这样做往往适得其反，并非是最有效的奖励方式。同时，改善亲子关系是优化家庭环境的关键部分。现代家庭中，由于社会变化巨大，父母与青少年是在不同的环境中成长的两代人，往往存在明显的代沟，尤其是中国现在正处于社会转型期，新事物新思想更新迅速，因此父母更应在思想上与时俱进，敏锐地掌握他们的思想动态，经常与其进行谈心交流。而且，父母对他们的性格更加了解，对他们的行为表现也很清楚，一旦发现异常，告诉他们什么是越轨行为，应当立即停止。这样既能充分给予青少年爱和感情的奖励，又可以适时地阻止他们的越轨行为。

二　发挥学校老师同伴的作用

往往在学校中，老师所讲授的道理比家长更具有说服力，同时同辈同学之间的交流对于健全青少年人格、培养人际交往能力具有重要作用。青少年在成长的过程中从一个熟悉环境转换到另一个陌生环境，需要老师学习上以及生活精神上的关注，此外丰富的学校课余活动、融洽的同伴关系对于防范越轨犯罪行为、厌学情绪有益。发挥教师的引导作用，促使青少年的学校集体融入，加强沟通交流也是培育流动青少年健康身心的重要举措。

三 社会保障制度的完善

马克思强调经济基础决定上层建筑。流动青少年家庭之所以从农村流向经济较为发达的地区是希望能够有更多的经济资源，取得相比于农村更优越的成就与条件。而且城市的发展机会与空间较大，能够使他们在竞争日益激烈的社会环境中有更多的经济基础，实现自身以及家人的更好生活。然而我国处于城市化建设的过程中，城市的生存压力较大，留给流动人口的资源有限，在社会保障、医疗教育、基础设施方面存在一定不足。因此，流动青少年在感到内心不平衡之后，容易走上犯罪之路。因此建设健全的户籍、社会保障制度，推动经济的发展，协调好农村与城市的建设，合力引导流动人口的安置与就业，需要政府部门大力支持。健康的成长环境必然是各界共同努力的结果。

四 社区文化传播与治理

城市社区是促进文化建设的重要组织。组织社区志愿者建立文化宣传与监督队伍，提供多样的关注流动青少年的活动，促进流动青少年与城市之间的融合，增强他们的归属感。提供流动青少年参与社区治理的机会，增进城市居民与流动青少年之间的沟通。组织多样性的宣传活动，发挥媒体的有效引导作用。完善相关的治安管理规章制度，同时强化社区治安人员的安保意识，严厉制止打击违法犯罪行为。联合社区居民、志愿者、相关工作人员共同创造和谐社区。

五 提高非正式控制的有效性

促进文明习惯的养成，促进社会精神文明的建设。树立道德模范的榜样作用，加大优秀事迹的榜样宣传。引导流动青少年树立积极向上的价值观，深化道德观念在现实生活中的应用，有效约束大众的行为。同时流动青少年所在的单位内部，也应通过相应的管理制度加强员工的管理。通过平时的良好习惯增进青少年的社会融入感，降低相对剥夺感带来的心理差距。

六　政府加强对流动人口管理

政府在对流动人口的管理方面占有主导地位。完善相关政策实施，加强与社区、学校之间的联合监管与联合管理，保障青少年的安全，加强安保巡逻，为青少年的健康成长创造良好的环境。政府加强宣传社会良好风气，强化全民法制观念。规范流动青少年的入学、管理工作制度，有效贯彻落实，建立有序的流动青少年运行机制。建立有效的预警机制，明确青少年目标群体，防患于未然。同时政府需增加创业机会，提供有效途径保障创业者的平台，支持流动青少年参与创业，提高自身技能。建立相关的培训学校，提高流动青少年的知识文化水平以及与时代之间的衔接。青少年是祖国的未来，对流动青少年的关心与引导不仅有利于青少年自身的成长、社会的有序运行，更是关系到国家未来发展。因此政府需促进经济建设，完善城镇化建设的配套制度，缩小经济差距，统筹各方共同推动，为流动青少年的发展创造有利条件。

七　加强流动人口城市融入

加强农村流动人口融入城市生活，由农村向城市市民身份转化，是社会发展的趋势。不仅在生产活动中发挥流动农村人口的作用，在文化建设上更应促进流动人口参与到相关活动中，打破心理上的城乡差距。增强城市的包容性，完善相关配套设施、户籍制度、教育制度的管理，统筹城镇化建设，将流动人口的身份转变真正落实起来，共同促进城市的建设，减少由城乡差距产生的犯罪行为。

第六章

“法律孤儿”教育帮扶与管理

近些年来，我国经济发展迅速，但是现阶段国家的社会救助体系滞后于经济的发展，法律法规不够完善，监狱服刑人员未成年子女是近几年来社会变革中逐渐衍生而出现的一个特殊弱势群体。2005 年司法部《监狱服刑人员未成年子女的基本状况调查报告》中指出，截至 2005 年年底，我国 156 万服刑人员中，有未成年子女的人数约 46 万，监狱服刑人员未成年子女总数超过 60 万，其中 94.8% 的孩子并没有受到任何形式的社会救助。监狱服刑人员未成年子女在社会上流浪、乞讨的占监狱服刑人员未成年子女总数的 2.5%，其中 20% 的服刑人员不清楚子女是否在社会上流浪或乞讨。

我国目前在监狱服刑人员未成年子女的社会救助方面缺乏法律保护，成了一个边缘化的社会问题。对监狱服刑人员未成年子女救助工作，由于没有明确救助主体和职责，处于一种空白状态，被称为“法律孤儿”，意指其权益缺乏法律保护。

第一节　“法律孤儿”现状调查及问题分析

“法律孤儿”特指监狱服刑人员未成年子女。本研究通过抽样问卷调查形式，对济南、烟台、青岛市的 346 位监狱服刑人员进行问卷调查，并对监狱狱警及服刑人员进行了面对面访谈。同时还深入监狱服刑人员家庭和具有代表性的民间救助组织“W 太阳村”对监狱服刑人员未成年子女教育现状进行了深入调查。

一 “法律孤儿”基本生存权利得不到保障

在研究调查过程中，监狱服刑人员未成年子女中有一些特殊儿童，主要包括非婚生子女、超生儿以及没有及时申报出生登记儿童，这些儿童的基本生存权利因为制度的不完善得不到保障。在深入访谈的过程中，遇到一些未成年子女存在如下情况，例如，杨明父母因为盗窃罪入狱后先后自杀，但是因为父母在没有办理结婚登记的情况下有了他，至今仍无法补办身份证，而且在第六次人口普查时，因无法出示父母结婚证没能登记成功；刘刚父母虽是合法夫妻，但是他属于超生儿，他出生后母亲去世，父亲因犯罪入狱，他没有出生证明也没有人帮他申报户口，至今未有身份证；杨华的母亲在父亲入狱后生下他，并且父母并未结婚，前年母亲因为要改嫁但是不愿意带着他，把他送到监狱不管，监狱把他送到了儿童村，导致他至今未有户口。这些孩子因为没有户口和身份证明无法得到应有的民事主体身份，这使他们到了入学年龄却无法进入学校，接受教育，而且长大后也无法就业，他们的受教育权和生存权利无法得到应有的保障。

二 父母监护权的缺失或丧失

根据我国1994年《监狱法》第十九条规定，罪犯不得携带子女在狱内服刑。监狱服刑人员自身无法监护未成年子女，在调查的服刑人员中有34%是离异的，并且离异的监狱服刑人员的家庭中有75%是在入狱后解体的。不仅如此，因为各种现实原因，可能是因为经济生活所迫，监狱服刑人员的配偶再婚弃家而去的比例达到55%。这样许多监狱服刑人员未成年子女就可能失去了父母的监护权。

由表6.1可以看出，由配偶监护的未成年子女仅占到了38%，而且如果由父（母）一方照顾，则生活压力大，则有可能无暇与孩子沟通交流，导致情感缺失。由父母或配偶父母监护的占到了27%，但是隔代监护会产生许多问题，如溺爱孩子。由亲戚监护的服刑人员未成年子女占到了18%，但是这些亲属也有自己的子女和家庭，难免会精力有限，照顾不够全面。甚至有7%的服刑人员未成年子女无人监护，只能靠自己生存。

表6.1 **“法律孤儿”的监护权状况**

监护人	配偶	父母或配偶父母	其他亲属	其他人	无人监护
比例	38%	27%	18%	10%	7%

综上所述，可以看出监狱服刑人员未成年子女缺乏父母的直接有效监护，他们在父（母）入狱后，原本和谐的家庭瓦解，亲情和家庭教育缺失，而且现有监护人大多数因自身精力能力有限或年龄太大失去劳动能力，这样孩子生存现状窘迫，教育现状堪忧，情感遭遇空白，受到了极大伤害。

三　“法律孤儿”家庭经济收入低，生活窘迫

根据问卷调查所得数据显示，有70%的监狱服刑人员来自农村，整体经济收入相对较低，并且中青年往往是家里的主要劳动力，他们的收入也是一个家庭的主要经济来源。但是父母入狱后，家里的主要劳动力丧失，则需要祖辈来承担未成年子女的养育责任，但是祖辈往往因为年纪较大或者有病痛缠身，劳动能力有限，很难获得较高的经济收入，所以许多家庭生活窘迫。从图6.1可以看出，21%的监狱服刑人员未成年人子女吃住都成问题，仅有51%的监狱服刑人员未成年人子女基本解决温饱问题，这说明一些孩子有可能居无定所，无人看管抚养，那么孩子的生存现状则更令人担忧，甚至会流浪乞讨。从监狱服刑人员未成年子女现有监护人的家庭现状来看，家庭经济年收入在1万元人民币以下的占到了调查家庭总数的68%。在与家庭的深入访谈中得出一些家庭孩子生病时可能没有钱来治疗，小病的话就只能扛一扛，大病只能拖，无法及时治疗，从孩子的医疗状况也能看出监狱服刑人员未成年子女生活质量低，无法得到较好的保障。

四　“法律孤儿”心理健康状况不佳，采用消极方式处理问题

服刑人员未成年子女是一个特殊群体，他们可能很小的时候就亲眼看见父母被警察带走，在心理上留下了阴影。父母成了罪犯，与他们心

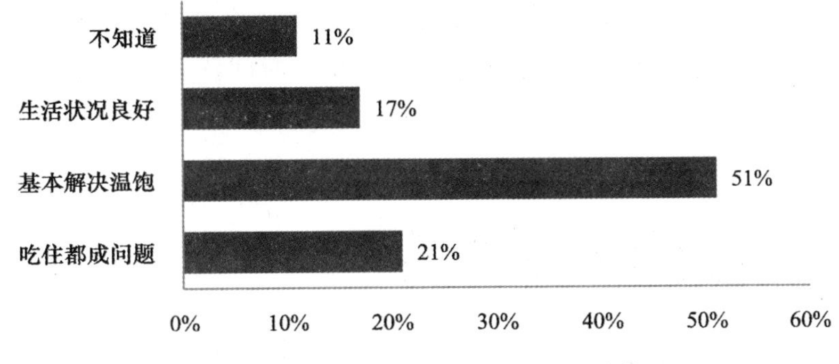

图6.1 监狱服刑人员未成年子女生活状况

中之前的美好形象形成了反差，有些孩子可能会很难接受这一事实，对他们的情感造成很大的伤害。由于父母是罪犯，未成年子女背负了沉重的负担，遭遇社会周边人士歧视，产生自卑心理。据深入监狱服刑人员子女家庭调查所得，监狱服刑人员未成年子女在遇到困难时往往采用消极的处理方式，他们往往会采取逃避退让的方式。当遇到不公平的事时他们往往会采取沉默的态度，不会去辩解和争取权利。当自己心情不好时也不愿意与他人诉说，往往会自己生闷气，表现出一些暴躁的行为或者采取一种对美好事物的幻想的方式来安慰自己。这种自卑心理进一步延伸，不愿意或害怕与周边人说话，慢慢地就会形成自闭心理。对于一些进入青春期的未成年子女，在他们身上不再是自卑心理占主体，而是对周遭的一切产生敌对情绪，遇事不愿意听他人的劝解和建议。这与青春期身心发展特点相关，但是也与他们这一特殊的身份相关，因为他们从小目睹了父母的被捕，加上周边人士的歧视排挤，随着年龄的增长，进入青春期后，他们渐渐明白一些东西，也开始学会反抗这一切，不想再默默忍受。所以在处理问题时，往往会乱发脾气，缺少思考和听从他人的建议。

五 义务教育完成困难，继续深造可能性小

监狱服刑人员未成年子女中有辍学经历的占到总数的65%，这一比率远远超出我国普通中小学统计的辍学比率。未成年子女在父（母）入狱前就已经辍学的占未成年子女辍学总人数的17.56%，在父（母）入狱

后辍学的为82.43%，可见监狱服刑人员未成年子女教育现状堪忧，辍学现象严重。从监狱服刑人员未成年子女的辍学时间段来看，大部分未成年子女是在父母入狱后才辍学的（见图6.2）。

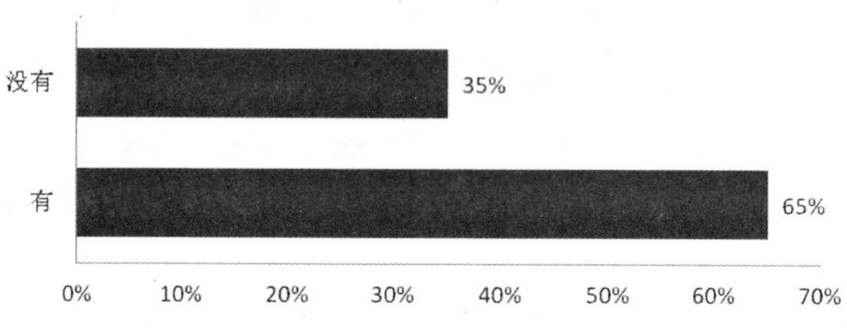

图6.2 监狱服刑人员未成年子女是否有辍学经历

从以上数据可以发现，监狱服刑人员未成年子女的辍学率相对较高，并且有辍学经历的人很多，这可能是因为父母的突然入狱，家庭主要经济收入来源被掐断，家庭生活困难，再加上国家相关的救助政策没有及时落实，可能就会造成孩子一时的失学。父母的入狱使家庭陷入困境，失去了主要经济来源，生活拮据。未成年子女只能依靠单亲抚养或者祖辈抚养，上学对于家庭来说可能存在一定的负担，一些孩子为了照顾家里自己选择放弃上学，帮忙照顾家里，外出打工挣钱。父母的入狱不仅仅给家庭带来了经济危机，更多的是带给孩子情感的空白，他们缺少父母的关爱和引导，在学习上遇到困难也没人指导和交流，缺少正确的学习方向和强烈的学习动机，学习效率下降。所以监狱服刑人员未成年子女在父母入狱后所带来的双重打击下很难完成义务教育。从对监狱服刑人员的问卷调查中发现，有84%的服刑人员认为子女没有希望上大学，只有16%的服刑人员认为有希望上大学。可见我国服刑人员未成年子女可能由于家庭经济和环境的变化，难以静心学习，义务教育较难完成，所以继续深造去获得较好的高等教育的希望就更加渺茫，令人惋惜。

第二节 “法律孤儿”教育救助问题分析

根据《民法通则》有关规定，在司法实践中若父母双方均因犯罪而服刑，或父母一方下落不明，一方正在服刑，或父母离异父母一方在服刑，一方不愿意接受抚养孩子，这时未成年人就处于无人监护的状态。因为他们法律意义上的父母存在，所以不符合国家福利机构的收养条件。虽然2006年发布的《关于加强孤儿救助工作的意见》中指出“孤儿”是指“失去父母和事实上无人抚养的未成年人”，将监狱服刑人员未成年子女纳入国家安置孤儿的总体规划，但是由于缺乏救助主体，这一政策意见并未真正得到落实。我国司法部门主要职责是对罪犯进行改造和教育，罪犯子女并不是他们工作的直接对象。而目前各级民政部门救助的主要对象是父母双亡的孤儿或弃婴，监狱服刑人员未成年子女父母尚在，所以他们认为不在救助范围之内。各居委会和村委会由于缺乏资金和人力资源也难以完成救助。虽然我国目前已有部分民间力量在资助这些孩子，但是“太阳村”力量薄弱，目前只资助了几千人，相对于总数来说，无疑是杯水车薪。这种状况如果长期存在，则不利于社会的安定与和谐。

一 “法律孤儿”救助实践探索

1996年陕西三原县东周村成立儿童村是我国最早对于监狱服刑人员未成年子女的救助，但是还没有引起广泛的社会关注。2006年中央综治委等六部委共同颁布了《关于开展为了明天——全国服刑人员未成年子女关爱行动的通知》，这一政策性文件引起了社会对服刑人员未成年子女的普遍关注。民政部门、司法部门、教育部门等开始对监狱服刑人员未成年子女展开了救助，但是由于我国在法律上没有明确救助主体和责任分配，也没有统一的管理和运行机制，导致各政府部门都是以此为附带任务，没有真正肩负起主体责任。所以十几年来还是以民间组织为救助主体，典型代表就是为监狱服刑人员未成年子女建立的9家“太阳村”，当然其他部门也都结合自身职责对监狱服刑未成年子女展开了救助。

（一）民政部门

民政部门主要承担老人、孤儿、流浪乞讨人员等困难群体的权益保护和救助管理，现在逐步将监狱服刑人员未成年子女纳入其中。在调查过程中了解到，在一些重大的节日，如中秋节，民政部门会给家庭生活困难的监狱服刑人员未成年子女送去生活必需品和慰问金。同时民政部门让当地相关的社会福利机构，如孤儿院、福利院等对无人监护的监狱服刑人员未成年子女进行救助。2006 年 1 月，广东省民政厅发布了《关于做好服刑人员未成年子女救助工作的通知》，提出要高度重视监狱服刑人员未成年子女救助工作，切实落实解决未成年子女的生活医疗困难，对服刑人员家庭建立走访制度，将符合低保条件的服刑人员家庭纳入低保，对于无监护人的服刑人员未成年子女暂时纳入五保范围。建立健全服刑人员未成年子女的监护网络，健全社区帮教制度，明确村、居委会监护责任并将此作为评优标准，充分发挥社区各种有利资源和志愿者的作用。加强流浪少年儿童救助保护中心建设，在各市设立流浪少年儿童救助保护中心，对处于流浪状态的监狱服刑人员未成年子女提供临时性救助。广东民政部门对监狱服刑人员未成年子女的救助建立了具体可操作的体系，明确了各部门职责，对我国民政部门实施救助提供了很好的范例，近年来相继也有许多民政部门对于监狱服刑人员未成年子女展开了救助。

（二）司法部门

司法部门作为监狱服刑人员与其未成年子女沟通联系的中间渠道，对于监狱服刑人员未成年子女的救助有重要意义。我国司法部门采取了许多具有人文关怀的措施来进行救助。例如，2009 年高考前夕，北京市前进监狱开通了高考亲情电话，让有孩子参加高考的服刑人员与孩子电话交流，缓解他们参加高考的心理压力。同时司法部门还找到有关部门，共同实施救助行动。例如，2015 年溧阳市司法局《关于服刑人员未成年子女特困帮扶工作意见的通知》，开展“润溧阳 · 2015 春风行动”，帮助 19 名特困家庭的服刑人员未成年子女解决户口问题，帮助他们入学。而且司法部门逐步建立起救助的长效机制，成立了以监狱服刑人员为帮扶对象的公益基金，在救助未成年子女方面起到了重要作用。基金来源主要是司法部门工作人员的捐款以及服刑人员的捐款，为特别困难的未成年子女提供基本的生活保障。

（三）教育部门

监狱服刑人员未成年子女的教育问题不像生存问题那样可以凸显出来，但是对未成年子女的身心发展是十分重要的，我国的教育部门在此方面进行了相关的救助。例如，2007 年 3 月，浙江海宁市出台了《关于做好对服刑人员未成年子女关心教育工作的实施意见》，建立了海宁籍特殊人群关心教育的辅导工作机制。首先是要坚持保密的原则，并由专业心理人员对特殊群体开展心理辅导和教育，建立相关的心理辅导档案；建立定期谈心制度，通过交流沟通来了解他们的生活心理状况，帮助他们及时化解矛盾和解决困难；建立定期家访制度，了解他们的家庭环境和监护情况；同时建立“一对一”帮扶制度实现点对点的帮助；建立经济帮扶制度，设立补助金、奖学金等形式进行补助。这些举措开始关注到未成年子女的教育问题和心理问题，对未成年子女的成长发展具有重要意义，可以运用于未成年子女的教育救助中。

（四）社会团体的救助

社会团体种类多样，包括共青团、妇联等各种组织及中国保护儿童委员会等各类协会，以及各类学术团体等，所以来自社会团体的救助是多种多样的。2006 年，中央综治委预防青少年违法犯罪工作领导小组、民政部、中央综治办、司法部等六部门联合启动了全国服刑人员未成年子女关爱行动，团中央、全国妇联作为社会团体积极参与到其中，并发挥了重要的作用。以共青团组织为例，社会团体救助服刑人员未成年子女的行动已彰显成效，特别是共青团中央主管下的——中国青少年发展基金会，依托希望工程等项目，开展了大量、有效的帮扶工作。例如，2007 年 5 月，安徽省希望工程办公室、安徽省监狱管理局等共同开展安徽希望工程“阳光救助计划”，成立了救助特困服刑人员子女专项助学基金。2009 年 9 月，云南省青少年发展基金会与云南省监狱管理局团工委在开展“爱心圆梦大学”的活动中，资助了近 10 名考取大学、家庭贫困的服刑人员子女。社会团体自身拥有不同的资源和优势，其成员来自社会的不同阶层，在实施过程中的帮扶措施各种各样，有效补充了服刑人员未成年子女的救助形式，受到了社会各界的关注。

二 监狱服刑人员教育救助模式对比探析

目前，我国监狱服刑人员未成年子女的救助主要形成了三种救助模式：近亲抚育模式、集中代教代养模式、社区家庭寄养模式。笔者通过实地考察，结合每种模式运作机制和特点，分析每种救助模式现状和存在的问题，深入剖析背后的原因，以期为救助实施提供建议。

（一）近亲抚育模式

近亲抚育模式是指监狱服刑人员未成年子女由其亲属进行抚养，一般由祖父母、外祖父母或父母的直系兄弟姐妹进行抚养。在问卷调查数据中显示，由配偶抚养的占到总数的38%，亲属抚养监护的未成年子女占到总人数的43%，这说明我国监狱服刑人员未成年子女主要救助模式是近亲抚育模式。

这种模式有其自身的优势。首先，近亲抚养是以“家族”或“血缘”为依托，有深厚的感情做支撑。中国人十分重视家族和血缘观念，这是中国传统文化的组成部分。中国人的人际关系大多数也是以血缘关系来连接，是社会关系不可或缺的组成部分。对于亲属来说，一般如果身边亲人出现犯罪入狱状况，他们不愿意将幼小的亲属交给外人或机构抚养，一方面因为这种血浓于水的关系，他们与亲属有着深厚的情感和血缘关系；另一方面如果他们将其抛弃也会受到社会和周边人士的舆论压力，受到良心的谴责。其次，从监狱服刑人员未成年子女自身的意愿来看，他们也更倾向于选择与自己熟悉的、亲近的人和环境，因为父母的突然离开给他们的心理造成了极大伤害，亟须亲人的关怀和温暖，而这种熟悉的亲密的安全的血缘关系则是他们心灵情感的来源和寄托。最后，从监狱服刑人员未成年子女亲属的角度来说，他们对这些孩子有着天然的接纳态度，他们不会像其他救助模式存在一定的戒备和防御，他们不仅仅能提供给孩子相对安全舒适的物质环境，更重要的是给孩子更多的心灵和情感关怀。亲属之间这种比较熟悉亲密的关系也有助于更好地对未成年子女展开教育，帮助他们健康成长。

这种天然的血缘关系能够为未成年子女提供较好的心灵慰藉，但是也存在一定的弊端。首先，监狱服刑人员未成年子女的经济生活很难得到保障，如果是由祖父母或外祖父母抚养，他们因为年纪较大，劳动能力下降，经济来源有限，则很难满足未成年子女的生存和发展需要。如果是由近亲抚养，他们由于本身有自己的家庭和子女需要维持照顾，而且有些本身自身生活条件不好，在接受未成年子女后，可能陷入更为窘迫的境地。其次，未成年子女可能无法被照顾周全，因为每个人精力体力有限，亲属有自己的孩子需要抚养教育，加之未成年子女的到来，生活负担的加重，亲属工作强度加大，则更无暇抽身。最后，未成年子女会产生一种心理失衡现象，因为亲属与自身子女关系更为密切，关注度更高，在日常生活的处理中，难免会有失偏颇，而未成年子女由于父母的突然离开把亲属作为自己情感的全部来源，这种情感的失衡和比较会让未成年子女感到失望和难受，产生一种“他们才是一家人”的感觉，不利于未成年子女心理健康发展。

近亲抚育模式是我国目前主要的救助模式，这一模式以血缘关系为纽带，以情感为依托，给未成年子女的心灵带来了极大的慰藉。但是，亲属家庭的经济状况、精力状况以及未成年子女自身的失衡心理也是需要着重考虑的。需要引进多方力量对这类家庭进行资助，使他们能够减少因经济带来的负担。

（二）集中代教代养模式

1. 全国“太阳村”基本概况

名称	北京市太阳村特殊儿童救助研究中心	大连阳光溢鸿儿童村	新乡市太阳村儿童救助中心	太阳村儿童西安救助中心	陕西陇州孤儿院	九江太阳村鄱阳湖救助中心	太阳村青海朔山儿童救助中心	辽宁省朝阳市太阳村儿童老年助养中心	南昌太阳村东方儿童书院儿童救助中心
成立时间	2000. 12	2003. 12	2004. 8	1996. 6	2005. 5	2007. 5	2008. 8	2011. 4	2012. 7
主管部门	北京市工商管理局	无	无	无	陕西陇县民政局	江西省民政厅	青海省大通回族土族自治县民政局	双塔区民政局	无

续表

组织性质	社会企业	民办企业	民办企业	民办企业	民办企业	民办企业	民办企业	民办企业	民办企业
资金来源	民间捐赠自营产业	民间捐赠自营产业	民间捐赠自营产业政府拨款	民间捐赠自营产业	民间捐赠自营产业政府拨款	民间捐赠自营产业政府拨款	民间捐赠自营产业政府拨款	民间捐赠	民间捐赠
救助总数	2000余名	50余名	100余名	400余名	50余名	140 名	70余名	30余名	12 名
现有孩子数	136 名	26 名	73 名	94 名	43 名	161 名	35 名	28 名	50 名
有无低保	无	无	有	无	有	有	有	无	无
能否办户口	否	否	能	能	否	能	否	否	否
救助项目	代教代养、心理辅导、权益保护、职业培训	代教代养、心理辅导、权益保护、技能学习	代教代养、心理辅导、权益保护、就业帮助	代教代养、心理辅导、权益保护、职业培训、安置就业	代教代养、心理辅导、权益保护	代教代养、心理辅导、权益保护、职业培训	代教代养、心理辅导、权益保护、职业培训	代教代养、心理辅导、权益保护	代教代养、心理辅导、权益保护

从以上表格数据可以看出我国民间以“太阳村”的方式救助时间较早，最早的是1996年“太阳村”西安儿童救助中心，近年来数量不断增加，到目前全国登记在册的已有9家，一共救助了2800余名监狱服刑人

员未成年子女。从组织性质来看，大部分“太阳村”救助机构属于民办企业，只有北京市太阳村特殊儿童救助研究中心属于社会企业，其余都属于民办企业，机构规模较小。从机构运营资金来源来看，主要来源是民间捐赠。其中有7家“太阳村”拥有自己运营的产业，可以创造部分收入。有4家“太阳村”获得了政府资助，当地政府部门进行拨款补贴。从福利权益来看，有4家“太阳村”未成年子女享有低保，而有5家“太阳村”没有低保证明。只有3家“太阳村”具有办户口的资格。从救助项目的内容来看，“太阳村”的主要救助内容是代教代养、心理辅导、权益保护，其中6家“太阳村”提供了职业培训或者技能学习，帮助未成年子女获得一定的生存技能，只有太阳村西安儿童中心安置就业。

2. “太阳村”救助模式现状和意义

“太阳村”救助模式是一种集中代教代养模式，通过与监狱服刑人员签订一份《委托代养代教协议书》，帮助监狱服刑人员监督管教未成年子女，将这些未成年子女集中到“太阳村”进行教养。等监狱服刑人员刑满释放后，再让未成年子女回到父母身边，对于监狱服刑人员刑期长或死刑的未成年子女，“太阳村”会将其培养到成年，并教给他们一定的生存技能再回归社会。这种教养方式最明显的特征就是集中统一管理，渗透在监狱服刑人员未成年子女的衣食住行各个方面。他们有统一的作息时间、安排统一的活动、统一的日用品、统一的上学时间，为了降低安全风险，在没有特殊情况下不得外出。

这种集中代教代养模式的出现，帮助监狱服刑人员未成年子女应对了家庭破裂危机，为他们提供了一个安全可靠的成长环境，满足了他们基本的衣食住行生存的需求，为他们提供基本的医疗保障，也对监狱服刑人员起到了帮教安抚的作用。同时保证了监狱服刑人员未成年子女九年义务教育学习。在“W太阳村”调查时发现，“W太阳村”8岁以下的未成年子女会由教师对其进行学前教育，8岁以上的未成年子女会在当地附近的小学就近入学，对于一些失学儿童来到“W太阳村”后会根据他们的文化程度安排入学。例如，小红是名聋哑儿童，父母因贩卖毒品入狱，爷爷无抚养能力将其送到“W太阳村”，“W太阳村”为她提供了住所和生活所需，并且为她配备了助听器，同时为她安排聋哑学校进行学习。

与同龄人相比，这种集体生活有利于培养监狱服刑人员未成年子女独立的生活能力，在“W 太阳村”中年龄稍大的男生每天都需要去地里劳动，女生则要帮厨，到了农忙时节孩子们都要去地里帮忙做些庄稼活，收获时节需要帮忙采摘蔬果，在劳动过程中虽然艰辛，但也体会了生活的不易，获得一定的农业知识和技能。年龄较小的孩子，他们也能自己独立整理内务，刷牙、洗脸、吃饭，而且轮流打扫卧室卫生。有些孩子周末节假日会在农场小吃街做小吃，掌握了一定的厨艺，有些女生可能会制作义卖的手工艺品，还有些孩子由于每次公益活动演出，发展了艺术才能。这些基本的生存知识和能力可以帮助他们在未来的生活中更好地生活。

“太阳村”模式在帮助监狱服刑人员未成年子女应对家庭危机的同时也向社会提供了一个了解他们的平台，更有助于向社会发声，让社会公众了解和关注到这样一个特殊的弱势群体。而且在深入调查中，发现“W 太阳村”会采取各种方式来呼吁社会关注服刑人员未成年子女，比如借助前来参加救助的知名人士，各部门单位、企业、社会团体等的力量向社会发声、发放宣传资料、义卖手工制品等，间接扩大社会范围，让更多的社会爱心人士和团体来帮助他们。

3. “太阳村”救助模式存在的问题

“太阳村”集中代教代养的救助模式实行严格的统一管理，缺乏救助情感，不利于监狱服刑人员未成年子女的健康成长。在调查中，“W 太阳村”实行统一的粗放管理，每天有统一的吃饭作息时间，并且有统一的规章制度。由于“W 太阳村”提供的饮食较为单一，一些孩子在吃饭时间都不怎么好好吃，只是为了应付出勤，饭后选择吃那些爱心人士带来的零食。他们每走进一个房间都会有各种规章制度来限制他们的行为和发展。面对外来的救助人士他们还被迫要求以非常良好热情的态度对待。在这里的孩子就像是工厂里的工人，他们必须遵守这些制度，如果违背就会受到惩罚。如在一次集体活动中，小刚因为去叫还未到来的同学迟到，管理者不问原因，就训斥小刚。在与小刚的交流中可以看出他的委屈与对管理人员的不满。这种过于刚性的制度管理模式对于未成年子女来说，可能稍不小心就会被伤害。管理者只看到了这种刚性管理带来的便利和可靠，却没有发现其背后有多少未成年子女的委屈和眼泪。

生活在“太阳村”服刑人员未成年子女缺乏自由和空间，因为他们的时间、空间、经济都被严密控制，这样无法培养他们积极健全的独立人格。“太阳村”就像一个真空罩，把他们严密保护起来。每天上学、放学有人接送，不可以独自外出。每天的时间和活动都被安排得满满的，没有自己的时间做自己想做的事，有时放学一回来就开始干活，作业都没法写完。经济上也是如此，未成年子女的衣食住行都有人负责，所以他们没有任何零用钱，有些孩子因为年龄较大需要去外地上学，其学费和生活费都是直接交给相应的负责老师，不会交给这些孩子，因为他们不相信这些孩子，害怕他们乱花钱。在这样全方位的控制下，的确未成年子女会十分安全，但是这种包办一切的手段如何能让他们独立地面对社会，他们如果离开了机构又该如何安排自己的时间，如何与人沟通与交往，如何分辨是非善恶。这种严密的控制和保护使未成年子女无法顺利地完成社会化。

“太阳村”的未成年子女在心理层面得不到足够的关怀和引导，加之早前生活的阴影和父母入狱的打击，导致他们存在一些不良的行为习惯和性格缺陷。在“W 太阳村”调查时，发现女生在性格上比较孤僻内向，不爱与人交流，男生则存在一定的攻击性行为，从以下案例可以看出：

案例 1

有一位女孩小红，今年 10 岁，她的母亲患有精神病，她的父亲因为受不了折磨最后将母亲杀死，这一残酷的现实给她幼小的心灵造成了巨大的伤害，导致她的是非观存在严重扭曲。一次与室友的姐妹起了争执，因为其她姐妹关系比较好，然后就会背着她说一些不好听的话。在与她不断的沟通交流中才知道，原来她认为与她关系不好的人都是想让她去死，她的内心充满着恐惧和防备，总害怕别人害她，也不愿意与人交流。笔者之后与“W 太阳村”的心理人员沟通，并希望她可以帮助这位女孩，可是人员有限，这些心理教师忙于接待工作，无暇顾及心理辅导工作。

案例 2

有两位男孩小军和小明，两位孩子的父亲都是因为杀人入狱，一位母亲改嫁，一位母亲去世。他们在一起玩耍时，因为小明在不小心的情况下打到了小军的头一下，小军立刻就还了小明一巴掌。然后两人就开始你一拳我一脚，开始骂人，最终演化为恶性打架。管理人员对此事的处理方式就是把两个人训斥了一顿，并且罚晚上不准吃饭，打扫卫生。隔天又因为玩耍时小明说了几句不好听的话，小军气不过拿起院里的棒子就开始追小明，嘴里还说一定要把他揍扁。后来被管理人员制止，严厉批评。但是在与他交往的过程中，他对笔者说，等着，总有一天我会杀了他。

从以上两个案例我们看到，在父母犯罪的阴影下，他们的内心被埋下了黑暗的种子，如果不及时疏导和矫正，很容易让他们再次踏上犯罪的道路。但是，从“W 太阳村”的管理人员的处理方式上来看，他们仅仅只是通过强制性的高压手段来制止纷争，并没有对孩子进行及时的疏导沟通，给他们以关怀，让他们相信世间的美好，反而进一步摧残了孩子的心灵。

感恩教育是“W 太阳村”教育不可或缺的部分，但是这种教育并没有真正触及孩子的内心，反而逐渐异化为一种程序化的模式，一种树立良好机构形象的手段，在某种程度上使孩子的自尊降格。每天吃饭前未成年子女需要背诵《悯农》，而且必须得大声洪亮才有饭吃；爱心人士来参观他们的房间，他们需要热情地上前拥抱；而且每次爱心人士来资助，他们都需要安排一些表演，如唱歌、跳舞等。但是许多爱心人士反映孩子们并没有想象的那么热情，在他们的脸上看不到感恩的表情。在与孩子的交谈中，了解到他们并不是发自内心愿意地去做活动，他们每天要上学，还要进行体力劳动，到了晚上就想好好休息一下，可是还得被安排去做表演，内心并没有感到高兴，而且每次的表演程序和内容都是一样的，时间久了孩子们就感到麻木了。对于社会公众来说，他们可能是第一次来这个地方，抱有期待和热情，但是对于未成年子女来说他们可能已经接待了成千上万的爱心人士，这似乎已经成为生活的一部分，早已习以为常。这些感恩教育活动仅仅流于形式和内容，是否真正地触及孩子内心，似乎要画上一个大大的问号。

4. “太阳村”救助模式问题原因分析

监狱服刑人员未成年子女是一个特殊的弱势群体，他们既不属于孤儿，又不属于残疾儿童，国家目前对孤残儿童建立了专门的救助机构和学校，并且有相关的救助政策和法律，而监狱服刑人员未成年子女目前在法律和政策上只有模糊的救助方针，并没有真正地落实到救助主体上，所以像“太阳村”这样的民间公益组织是无法从国家政府获得大量的物力和人力支持，很大程度上影响了民间机构的服务质量。政府角色的缺位，不仅体现在没有制定专门的政策法律和设立专门的机构来保障未成年子女的基本权益，也体现在对如“太阳村”这样的民间组织的缺乏支持。一些“太阳村”无注册部门，有问题无法找到相应政府部门负责。北京“太阳村”，注册于工商部门，无法进行募捐筹资。有些“太阳村”无法办户口和低保，无法保证孩子们的基本生存权益。所以政府角色的缺位导致了只能依靠“太阳村”自身来提供服务，生存压力加大。

“太阳村”从组织性质上来看，属于非政府组织，无法像政府组织那样有稳定的经济来源，主要靠民间捐赠，但民间捐赠是一个不稳定的因素，对于部分“太阳村”来说，会有政府补贴，这样每月即使没有捐赠，仍然可以维持基本的生活。但是大部分“太阳村”还是靠民间捐赠。在没有政府的资金支持下，“太阳村”如何来维持机构运营和更好地为未成年子女服务就成了核心问题。资金问题直接影响到领导人员的规划和选择，他们会使大部分的工作和时间都围绕如何创收展开，所以导致一些问题。例如，在对未成年子女的活动安排上，因为需要资金，会自营产业创收，所以未成年子女每天需要在放学后进行劳动，并没有考虑到学生是否有学习任务未完成；面对爱心人士的捐赠，领导者会牺牲未成年子女的时间来表演节目，侵犯他们的隐私来创收；对于工作人员的聘任，因为资金不足无法聘请足够数量的员工和优秀的员工，只能集中统一管理，管理人员因为工作繁忙而无暇顾及每个孩子的感受，只能采取高压控制。所以这一切的问题的根本原因在于资金问题，使“太阳村”的工作形成了资金导向，而忽视了未成年子女自身的心理和教育发展需求。

“太阳村”集中代教代养的方式，由于工作人员数量不足，无法为未成年子女提供一对一的充足关爱。据调查数据“W太阳村”显示未成年子女数量几乎是工作人员总数的5倍，对于有些偏远落后的“太阳村”师生比更高。这表示一名工作人员需要照看多名孩子，工作量繁重，而且还需要接待不同的爱心人士，所以难免会忽视孩子的心理关怀和需要。此外，“太阳村”的工作人员职业素质较低，并且对未成年子女带有偏见，工作人员主要来自监狱下岗员工、退休员工、当地农妇，还有一些刑满释放人员，他们缺乏专业的素质和知识技能，很难真正尽到职责。从以下案例可以看出：

案例1

在笔者刚来到“太阳村”时，邀请一些工作人员来进行访谈了解未成年子女的基本生活状况，一位工作人员这样说：“这些孩子和他们父母一样道德败坏，都特别自私，而且有什么好吃的好玩的东西，经常会被偷。”然后被带着走进这些孩子的房间，当走到男孩子的房间时，她说：“这些男孩都特别不听话，爱打架，跟他们父母一样。”当走到女孩子的房间时，她说：“这些女孩都不爱说话，问她啥都不说，你看那个，她母亲是神经病，她跟她母亲一样每天神神道道的，自言自语。”这位工作人员是当地的农妇，由于思想的偏见和局限，她在这些未成年子女犯错误时，经常会说“你就跟你爸一样，不是个好东西”之类的话，这些言语对未成年子女来说无疑是往伤口上撒盐，内心会感到更加自卑，而且会渐渐自我放弃，认为我就不是好人，这样做理所应当，树立错误的价值观。

案例2

在接送孩子放学回“W太阳村”的路上，未成年子女们看到是笔者来接他们非常高兴，有说有笑，有些调皮的孩子开始打闹起来，这时有一个年级较大的男孩，就开始管起来，他是工作人员的帮手，平常会帮助工作人员管理这些孩子。开始凶了小男孩几句，小男孩安静了一会儿，不久小男孩又闹了起来，大男孩将他单独拉出来，还踢了小男孩一脚，小男孩很快就哭了起来，大男孩说：“再哭还打。”小男孩立刻安静了下来，回到了队里。事后笔者找大男孩谈话，对他进行教育，他却说：“阿姨说管不住就得打。”最后沟通无效。

这样的案例还有很多，工作人员自身的专业素质不高，只知道保证未成年子衣食住行安全，可没有考虑到自身言语行为对未成年子女心理和性格的影响。这些工作人员对未成年子女缺乏正确的认知，没有尊重他们的生命和人格，这样非但没有帮助反而会对他们的成长造成伤害。而且“W 太阳村”的工作人员调动也很频繁，在笔者待的 3 个月中调走了 2 个工作人员，又招收了 2 个新人。工作人员这种流动性也不利于未成年子女与工作人员建立长期稳定的情感，频繁得来来去去，使未成年子女不再依赖和信任工作人员，而只是把他们看成看管他们的人员，处处规定和要求，毫无情感可言。

综上所述，虽然太阳村模式为监狱服刑人员未成年子女提供了基本的生存发展条件，但是由于政府角色缺位，资金来源不稳定，领导人员把救助工作的重心放在了如何创收来维持机构的基本运营和满足未成年子女的基本生存需求上，这使整个救助存在严重的功利化色彩，而忽视了未成年子女的心理发展需求。统一的集中管理缺乏温情，程序化的感恩教育麻痹了孩子的心灵，员工呵斥与偏见加剧了孩子的自卑，这一切都将不利于未成年子女健全人格的养成。

（三）社区寄养家庭模式

以社区为依托的家庭寄养模式主要对象是孤残儿童，是指由政府出资，由福利机构寻找合适家庭来关心和照顾这些儿童，彼此之间没有法定的亲子关系。而监狱服刑人员未成年子女主要是由救助机构来寻找合适的家庭，寄养家庭需要达到一定的条件才能寄养，并且需要签订寄养协议书，主要包括寄养期限、人数、责任与要求等。寄养家庭要提供孩子的衣食住行，教育和关心孩子成长，帮助孩子解决问题。目前我国由于各地经济状况不同，分为农村寄养和城市寄养。这种以社区家庭为依托的救助模式，融合了多方社会力量，使未成年子女获得更好的救助。

与太阳村模式相比，家庭寄养模式在许多方面存在优越性。首先，家庭寄养为未成年子女提供了一个全面的发展环境，不用面临机构运行和个人发展需要之间的矛盾，未成年子女有行为自由，而不是被各种规定所控制，可以选择自己的人生发展道路，更好地完成社会化，建立健全的人格。其次，寄养家庭可以针对未成年子女的需求提供一对一的养育，不仅可以满足物质需要，更多的是对未成年子女的心理关怀和教育引导，弥补了原生家庭失效的功能。最后，这种家庭寄养方式在心理上很大程度弥补了未成年子女父母突然离开的痛苦，减少心理伤害，用爱和阳光温暖孩子幼小的心灵，帮助他们走出阴影，预防未成年子女再次走上违法犯罪道路。

家庭寄养模式也存在一定的问题，首先，合适的寄养家庭数量越来越少。城市工作压力越来越大，人们也越来越繁忙，很少有时间来接受寄养，而且随着人们观念的开放，生存和精神压力的加大，人们更希望过简单浪漫的生活，“丁克家庭”数量增加。农村城市化进程的加速，越来越多的农民进城务工挣钱，有些甚至举家迁到城市，农村人口数量大大减少，很难找到合适的家庭来寄养。其次，未成年子女在寄养过程中也存在一定的心理障碍，因为他要面临的是一个完全陌生的环境，而且需要叫陌生的人爸爸妈妈，这对于他们来说一时间是很难接受的，尤其是已经记事的孩子，已有的父母已在他们心里扎下了根，是很难忘记的。如果寄养家庭的父母性格比较急躁，则可能会因为这个问题产生矛盾。另外，寄养家庭人员参差不齐，有些文化素养较低，缺乏专业的救助知识和方法，难以打开未成年子女心扉，缺乏沟通和交流，则很难触及孩子的内心，与孩子建立依恋的情感关系。而且有一些家庭接受寄养的目的不纯，是为了获得社会多方救助，提升自己的生活水平。

此外，家庭寄养过程结束之后如何对未成年子女进行安置也存在许多问题。首先，寄养家庭在与未成年子女的相处过程中会建立起情感上的依恋，这种依恋是双方的，有些未成年子女在刚出生没多久就被送到寄养家庭，未成年子女早已将养父母当成亲人一般，无法离开，可是亲生父母出狱，寄养期限已到，养父母也不愿签字让孩子离开，这种分离对双方的情感都是巨大的冲击。其次，未成年子女在成人后的就业问题，有许多孩子因为父母入狱，心灵受到打击，加之周边人士的歧视和同伴的嘲笑，学业成绩不佳，许多孩子仅仅完成了义务教育，这使他们独立生活面临挑战。最后，未成年子女在离开寄养家庭后如何融入社会，处理好情感问题，找到自己的社会价值，这是他们必须面对的问题和挑战。

家庭寄养模式融合了多方社会力量，拓宽了救助主体，为监狱服刑人员未成年子女的救助融入了新的血液，引导着向救助主体多元化的方向发展。但是在中国的国情下，如何摆脱现有观念束缚，找到合适的寄养家庭和有素养的家长，为孩子提供优质的家庭教育和心理辅导，这就需要救助机构精心挑选和社会的共同努力和监督。

第三节 “法律孤儿”教育权益保障问题分析

监狱服刑人员的未成年子女是我国特殊弱势群体，对他们的救助既是政府义不容辞的责任，也是社会公正的体现。但是，由于我国立法的缺失，政府的缺席，这一特殊群体被日趋边缘化，权益无法保障。

一 “法律孤儿”权益保障的法律缺失

（一）监狱服刑人员未成年子女受监护权的法律不完善

未成年人由于父母服刑，受监护权得不到保障，则其生存权和受教育权更无从谈起。我国目前在法律上关于未成年人监护的规定，主要是《民法通则》第十六条：“未成年人的父母是未成年人的监护人。未成年人的父母已经死亡或者没有监护能力的，由下列人员中有监护能力的人担任监护人：祖父母、外祖父母；兄、姐；关系密切的其他亲属、朋友愿意承担监护责任，经未成年人的父、母的所在单位或者未成年人住所地的居民委员会、村民委员会同意的。对担任监护人有争议的，由未成年人的父、母的所在单位或者未成年人住所地的居民委员会、村民委员会在近亲属中指定。对指定不服提起诉讼的，由人民法院裁决。”①

但是，结合监狱服刑人员未成年子女的生活现状分析，这一立法的不完善可能会导致未成年子女事实上受监护权的缺失。首先，监狱服刑人员未成年子女的父母双方或者一方在监狱服刑，如果父母双方都在服刑，则无法实现监护。如果一方服刑，则只由一方监护。但是在调查中父（母）中入狱后离异的占到75%，并且配偶弃家而去的所占比例为55%，所以也很有可能因为生存困难等原因导致未成年人的受监护权无法实现。其次，由亲属来进行监护也难以保障，因为对监护人职责的规定过于概括，并没有明确规定监护人的权利和义务，而且对同一级别的监护人并没有做区分性的规定，对于亲属来说可能因为不愿意承受负担

---

① 《中华人民共和国民法通则》，1986年版，第4页。

而互相推诿。即使成为监护人，也可能因为职责规定模糊而存在监护瑕疵。此外，由未成年的父母所在单位或地方居委会来监护也不现实。因为大量的非公有制企业，不存在相关的法律保障员工未成年子女的权益。地方居委会没有资金来源来承担和保障未成年子女的生存和发展权益。而且目前法令规定民政部门下属的福利院大多数还只接受孤儿，而监狱服刑人员未成年子女父母尚在，无法进入救助视野。

综上所述，我国目前在未成年人监护制度的法律规定上，过于笼统概括，只有实体法，而缺少程序法，可操作性不强，没有涉及如果违反法律规定应该怎么做，追责机制刚性较弱，而且监狱服刑人员未成年子女，由于父母入狱这一特殊性，导致其受监护权难以真正实现。

（二）监狱服刑人员未成年子女司法保护空白

在司法过程中，我国人民法院只是对犯罪人员进行判决，但是并没有考虑到监狱服刑人员未成年子女的状况，未成年子女的生存与发展存在司法保护空白。然而由于这一空白带来了严重问题，例如，2013 年 6 月，“南京幼女饿死事件”，当时两名幼女是因为父亲入狱，母亲不看管，而警方在判决后并没有对其子女状况进行了解，导致两名女童活活被饿死的惨状。这一现象值得反思，一方面是因为父母没有对自己的子女负责，但是也反映出我国在此方面的司法空白。未成年子女的父母入狱后，他们就失去了监护人，其生存和发展权益很难得到保障，但是我国司法部门既没有对罪犯的子女状况进行统计，更没有法定程序来帮助这些未成年子女，比如指定有资格的监护人或者让相关部门采取救助措施，或者将信息公开引入社会力量进行救助。

（三）监狱服刑人员未成年子女法律援助存在缺陷

我国目前主要通过《法律援助条例》来界定援助对象和范围，但是现行法律的缺陷制约到未成年子女获取法律援助和保护相关权益。根据《法律援助条例》规定未成年人法律援助由其法定代理人代其提出申请，如侵权人是法定代理人的，由与该争议事项无利害关系的其他法定代理人代为提出申请。① 监狱服刑人员未成年子女的法定代理人应该是其监护人，如果因为目前的监护制度不完善，未成年子女可能没有监护人，处

① 国务院《法律援助条例》，2013 年版，第 7 页。

于流浪状态，这时如果权益受损，因无法与监护人取得联系，就无法申请法律援助。同时如果存在法定监护人，但是因为自身种种原因侵害未成年子女的权益，这时就更不可能代其申请法律援助，导致其权益受损。而且我国目前对未成年的法律援助范围主要在刑事诉讼领域，在民事范围中主要是追讨抚养费用，请求发放救济金，最低生活保障等。但是对于未成年子女遭遇虐待，身心受到伤害，受教育权受到侵害等没有纳入法律援助的范围之内，未成年子女在遭遇以上情况时很难获得免费的法律援助。

（四）监狱服刑人员未成年子女专门性立法缺乏

我国目前专门针对监狱服刑人员未成年子女的立法十分缺乏，只有一些政策性文件和少数法律涉及。2006 年 1 月中央综治办等六部委发布了《关于开展为了明天——全国服刑人员未成年子女关爱行动的通知》，提出各级部门要联合协作，共同救助。2006 年十五部委发布了《关于加强孤儿救助工作的意见》中指出“孤儿”是指“失去父母和事实上无人抚养的未成年人”，将监狱服刑人员未成年子女纳入国家安置孤儿的总体规划。但是，从以上文件性质上看都属于政策性文件，缺乏法律效应，没有明确各救助主体的责任义务，缺乏救助实施的可操作性程序，更没有相关的配套法律来约束和问责，导致形同虚设。而且我国现有社会救助制度适用对象都是“不满十八周岁的孤儿，查找不到生父母的弃婴和儿童”，也使监狱服刑人员未成年子女很难进入政府部门的视野。我国目前涉及监狱服刑人员未成年子女的立法只有《监狱法》，但只是规定了罪犯不得携带子女在监狱内服刑，并没有说明服刑期间由哪一主体来协助监护未成年子女。而且从我国对未成年人的立法上来看，主要是《未成年人权益保护法》和《预防未成年人犯罪法》，这些立法也都是针对未成年这一整体权益的保障来设计，并未考虑到监狱服刑人员未成年子女的现实处境，真正落实和保障未成年子女的救助主体和范围。

二 监狱服刑人员未成年子女权益保障的政府缺席

（一）政府救助理念偏差

我国对监狱服刑人员未成年子女群体的关注起源于民间，而儿童村的成立也源于个体善举，出于个体的同情和善良帮助一个孩子，逐渐发现有这么一群孩子需要被照顾，不断收留，形成了一些小型的儿童村，渐渐扩大影响，引起了政府和公众的关注和同情。从我国民间组织的救助形成过程来看，表面上是个人善举，从根本上也反映了社会福利的漏洞，政府没有肩负起对罪犯子女的责任。当然这与整个社会文化有关，似乎对待罪犯就应该严惩，对未成年子女也存在污名化的现象，而忽视了未成年子女本身也应该享有宪法所赋予的生存和发展权利。而相关的、零散的政策的出台和相关部门的救助也都出于对未成年子女的生存现状困难的同情，而非真正出于对他们本体的尊重。所以在救助过程中，过于重视物质的帮扶而忽视未成年子女发展性权益，如未成年子女的心理健康。而且目前由于法律未明确责任主体，各部门相互推诿，导致未成年子女的救助主体仍然在民间机构。救助过程中政府的直接责任缺失和出于同情来出台相关政策来帮助未成年子女生存，这说明相关政府在救助理念上本身就存在误区，并没有真正意识到监狱服刑人员未成年子女也是我国未成年人的一部分，享有宪法所赋予的生存和发展权利，政府应该主动承担起保护服刑人员未成年子女的责任和义务，这是维护社会公正的体现，而不是出于服刑人员子女的生存困难来帮助他们。

（二）政府救助缺乏实质支持

我国政府现有社会救助体系主要包括城乡低保、城市流浪乞讨人员、医疗救助等以及专项救助。然而，这些救助的适用对象都是未成年孤儿和弃婴，都没有涉及监狱服刑人员未成年子女，这无疑将他们置于政府财政体系之外，这样服刑人员未成年子女就无法享受国家财政的直接补贴。从我国 9 家“太阳村”的经费来源，也可以看出大部分“太阳村”没有获得政府拨款。然而，国家财政补贴对于民间组织来说意义重大，据相关资料显示，国外大多数国家对国内民间组织公共资金支持占 30% 左右，北欧一些国家甚至占到 90% 左右，而我国只占到 10% 左右。我国政府将大部分的财政补贴投入到官办的民间儿童福利机构，像“太阳村”这样的由爱心人士自发主办的民间组织却很少受到政府公共财政补贴。这导致“太阳村”民间组织的主要来源是爱心人士捐款，由于经费来源的不稳定，许多民间组织开始自营产业获取收入，形成以物质导向的生存救助，而忽视未成年子女心理救助和发展。政府除了在公共财政上缺少对民间组织的支持外，在土地优惠政策上也未真正落实。2006 年中央六部委发布了《关于开展为了明天——全国服刑人员未成年子女关爱的通知》，提出各级综治办帮助各部门开展服刑人员未成年子女核查落实工作，对于公益事业，特教学校可以无偿使用划拨土地，但是目前全国9家儿童村的土地都是租借过来的，并非无偿使用。

（三）政府部门职责不清，联动不足

随着市场经济的发展，我国逐渐由之前的集体福利制度向多元福利方向发展，意味着多部门或主体的参与，但是当各部门职责不清、联动不足时，就会产生政策执行中的种种障碍，导致政策无法真正很好地贯彻落实。我国目前没有专门针对监狱服刑人员未成年子女的立法，政策性的文件也屈指可数，大多是倡导各部门关注服刑人员未成年子女，尽责帮扶，但是具体性的政策法规缺乏，没有指明救助责任主体，这导致现有部门民政部、司法部、妇联等之间互相推诿，认为对方是责任主体，不愿意去承担责任。而且各部门之间的救助范围也未明确，整个救助体系尚未形成，各部门如同一盘散沙，并未形成完整的救助流程。虽然在目前各部门也在做相关工作，但是这种短期的不稳定的救助并不能真正解决问题，比如司法部门成立罪犯基金用于帮助未成年子女，但这都不是长久之计，只能解决部分未成年子女的基本生存问题，对于整个监狱服刑人员未成年子女群体来说，如何立法保障，到具体政策条例制定，再到政策法律执行，追责和监管，这是完整的流程，需要各部门相互配合才能从根本上改变服刑人员未成年子女这一现状。

（四）政策文本复杂性限制民间组织发展

目前虽然政府在积极倡导关爱监狱服刑人员未成年子女群体，但是政策文本的复杂性限制了这些救助未成年子女的民间组织发展。我国法规规定登记注册由各级民政部门来管，而日常性事务由国务院有关部门和县级以上地方各级人民政府有关部门或其授权的组织来进行管理。这要求民间组织在通过登记注册成为合法组织之前，必须获得党政部门作为其业务主管单位的批准文件和一定的资金作保障，而且登记注册手续十分复杂严格。但是，许多民间组织因为找不到业务主管单位，只能注册在工商部门，而且需要更高的注册资金，并且要像营利性企业一样纳税，例如，北京市“太阳村”特殊儿童救助研究中心就注册在工商部门。但是，还有一些民间组织因为既没有找到主管部门，注册资金又达不到要求只能做了“黑户”，有4家“太阳村”就无主管部门。这使民间机构接受慈善捐赠时遭遇困难，因为企业注册登记的非政府组织和未登记的组织都不能向捐赠人提供财政部认同的正规捐款收据，这样捐款人就不能享受免税政策，导致最终放弃捐赠。这样就限制了民间组织的资金来源，难以维持生存。

（五）政府与民间组织监督和对话机制不健全

虽然我国政府在民间组织的登记和注册上要求严格，但是在其成立后却没有真正尽到职责，监管存在漏洞。民间组织成立之初，资金不够，政府部门人员出于自身利益考量，拒绝了一些爱心人士的注册，使他们无法合法建立组织。而成立之后，由于社会公众的关注和曝光率的增加，政府部门却将其作为一项业绩，可是有些政府部门却依然不予注册，也没有进行监督和管理，使一些民间组织解体，如沈阳儿童村的解体，据调查这一民间组织解体的原因是因为账目不清，对于爱心人士的捐款捐物，由于机构没有注册，无法向捐款人开出发票，也没有详细的记载，而且对于儿童村经营和代言的商品所带来的收入也未经过审核和规范。如果政府能够及时进行监管，核实账目，进行扶持和支持，也许儿童村就不会解体。目前公益腐败现象的增多，在一定程度上也影响到民间组织公信力的下降。如果没有政府的监督和保障，民间组织可能举步维艰。

此外，我国民间组织与政府之间对话机制不健全，政府在与民间组织的互动过程中处于主导地位，但是政府部门事务繁多，很难对民间组织的具体情况做出及时的反馈和调整，民间部门又很少主动与政府沟通交流。这种单向度的零交流对话机制不利于我国民间组织救助事业的发展。

第四节　“法律孤儿”教育救助的中美比较

据2005年司法部统计数字显示，我国监狱服刑人员未成年子女总数已逾60万，美国2000年司法统计局评估国内有150万服刑人员未成年子女。虽然中美两国在制度国情上存在差异，但是监狱服刑人员未成年子女这一弱势群体都会面临着同样生存发展问题。了解目前美国对这一弱势群体的机制保障和救助实践，并与我国救助措施进行比较，可以对我国具有借鉴意义，有利于我国监狱服刑人员未成年子女救助事业更好地发展。

一 美国监狱服刑人员未成年子女教育救助机制

美国市场经济高度发达，公众具有较高的公民权利意识，对于案件的处理需要依据相关的法律，美国法律的修改和完善许多都是基于判例而来。在对于监狱服刑人员未成年子女的救助问题上，美国不仅在法律法规上给予保障，而且出台了具体的政策法规，各部门协调一致，有众多发展良好的民间组织作为补充，而且理论研究成熟，并将其用来指导实践，使监狱服刑人员未成年子女救助得到保障和落实。

（一）法律法规的基本保障

美国对监狱服刑人员未成年子女的关注较早，所以目前法律法规也相对完善。早在1997年的《收养和安全家庭法案》（AS-FA）中对监狱服刑人员未成年子女父母监护资格进行判定，规定如果儿童在过去的22个月内有15个月生活在寄养状态或是被法院认定为被遗弃的未成年人，儿童福利局必须提起终止父母监护资格的诉讼并将儿童送养，帮助儿童找到长久安置的住所；[①] 2001年美国《家庭安全和稳定促进法案》（PSS-FA）中提出了“服刑人员子女指导计划”，要求政府通过财政支持各类符合条件的社会团体，并选拔和培训一些辅导员帮助监狱服刑人员未成年子女生活学习，同时对申请资助的团体条件、过程、实施计划、评估成效等细则都做出了明确规定，以确保能够真正帮助到这些儿童，并且规定，2002年、2003年每年财政拨款6700万美元支持该计划。[②] 2006年美国立法机构又颁布了《儿童与家庭服务改进法案》（CFSIA），其中增加了“服务传递示范项目”，即获得政府资助的各类组织可以通过发放代金券给监狱服刑人员未成年子女，帮助他们在全国范围内方便快捷地获

---

① 刘新玲：《中美服刑人员未成年子女救助的理论与实践比较》，《福建行政学院学报》2009年第1期。

② http：//www. hunter. cuny. edu/socwork/nrcfcpp/downloads/information packets/safe and stable families-pkt. pdf.

得帮助。另外一些国家也通过立法明确规定儿童福利署等专门的儿童救助机构对无稳定收入和生活保障的监狱服刑人员未成年子女进行救助，并且可以领取救济金，得到相应的救助保障支持。

（二）政府部门工作到位

监狱服刑人员子女已纳入美国政府工作体系。1997 年，美国儿童福利联盟在全国范围内开展了一项对州儿童福利机构的调查，发现只有 21% 的州能够提供监狱服刑人员未成年子女的统计数据，很少有州能提供政策支持与相关的儿童福利机构。2001 年，NIC 在各级矫正部门（DOC）展开了一项有关支持服刑人员子女的调查发现 35% 的矫正机构有特别针对服刑人员子女救助的项目或政策，而且这些机构中极少数是由于受到政府法令等外界压力才开展活动的。矫正部门为 18 岁以下孩子的服刑人员提供了额外的服务，并开展“家庭识字计划”等示范项目。[①] 费城的前市长高迪 2001 年创办了“Amachi”，这一非政府组织率先在国内开展了服刑人员子女指导计划，此后风靡美国。此外，美国于 2002 年和 2003 年通过财政拨款 6700 万美元来支持服刑人员子女指导计划，并聘请独立的第三方机构——全国犯罪与不良委员会（NCCD）对此项目进行评估考察，2004 年评估已达到了预期效果。[②] 除了 NIC 与美国卫生和人类服务部（HHS）外，联邦监狱局也开展了一些救助计划如组织服刑人员子女在特定的场所与父母见面并为他们阅读等，加强服刑人员与子女的沟通联系。

（三）非政府组织的协助发展

目前美国非政府组织在救助监狱服刑人员未成年子女的工作中也有突出表现，如各种救援机构、宗教机构、基金会等。在 2005 年美国国家矫正研究所编辑的《有罪犯的家庭和儿童服务项目手册》中，涉及救助服刑人员子女的机构遍布各州，甚至出现了国际合作的救助机构。例如，

---

① NIC Survey：Services for Families of Inmates，U. S. Department of Justice. National Institute of Corrections，2001. 3.

② The National Council on Crime and Delinquency's Evaluation of the Project Development of National Institute of Cor-rections/Child Welfare League of America's Planning and Intervention Sites Funded to Address the Needs of Childrenof Incarcerated Parents Final Report Prepared by Stephanie Bush-Baskette，Esq.，PhD and Vanessa Patino，MPA October. 2004.

费城的 Amachi “服刑人员子女指导计划”，美国儿童联盟（CWLA）、服刑人员子女中心（CCIP）等。许多非政府组织积极与各种机构进行交流合作，展开多种救助项目，如美国女子童子军与全国司法研究所（NIJ）合作，从 1992 年开始在马里兰州、佛罗里达州、俄亥俄州和亚利桑那州的监狱开展“服刑母亲与孩子会面计划”的示范项目。这些非政府组织积极参与救助，并且通过与各种机构合作不断扩大自己的救助范围，实力远远超过我国的民间组织。

（四）研究成果的转化与应用

随着非政府组织的兴起，学者们开始从理论上探讨监狱服刑人员未成年子女的救助经验。例如，CCIP 早在 1995 年就出版了 Gabel 和 Johnston 编著的《服刑人员子女》。[①] 2001 年年末，Laver 在美国律师协会（ABA）的《儿童法实践》上发表了一篇文章，对受到这一法案影响的服刑父母的案例进行了评论，为那些服刑父母的律师、儿童以及虐待和忽视儿童的福利机构提供了可操作性的建议。[②] 2003 年 6 月，Linda Jucovy 写了一本专著《Amachi：在费城指导服刑人员子女》介绍这个模式的具体操作过程、成功经验与遇到的问题等，为各地实施这一计划指引了方向。[③] 美国儿童福利联盟（CWLA）2005 年出版了专著《ASFA 对服刑人员子女的影响》，对这一问题进行了深入研究，证实了 ASFA 的出台使被提起终止父母监护资格的诉讼明显增多。[④] 可见美国学者不仅关注监狱服刑人员未成年子女发展，而且研究的结果得到社会关注，并加以运用，很好地推动了美国监狱服刑人员未成年子女救助事业的发展。

---

① Gabel, Stewart. Behavioural Problems in the Children of Incarcerated Parents. *Forum of Corrections Research*. Volume 7（2）. 1995.

② Laver M. Incarcerated Parents: What you should know when Handling an Abuse or Neglect case. *Child Law Practice*, 20（10）, 2001, 45 – 159.

③ Linda Jucovy. Amachi: Mentoring Children of Prisoners in Philadelphia. Philadelphia: Public/Private Venturesand Centerfor Researchon Religionand Urban Civil Society. 2003. [EB/OL]. [2008 – 11 – 12]. http://www.ppv.org/ppv/publications/assets/21 publication.pdf.

④ Philip Genty, Arlene Lee, Mimi Laver. The Impact of the Adoption and Safe Families Act on Children of Incarcerated Parents. Washington, DC: Child Welfare League of America. 2005.

二 中美两国对服刑人员子女的救助存在差异

救助环境的不同。社会问题的解决需要社会大环境的支持。我国虽然出台了许多办法来救助监狱服刑人员未成年子女，但是只有宏观的规划和目标，缺乏具体的政策实施细则，并且我国在服刑人员未成年子女的专门性立法上存在空白，无法从根本上保障未成年子女利益。而美国已经出台了多项相关救助法案，并且以法律的形式来保障未成年子女利益，救助政策落实到位。

救助主体的不同。我国政府在未成年子女救助事业的角色缺位，使未成年子女无法进入政府保障体系，无法享受应有的利益。然而民间组织自身发展艰难，力量微弱，无法帮助更多的未成年子女生存发展，救助主体的单一性导致未成年子女救助迟迟得不到落实。美国政府机构对此工作关注较早，非政府组织发展比较成熟，在全国范围内展开普遍救助，同时各有机关机构的协助发展，使救助工作更加深入具体。

救助内容上的不同。目前我国民间机构对服刑人员未成年子女的救助主要关注他们的生存权与受教育权，采取集中养育为主，保证他们吃穿住学等基本需求。虽然也关注其心理健康，但在干预其行为、健康和教育上的偏差，降低犯罪率，引导未来发展等方面做得不够到位。美国项目的形式实施救助，并且将救助工作落实到位，并将程序细化，并进行评估，关注未成年子女的全面发展。

第五节 基于协同创新理念，探析构建“法律孤儿”立体化教育帮扶体系

一 通过立法和政策，制定和建立起社会保障体系

我国对服刑未成年子女权益保护缺乏系统的法律保障，专门性立法薄弱，法律空白明显，倾向于政策性属性，缺乏法律刚性规定属性。相关法律规定更缺乏对服刑人员未成年子女权益保护与社会救助过程中主体权责明确划分，配套法律制度亦不完善。

首先，增加法律制度供给，系统构建服刑人员未成年社会保障相关法律法规，通过制定相应的法律法规，保障服刑人员未成年子女的合法

权益。在《社会救助法》中，应明确服刑人员未成年子女的救助主体、责任和程序，在《未成年人保护法》《预防未成年人犯罪法》《监狱法》《义务教育法》等法律法规修订时，予以补充修订，为经济困难的服刑人员未成年子女提供社会帮扶和社会支持。以法律形式确立特殊儿童救助机构地位以及救助人员的职责，救助机构通过法定程序，规范化、科学化运作。目前，我国的国家监护机构是儿童福利院，但是儿童福利院的接收范围只是孤残儿童和查找不到父母的弃婴，不接收服刑人员子女。因此，应当加强和扩大儿童福利院的职能。

2006 年 3 月 29 日，民政部等 15 个部委联合发布的《关于加强孤儿救助工作的意见》中，已经突破性地将服刑人员未成年子女救助工作列入了国家孤儿救助政策的总体规划之中。但这些政策要尽快上升到法律的高度，才能更有效地保护服刑人员未成年子女的权益。

其次，健全国家监护制度，完善法律监护制度及其相应机制，确保服刑人员未成年子女受监护权全面实现。

我国未成年人监护制度存在瑕疵，不利于服刑人员受监护权实现。目前，我国监护制度尚不完善，在制定法律等方面尚不规范或有欠缺。因此，我国应尽快完善国家监护制度，制定相应的并具有可操作性的法律规定。对于父母都被处以刑罚的未成年人，如果没有其他有监护资格的人承担监护职责，应当由国家监护机构进行监护，使这些处于特殊困难家庭的孩子都能够像正常的孩子一样享有平等的生活权利和学习权利。

二 部门协同创新，构建立体化帮扶体系

司法部门、监狱、社区、教育机构、民政部门、各级共青团、慈善组织和社工专业组织构建立体化的长效运作帮扶体系。政府对服刑未成年子女救助不力，以及民间慈善组织公信力危机，导致监狱服刑未成年子女社会救助存在诸多问题。因此，必须构建多主体参与的立体化、长效化运作帮扶体系。社会化体系是由司法部门、社区、政府和社工专业组织多主体协同创新构成的系统结构。

首先，我国政府必须承担服刑未成年子女的救助责任，倡导政府支持、民间组织救助模式。政府转换职能，参与救助事业。政府相关部门应该在领导体制和管理机构方面创新思路，建立专门从事服刑未成年子

女教育帮扶机构并配置专门人员，提升服刑人员未成年子女社会化帮扶水平，提高服刑人员未成年子女自我内生能力。

其次，健全社区自组织发育，增强公众参与意识，倡导社工和志愿者参与服刑未成年子女教育救助和社会保护。加强舆论宣传，激起全社会对服刑未成年子女的关心，鼓励发展家庭寄养模式，建立全民关爱体系。充沛的社区资源，完善的社区教育监督功能，发达的非政府组织是服刑未成年子女社会主要力量源泉。各级政府加强对公民社会的积极培育，倡导扶持非政府组织，介入监狱服刑未成年子女社会帮扶。非政府组织是救助服刑人员未成年子女的主体之一，应善于运用政策，主动协调与政府、家庭、社区的关系，发挥自身的救助优势，成为救助的主力军。强化非政府组织提升组织自身能力，创新民间救助机构运作模式，提高民间儿童救助机构公信力。多方筹集资金，为组织运作提供保障，加强组织人员管理，满足人力资源的需求，建立组织的问责机制，提高社会公信度。

最后，各级共青团组织、司法部门、教育机构、人力资源与社会保障部门、财政部门、民政系统搭建协同创新平台，共建服刑人员未成年子女社会化服务体系。司法部门与共青团组织协同各职能部门，完善服刑人员未成年子女帮扶工作机制；刑罚执行部门、社区机构与教育部门协同配合，发挥协同效应，提高监狱服刑未成年子女生活质量，将高质量完成义务教育纳入服刑人员未成年子女帮扶体系中，化解服刑人员未成年子女自卑心理与接受义务教育学生之间的角色冲突；与人社部门协同配合，加强职业技能培训，帮助服刑家庭未成年子女就业创业；与财政部门配合，加强经费和财政投入，推动政府购买特殊群体青少年社会化服务；与民政部门联动配合，培育社会工作服务机构和扶持社工专业人才。

基于协同创新理念，政府须与非政府组织在救助服刑人员未成年子女问题上建立合作伙伴关系，政府必须改变角色缺位的现状，积极参与救助事业。在资金、人力资源等方面支持和帮助非政府组织解决一些现实问题。政府可以联合科研机构加强对这些非政府组织的理论研究，明确和掌握这一领域的基本知识、理论和演变趋向，尽快弥补国内理论欠缺的问题，用理论指导救助事业的发展。政府要监管非政府组织的运作。

发动社会力量救助弱势青少年，创建良好的社会环境。

监狱服刑未成年子女立体化帮扶体系须集合社会化力量，建立多层次有效的监测和评估体系。第一道防线即政府的监督；第二道防线来自独立的第三方评估；第三道防线是非政府组织的同行互律，包括联合会的互律、全国性协会的互律和行业性社团的互律等；第四道防线是媒体与公众的监督与评估；第五道防线是非政府组织的自律。

三 内化主体能动意识，提高帮扶体系利用度

从内化主体的社会支持意识、对社会支持的能动建构、改善对社会支持的主观评价，提高帮扶体系和社会支持的利用度。从社会支持理论视阈研究监狱服刑人员未成年子女的教育与保护，改变以监狱服刑人员未成年子女作为客体的单向度帮扶的现状。充分发挥服刑人员未成年子女对社会支持主动建构的作用，内化服刑人员主动寻找社会支持意识，提高社会支持利用度。

作为一种理论解释范式，社会支持概念最早来源于社会学，20 世纪 70 年代初，精神病学文献中引入社会支持的概念，社会学和医学用定量评定的方法，对社会支持与身心健康的关系进行了大量的研究。Caplan（1974）认为，社会支持是为个体提供认识自我机会的持续社会集合，向个体提供信息或认知指导、帮助和情感支持；Cohen（1984）认为，社会支持是指保护人们免受不良影响、减缓压力的有益人际交往；Barrera（1983）认为社会支持包括以下一些活动：分担责任、应对情感压力、提供建议和物质援助等。在综合国内外研究成果的基础上，我国学者周林刚将社会支持归纳为两个方面：一是客观的、实际的或可见的支持，包括物质上的直接帮助；二是主观体验的支持，即个体在社会中受尊重的情感支持及满意度。作为一种行动和情感分享，社会支持是个体从他人、群体、组织和社区中得到的各种形式的关心、扶持和帮助，其本质是一种物质救助、生活扶持、心理慰藉等社会行为。[①] 肖水源（1987）认为，社会支持是以个体为中心的各种社会关系对个体提供稳定的物质和精神

---

① 方曙光：《社会支持理论视域下失独老人的社会生活重建》，《国家行政学院学报》2013 年第 4 期。

上的支持。他把社会支持归纳为三个方面：一是客观的、可见的支持，包括物质援助、社会网络、团体关系的存在、参与；二是主观支持，指个体被尊重、理解的情绪体验；三是个体对社会支持的利用情况，有些人可以获得支持，但拒绝接受。

主观支持指的是个体在社会中受尊重、被支持、被理解的情感体验。著名社会学家林南提出了社会资源理论，他将资源分为个人资源和社会资源，个人资源是指个人拥有的财富、知识、地位等可为个人支配的资源，社会资源指嵌入于个人社会关系网络中的资源，这种资源存在于人与人的关系之中，必须与他人发生交往才能获得。林南论述两者之间相辅相成、互相促进的共生关系，认为社会资源的利用是个人实现目标的有效途径，而个人资源又在很大程度上影响着社会资源获得。在此基础上，他又进一步提出社会资本理论，提出社会资本是从社会网络中动员了的社会资源。该定义强调了人的主观能动性，说明个体可以通过有目的的行动获得更多社会资本。

相比物质支持，主观体验支持更为重要。服刑人员未成年子女遭遇困难和挫折，经常陷入退缩或怨恨心理状态，缺乏主动寻求社会支持意识，主观体验支持匮乏，缺乏被尊重的情感体验，加重服刑人员未成年子女对社会的负面情绪和消极心理。

首先，在物质支持、社会网络支持、主观支持之基础上，构建有形的物质支持和无形的精神支持系统，形成全方位、强有力的社会支持系统，为服刑人员未成年子女提供立体化帮扶支持。

其次，改变社会支持内容和方式，建立适合青少年心理特点的社会支持系统，从尊重服刑人员未成年子女体验视角，减少形式主义帮扶，用真诚和细致的帮扶活动，增强监狱服刑未成年子女对社会支持的主观满意度，减少抵触和不满情绪。

最后，激发服刑人员未成年子女对社会支持的利用度，改变被动心理，增强个体主观自觉性，能动建构社会支持关系网络，从单向度物质帮扶内化服刑人员未成年子女自我主动意识，保护服刑人员未成年子女自尊心和自信心。

第七章

犯罪青少年的教育矫正管理

犯罪青少年的教育矫正，是指矫正机构以犯罪青少年为对象，以改造人、挽救人为目的，通过社会各种支持资源，有计划、有组织地通过法治教育、心理矫正和社会服务等活动，实施转变思想、矫正恶习、传授知识、培养技能的系统的影响活动。对犯罪青少年的矫正主要分为两种形式：设施内矫正和设施外矫正。设施内矫正即监狱内矫正；设施外矫正即社会内矫正或矫正社会化。当前，随着行刑目的的不断转变，倡导刑事行刑制度日趋社会化、人性化、轻缓化，越来越重视教育改善和社会复归，对罪犯的矫正逐渐走向矫正社会化，尤其对于犯罪青少年来讲，如何有效地实现其社会化，降低再犯率，是我们当前教育矫正工作的重中之重，采取社区矫正对犯罪青少年进行教育和矫正意义重大。

第一节　犯罪青少年教育矫正管理的社会化趋势

犯罪是社会越轨行为，是社会化过程中的缺陷或障碍导致的，对犯罪者矫正中的一个关键方面就是使其再社会化，也就是在社会支持提供的帮助下，使其扩展和利用社会资源，重建个人的社会关系网络，从而能够顺利地融入并回归社会。这就需要社会资源共同融入罪犯的矫治之中，体现的是人文精神，是社会公众对于犯罪者的关注和尊重。

矫正社会化，又名社会内处遇或保护处遇，是指为了避免和克服监禁刑罚存在的某些弊端，使刑罚执行服务于罪犯再社会化的目标，在执行刑罚过程中，通过弱化行刑机构的封闭性，拓展犯罪者、行刑机关与社会的互动联系，塑造犯罪者符合社会正常生活的信念和人格，促使其与社会发展保持同步，最终促成犯罪者顺利回归社会。[①] 矫正教育社会化主要有两种类型：一是监狱内的社会化矫正教育，二是监狱外的社会化矫正教育。我国可以充分借鉴发达国家在教育矫正管理社会化方面的先进做法，结合国内教育矫正管理实践，进行本土化融合，探索适合我国犯罪青少年矫正教育管理社会化道路。

一 教育矫正管理社会化的国际实践

在教育矫正管理方面，我国虽然在立法和制度实施上都有了很大进步，但在实施效果方面，和发达国家相比仍有一定差距。发达国家的法治化水平较高，如美国、澳大利亚、日本等国家都在教育矫正管理方面，具有先进的理念、完备的制度和法律保障，值得我们学习借鉴。

（一）美国教育矫正管理社会化实践

美国是世界上矫正社会化发展较早，也是发展较为完善的国家。其在教育矫正管理社会化方面的主要制度有：电子监视、被害赔偿、社会服务令、善时制、在宅拘禁等。美国学者大卫·E. 杜菲认为，教育矫正社会化是刑罚一种新的发展趋势，包括社区服务、赔偿、复合刑罚、家中监禁、间歇监禁等。

1. 电子监视

电子监视是对保护观察对象者在指定的时间是否在指定的场所进行确认而使用的远距离监视系统，其方法主要是保护观察责任者与保护观察对象通过电话联络来确认保护观察对象在禁止外出的时间段是否在家，或是由计算机自动与保护观察对象者电话联络，通过声音或电子信号来确认观察对象者本人是否在家。

电子监视的适用对象有：未决拘禁者、周末拘禁者、外部通勤者、少年犯罪者、妊娠中的女子受刑者、艾滋病等传染病犯罪者、精神病及智障犯罪者、身体障碍犯罪者等。

电子监视的优点在于其适用对象的范围较广泛；监视方法多样化，有效节省人力、物力和财力，节约监护成本和时间；其操作实施简便，便于实施，对受刑的影响就是被监视者的活动范围较大，有较大的自由

---

① 袁登明：《行刑社会化研究》，中国人民公安大学出版社 2005 年版，第 9、32 页。

空间，对其正常生活的影响较小。

2. 被害赔偿

被害赔偿是指加害者对犯罪被害个人和组织给予的金钱上的赔偿。目前，被害赔偿制度在美国刑事司法体系的各个阶段被广泛运用。

过去，赔偿金并不直接交与被害人，是由加害者交与第三方，加害者把被害赔偿看作是自己对于损害的赔偿，具有交纳罚金的意味。所以，加害者对于自己行为的悔罪感以及对被害人的负罪感并没有十分明显。为了改变这种现状，近几年美国进一步采取措施，在具体的实践中让被害者和加害者都参与到被害赔偿的谈判中，使加害者认识到犯罪不仅是对国家更是对被害者个人的侵害，增加其自身的悔罪感和对被害者的负罪感，达到实施被害赔偿的目的，这也是被害赔偿制度真正的基础和根本。

3. 社会服务令

社会服务令是法院认定对象者有罪而科处拘禁刑后，在本人同意的基础上用无报酬的服务劳动代替拘禁刑的制度。此制度是由 1962 年新西兰根据刑事司法的修正而采用的定期收容劳动发展而来的。

社会服务令主要是结合生产劳动的方式对犯罪者进行改造，社会服务劳动的场所和内容主要有养老院、医院、神社、智障治疗设施的修缮、清扫，儿童游乐场的维护，贫困家庭居室的维修，老人护理，公共设施和场所的清扫等。

社会服务令通过犯罪者的社会服务劳动，一方面，使犯罪者在劳动中改变错误的认知观念，树立正确的生活态度，养成勤劳的生活习惯；另一方面，犯罪者的免费劳动，为社会提供了免费的劳动力，节约了社会资本。

4. 善时制

善时制是指受刑者在设施内的一定期间内若表现良好则对其予以褒赏，根据法律规定缩短其刑期，于原判刑期满前释放的一种制度。美国是最早进行善时制实践的国家，1817 年，美国就对表现良好的受刑者，对其刑期每月给予一定天数的缩短。

善时制的优点在于对受刑者起到一定的鼓励作用，促使受刑者积极努力，奋发向上，改变自身的行为表现，逐步养成良好的行为习惯；同时，有利于维持设施内的秩序，便于对受刑者的管理和教化。

善时制的局限性在于，对于“表现良好”缺乏明确的法律规定，范围不清晰，界定模糊，受个人的主观能动性的影响较大，带有一定的主观色彩。

5. 在宅拘禁

在宅拘禁就是拘禁场所为对象者的住宅，住宅并不限于必须是自家住宅，也可以是租赁的公寓或旅馆，总的来说是对象者居住的场所。

在宅拘禁的对象主要以轻微犯罪者为主，一般除预先认可的行为之外，其他时间一律禁止外出。目前，预先认可的行为主要有：上班、上学、必要的治疗、参加禁酒会、出席教会仪式等。

在宅拘禁的优点是受刑者在自己居住的场所实施拘禁，减少了对监狱资源设施的占用，有效降低了监管的成本；受刑者在生活上具有较大的自主权，享有相对自由的空间，能正常地进行工作、学习和娱乐，满足了其正常社会生活的需要，避免了家庭的破裂和与社会脱节，有利于其融入社会，更好地回归社会。

在宅拘禁的局限在于，需要投入大量的人力、物力对受刑者的拘禁场所进行监管，在一定程度上增加了工作量和工作的难度。

（二）澳大利亚教育矫正管理社会化实践

澳大利亚是联邦制国家，联邦和各州分别制定各自的法律，在教育矫正管理社会化方面的主要制度有：假释制度、分类处遇制度、社区矫正制度等。

1. 假释制度

各州在假释制度方面的具体规定是设有独立的假释委员会，各自制定罪犯管理模式、教育计划、承担罪犯管理的所有费用等。罪犯服完法律规定的刑期后可以向所在州的假释委员会申请假释，监狱向州假释委员会提供罪犯服刑的表现情况，假释委员会做出罪犯是否可以假释的决定。罪犯获准假释时，假释官员向假释罪犯宣布罪犯假释后必须报告的有关内容（包括居住地、日常活动、旅行、移居国外等）。假释期间，监督官员定期去社区了解假释罪犯的情况，如发现违反有关规定时则撤销假释，重新收回监狱。

联邦在假释制度方面的具体规定是由司法部长决定。联邦罪犯获准假释时，司法部长向被假释罪犯发布假释令，并明确宣布假释后应遵守的规定，如有违反则重新收回监狱。

两者的异同：不同之处在于管理机构不同，前者是假释委员会，后者是司法部长。相同之处是假释允许后，罪犯必须遵守有关规定，如有违反重新收回监狱。

2. 分类处遇制度

分类处遇制度是指从罪犯关进监狱开始，对罪犯进行危险性综合评估，根据评估结果将罪犯分类到不同的监狱进行管理的制度。危险性评估的内容主要有：对社会的危害程度、对监狱的潜在危险、对其他罪犯的潜在危害等。

这种制度使每个罪犯都有自己的危险性综合评估，针对危险性综合评估监狱制定不同的矫正方案，实现“一人一方案”，便于监狱采取合适的矫正措施，矫正更具有针对性，实现“因材施教”，提高了矫正的成功率。

危险性综合评估并不是一成不变的，一般每 6 个月重新进行一次危险性综合评估，根据罪犯的发展制定更适合罪犯的矫正方案，保证矫正的科学性和有效性，更快地帮助罪犯改邪归正，回归社会。

3. 社区矫正制度

社区矫正就是将罪犯放在社区，在社区内接受教育改造的一种行刑方式。

澳大利亚的社区矫正制度比较完善，有专门的组织、机构、人员和政府财政保障，并且将成年犯和青少年犯相分离，分别建立不同的社区矫正体系。社区矫正服务机构负责罪犯的矫正监管，在使罪犯不脱离社会的前提下，完成每个被矫正人员的矫正计划方案，并为他们提供就业、住房等方面的帮助。

澳大利亚社区矫正的最大优势在于坚持个别处遇原则，即强调在对罪犯评估基础上制定个别矫正方案，使社区矫正更具有针对性和符合科学矫正原则。

社区矫正的对象主要是减刑、假释及被判社会服务令的人员。其中社会服务令是法院判令被告人在社区从事一定时间的公益劳动，作为对社会赔偿的一种制度，其目的在于通过义务劳动使罪犯认识到自身的错误，能够进行自我教育和自我改善。

（三）日本教育矫正管理社会化实践

在日本，矫正社会化在法律上称为更生保护，也有百余年的发展历史。更生保护狭义地讲是指对犯罪者进行必要的指导监督和援助，以促进犯罪预防、保护社会、增进个人和社会公共福祉的活动；广义地讲是指为促进犯罪者的社会复归而进行的一切公共活动。①

更生保护在日本大致的发展脉络是，起源于1670年加贺藩的“非人小屋”，1790年在德川幕府设置了石川岛人足寄场，1882年监狱实行的别房留置制度，1888年金原明善在静冈县创设“出狱人保护会社”，1947年根据制定的恩赦法，更生保护的形式有大赦、特赦、减刑的执行免除、复权等。1949年日本制定了作为更生保护的基本法律——《犯罪者预防更生法》，促进了恩赦、假释放、保护观察等的适用，2007年制定了《更生保护法》，成为更加完善的更生保护法，促进了日本更生保护事业的发展。

日本在教育矫正管理社会化方面的主要制度有：假释放、更生紧急保护、恩赦、保护观察、更生保护组织的参与等。

1. 假释放

假释放是指因犯罪而收容于矫正设施内，在刑期或收容期满之前，于适当的时期附条件予以释放的制度，等同于我国的假释。

假释放是附条件的释放，“附条件”是指假释放期间若违反一定的条件时立即取消释放再予收容，其中一定的条件主要是法定条件及遵守事项等。根据矫正设施的不同，假释放可以分为假出狱、假出场、假退院等。

假释放的适用要件分为两种：

一是形式要件，假释放的资格条件是，根据《日本刑法》第二十八条：“惩役或禁锢受刑者的假释放，有期刑要经过刑期的1/3，无期刑要经过10年。”对于拘留受刑者没有期限的限制，任何时候都可以允许假出场。同时，对于犯罪少年有特别的规定，根据《少年法》：“无期刑经

---

① 张志泉：《矫正社会化的国外实践及其启示》，《中国行政管理》2011年第11期，第69页。

过 7 年，有期刑经过 3 年，不定期刑经过下限刑期的 1/3 后可取得假释放的资格”。

二是实质要件，假释放的资格条件是，根据《日本刑法》第二十八条：“惩役、禁锢受刑者的实质要件是要有‘悔改之状’。”其中“悔改之状”一般是指具有良好的行为表现证明确有悔改之心，即要求假释放许可基准的客观化，不用于“悔改之情”。1974 年的《假释放及保护观察规则》第三十二条对于假释放许可基准给出了明确的规定：悔悟之心、更生愿望、无再犯可能性、社会情感的认可等，其中前两者是对内心状态的判断，是可以通过其外部行为表现、情绪情感等方面进行判断的，后两者很难进行考量和判断，难以客观化。

2. 更生紧急保护

更生紧急保护是指“受刑者根据刑事程序解除身体拘束后，如果没有亲属的帮助或公共福利机构的医疗，或没有谋生手段时，由政府对其提供居住、生活物品等救急的保护或收容于一定的设施进行必要的教养、训练、医疗等，以促进本人遵纪守法、实现良好复归的制度”。

更生紧急保护的对象主要有：（1）惩役、禁锢或拘留刑执行终了满期释放者；（2）惩役、禁锢或拘留刑执行免除者；（3）惩役或禁锢刑的执行犹豫者；（4）惩役或禁锢刑的执行犹豫、未附保护观察者；（5）劳役场出场或假出场者；（6）少年院退院或假退院者（保护观察者除外）等。

更生紧急保护的时间期限为 2—3 个月，在保护观察所实施，承担者由过去的更生保护委员会确认的团体转变为根据更生保护事业法成立的“更生保护人”。

3. 恩赦

恩赦是指由于社会的变化或法令的调整，刑罚的执行不再妥当或不合时宜，根据行政权对刑罚执行权的全部或一部分予以消灭或轻减的制度。实质上，恩赦是行政权对刑罚权全部或部分的消灭或轻减，是行政权向司法权的渗透。

恩赦的类型有：（1）大赦，大赦是国家政令对特定的罪种，使有罪宣告者的宣告失去效力、未接受有罪宣告者公诉权得以消灭的制度，也就是指受刑者从刑务所直接释放、正调查审讯中者无罪释放、搜查中者放弃搜查不再追究的制度。（2）特赦，特赦是对有罪宣告的特定者，其宣告失去效力，但对正调查审讯中者不予适用。（3）减刑，减刑分为一般减刑和特别减刑。根据政令对确定刑种的减刑为一般减刑，对特定受刑者的减刑为特别减刑。减刑的内容包括将死刑减为无期惩役，惩役和禁锢刑期的减刑，刑的执行的减刑及执行犹豫期间的缩短等。（4）刑的执行免除，刑的执行免除是指罪名和刑期不予变更而直接免除刑罚执行的制度。刑的执行免除只针对特定的受刑者，对刑的执行犹豫执行者和有前科者不予适用。（5）复权，复权是由于有罪宣告而丧失或停止的资格得以恢复的制度，分为一般复权（由政令统一恢复为一般复权）、特别复权（对特定者的资格的恢复为特别复权）、全部复权（恢复全部的法令上的资格为全部复权）、部分复权（恢复特定的法令规定的资格为部分复权）。复权的适用不包括刑罚的执行未终了者和未免除执行者。

4. 保护观察

保护观察是对犯罪者和违法少年进行教育、指导、援助，使其顺利改善更生，复归社会的制度。

保护观察的对象主要有五类：保护观察处分少年、少年院假退院者、假释放者、执行犹豫附保护观察者、妇女补导院退院者。保护观察的期间根据保护观察对象的不同有所区别，《更生保护法》规定，保护观察处分少年从决定保护处分之日起到 20 岁，到 20 岁时不满 2 年的延长到 2 年，例外时可到 23 岁；少年院假退院者原则上从出院之日起到 20 岁，例外时可到 26 岁；假释放者自出所之日起到余刑期满日，被宣判无期刑的为终身，少年时被宣判无期刑的为 10 年；执行犹豫附保护观察对象者自判决之日起到执行犹豫期满；妇女补导院假退院者自出院之日起到补导处分的剩余期满。

实施保护观察的机关是保护观察院，根据《犯罪者预防更生法》第三十九条规定：“保护观察的指导监督及援助由保护观察官和保护司来完成”，也就是日本的保护观察由保护观察官和保护司具体实施，保护司对保护观察官予以协助。

5. 更生保护组织的参与

更生保护组织既有官方的组织，如保护观察官、保护司，还有民间的更生保护组织，如 BBS 运动、更生保护女性会、协力雇主组织等，在更生保护方面发挥着积极的作用，实现了社会的广泛参与。

（1）BBS 运动。BBS 的全称是 Big Brothers and Sisters Movement，其发展的开端是 1947 年同志社、立命馆大学的大学生为中心发起的“京都少年保护学生联盟”。BBS 运动初期是以战灾孤儿和非行少年的教育指导为目的而成立，之后发展为对矫正机关进行协助以及非行防止事务等。

（2）更生保护女性会。更生保护女性会是从女性的立场进行法制的普及宣传、犯罪预防、犯罪者和非行少年的教育保护等为目标的民间有志女性团体。2003 年“第 40 次纪念全国更生保护妇女集会”上，更生保护女性会改称为“日本更生保护女性联盟”。

（3）协力雇主组织。协力雇佣主是向保护观察对象者提供就业机会，帮助其改善更生的民间组织。协力雇佣主制度最初是保护司请求个人熟悉的事业家帮助对象者就职为开端的，所以从性质上讲，与帮助更生保护事业的民间慈善事业家保护司均为民间力量。协力雇主的数量截至 2007 年大约为 5778 人，被雇佣者数为 685 人，多是从事建筑业（占 53.5%），制造业（占 14.6%）以及服务业（占 9.5%）等[①]，对犯罪者更好地回归社会、适应社会生活做出了贡献。

二　推进犯罪青少年教育矫正管理社会化

通过对以上几个发达国家教育矫正管理社会化实践的分析，可以看出对犯罪青少年进行社会化矫正是大势所趋，也可以总结出犯罪青少年教育矫正管理社会化的特点，并从中找到我国进行本土化融合，推进矫正社会化的可行性。

（一）社会服务制度的完善

社会服务制度，就是使犯罪者从事一定的社会服务劳动来代替刑罚的制度。一方面，通过社会服务劳动让犯罪者在劳动过程中，改变错误的认知观念，树立正确的生活态度，养成勤劳的生活习惯；另一方面，犯罪者的免费劳动，为社会提供了免费的劳动力，节约了社会资本。美国的电子监视和在宅拘禁对设施资源的要求较高，而我国还不具备适用的条件，而美国、澳大利亚的社会服务和日本的更生紧急保护制度值得

① ［日］法务省法务综合研究所：《犯罪白书》，佐伯印刷 2007 年版，第 12、84 页。

我们学习和借鉴。完善的社会服务制度的建立，推进了犯罪青少年教育矫正管理社会化的发展。

（二）开放式处遇制度的推广

从整体上来说，对犯罪青少年的教育矫正从设施内矫正为主向设施内矫正和设施外矫正相结合、大力推广设施外矫正转变。开放式外遇制度是一种不使罪犯与社会隔离并利用社会资源教育改造罪犯的外遇方式。美、日、澳等发达国家对犯罪青少年的教育矫正均采取开放式外遇制度，通过这一制度降低了行刑成本，增进了犯罪者与社会的联系，在社会环境中对犯罪者进行矫正，提高教育效果，充分体现了人道主义思想和教育复归思想，这也值得我国结合实际进行借鉴和推广。

（三）社区矫正制度的广泛实施

社区矫正制度的广泛实施使社区矫正工作的开展做到有法可依、有法可循。社区矫正制度配有专门的组织、具体的管理机构、高素质的人员和政府财政保障，并且将成年犯和青少年犯相分离，分别建立了不同的社区矫正体系，采取不同的矫正方案，对犯罪青少年矫正方面更具实效。社区矫正制度的广泛实施对社区矫正具有重要的指导作用，并在社区矫正中发挥了重要作用，更好地实现了犯罪青少年教育矫正管理的健康发展。

（四）教育帮扶工作的落实

对犯罪青少年的教育矫正不能仅依靠国家出台的各项政策制度，有效调动社会资源和力量对教育帮扶工作也发挥着重要的作用。社会既是滋生犯罪的土壤，也是抑制犯罪的主战场，我国应吸取发达国家经验，充分利用社会资源，发动全社会的力量和资源投入到保护教育工作中，进一步落实教育帮扶工作，只有形成全社会参与、全民参加的综合性的教育帮扶工作体系，才能更好地推进犯罪青少年教育矫正管理的社会化。

第二节　我国犯罪青少年社区矫正管理制度的构建

犯罪青少年作为一类特殊群体，正处于身心发展的阶段，其性格和观念等都尚未完全定型，具有较强的可塑性，极易受外界因素的干扰，也极易在外部环境的影响下而接受矫正，重新树立起正确的世界观、人生观和价值观。对犯罪青少年教育矫正管理的社会化已成为世界性的趋势，我们应顺应国际社会的潮流，对我国犯罪青少年的刑罚执行方式进行深层探析，并充分结合我国实际，借鉴世界各国比较科学、成熟的制度和措施，探索出适合我国国情的犯罪青少年社区矫正路径。

社区矫正起源于20世纪中期的欧美国家，在国外又称社区矫治、公共利益劳动等。社区矫正是与监禁矫正相对的行刑方式，是指将符合社区矫正条件的罪犯置于社区内，由专门的国家机关在相关社会团体和民间组织以及社会志愿者的协助下，在判决、裁定或决定确定的期限内，矫正其犯罪心理和行为恶习，并促使其顺利回归社会的非监禁刑罚执行活动。[①] 社区矫正是矫治犯罪青少年行之有效的行刑社会化方式，符合对犯罪青少年行刑的非刑事化、非监禁化和轻刑化的国际刑罚执行的发展趋势。社区矫正制度的出现，使刑罚执行不再局限于惩罚和监管，而是越来越侧重于罪犯的教育和改造，社区矫正对象的再社会化问题是社区矫正制度的根本依托和本质意义。

21世纪以来社区矫正制度在我国逐步推广。2003年由高院、高检院、公安部、司法部（以下简称“两高两部”）联合发布《关于开展社区矫正试点工作的通知》，在北京、上海、天津、山东等六个省市开始试点社区矫正工作；2004年司法部发布了《司法行政机关社区矫正工作暂行办法》，对试点地区社区矫正提供指导；2005年“两高两部”发布了《关于扩大社区矫正试点范围的通知》，扩大试点地区的范围，内蒙古、广西等20个中西部省份加入试点，标志着社区矫正制度适用进入全面试点阶段；2009年“两高两部”发布《关于在全国试行社区矫正工作的意见》，社区矫正工作开始在全国全面试行；2011年《刑法修正案（八）》中，“社区矫正”一词首次被写入刑法条文，随后修改的《刑事诉讼法》中也明确提出社区矫正的价值及使用方式。2012年“两高两部”联合制定的《社区矫正实施办法》正式实施，标志着社区矫正制度实现了立法

---

① 这一定位的依据是司法部社区矫正制度研究课题组对社区矫正的定义，详见《改革和完善我国社区矫正制度之研究》（上），《中国司法》2003年第6期。

上的突破，具有里程碑式的意义。2012 年第 11 届全国人大第 5 次会议通过的修改后《刑事诉讼法》规定："对被判处管制、宣告缓刑、假释或者暂予监外执行的罪犯，依法实行社区矫正，由社区矫正机构负责执行。"该法明确了社区矫正的范围和执行主体，从立法上全面肯定了社区矫正的刑法性质。2013 年，党的十一届三中全会通过《关于全面深化改革若干重大问题的决定》（以下简称《决定》），《决定》中指出"废止劳动教养制度，完善对违法犯罪行为的惩治和矫正法律，健全社区矫正制度"，这一内容将社区矫正的发展推向新的高度。

一 社区矫正管理制度的价值功能

（一）教育挽救功能

社会不仅仅对犯罪者的犯罪承担一定的责任，还有义务去教育、挽救犯罪者，帮助犯罪者改过自新，重新回归社会。因此，我国对犯罪者的教育改造工作的方针和政策就是："教育、感化、挽救"以及"惩罚与改造相结合、教育与劳动相结合"。社区矫正管理制度深刻体现了教育改造工作的方针和政策，是贯彻落实我国"宽严相济"刑事政策的具体体现。社区矫正管理制度将犯罪者置于社会环境中，通过社会服务劳动的方式，对犯罪者进行教育矫正，达到教育挽救犯罪者、帮助其顺利复归社会的目的，凸显了其教育挽救的功能。

（二）避免标签化效应

标签理论，英文为 Labeling Theory，由 Lemert 和 Becker 所创立。标签理论认为，一个人的初犯偏差行为并不一定成为罪犯，而是社会与司法制度所加之于他的。罪犯的产生，是社会对有不良行为的人给予消极反应，使其对这种消极反应产生认同，从而逐渐走上犯罪道路的互动过程。在犯罪人进入监狱后，也会受到两个标签效应的影响，一是自己给自己加注的标签，二是社会人给他加注的标签。犯罪者一旦被标注上"犯罪人"的标签，会严重影响到犯罪者的心理，产生自卑、仇恨社会、敌视他人的心理情绪，自我控制能力会降低，容易自暴自弃，造成再次犯罪。社区矫正管理制度将犯罪人置于社会环境中，避免犯罪人太早进入刑事司法系统而被标签化，以免其再犯严重的犯罪行为，或成为成年犯罪人，同时也防止社会大众戴着有色眼镜去看待他们，为矫正对象的社会融入扫清障碍，这就有效避免了标签效应的负面影响。

（三）避免交叉化感染

监禁矫正的弊端是将犯罪者隔离于社会之外，控制在监狱中，存在交叉感染现象，会使犯罪人之间学习和传播犯罪技术和技能，发展监狱“亚文化”。尤其是犯罪青少年，由于心理发展不成熟，极易受到他人的影响，从而形成交叉感染。短期徒刑罪犯“交叉感染”更加严重，有些初犯经过一段时间的关押，人身危险性有增无减，“二进宫”“三进宫”所占比例增速较快。而监狱经济上的困难，也导致对犯罪者的教育和管理难度加大。社区矫正模式较监狱等机构内矫正模式体现出更多的人道性。社区矫正管理将适宜设施外矫正的犯罪者置于社会环境中，一方面避免了犯罪者之间的交流和接触，断绝学习监狱“亚文化”的可能性，有效避免狱内交叉感染的风险，降低再犯率；另一方面，使犯罪者保持与社会环境的联系，维持正常的社会交往，维护正常的家庭环境，在社会中获得更多的改正自新与矫正的机会，在社会服务劳动中、在与他人的交往中改造自己，适应社会，最终顺利复归社会。

（四）再社会化和社会修复功能

犯罪行为的发生是犯罪人反社会性人格所导致的后果，反社会性是与亲社会性相反的一种恶性的、破坏性的人格品质。“罪犯的反社会性主要是在后天获得的，那么，一般来说它是可以改造和消退的。罪犯反社会性的改造与消退过程就是罪犯的再社会化过程。”① 监狱内的矫正活动虽然使犯罪人避免了不良社会环境的影响，具有一定的隔离作用，但是这种矫正活动也使犯罪人与正常的社会环境相脱离，即使采取了一些监狱内的社会化活动，但由于没法和真正的社会相接触，这种监狱内矫正活动也就达不到使罪犯真正回归社会的要求。社区矫正将罪犯置于社区环境中进行教育矫正，使罪犯与社会保持联系，并通过鼓励矫正对象参加社会实践活动，恢复其正常的社会功能，如培养正常的人际交往能力、恢复健康的人格和培养社会责任感等，为回归社会做好准备，有助于其实现再社会化，正常地回归社会。

---

① 兰洁：《监狱学》，中国政法大学出版社 1999 年版，第 99 页。

二 社区矫正管理制度的理论支撑

（一）司法经济效益理论

效益是一个经济学术语，反映的是成本与收益的比例关系，任何资源都是有限的，国家的司法资源也是如此。刑罚是一种重要的犯罪控制手段，同时也是一种有限的社会资源，和经济运行一样，刑罚的运行需要考虑成本和收益问题。[①] 刑罚执行效益就是所投入的执行成本与所获得的执行受益之间的对比关系，社区矫正管理制度与监狱监禁相比具有以下优势：（1）节省人力，不需要配备狱警或警察，充分利用社区人员和社会志愿服务人员；（2）节省物力，不需要占用监狱的资源和管理，对设施设备的要求较低，减轻了国家在刑罚运作上的投入和负担；（3）产生社会效益，与社会保持密切的联系，保证其融入社会、顺利地回归社会，对维护社会的安定与团结具有积极作用。社区矫正管理制度深刻体现了社会效益的最大化，符合司法的成本效益原则。

（二）综合刑罚目的理论

对犯罪人的处遇从在监禁设施内惩罚向在社区内矫正转化，是刑罚目的思想演进和刑事政策价值取向改变的结果。刑罚的运用是国家意志的体现，必须服务于一定的国家行刑活动目的。所谓刑罚的目的，是指国家运用刑罚的目的，即国家确立、适用与执行刑罚所追求的客观效果。[②] 经历了刑罚报应主义、功利主义和综合主义等演变阶段。报应主义和功利主义都具有其自身的缺陷和不足，综合主义的刑罚目的论逐渐成为时代的潮流，它认为："对于已然的犯罪，刑罚以惩罚为目的，而对于未然的犯罪，刑罚的目的则是在于预防，在预防未然的犯罪上，刑罚的目的既包括防止犯罪人再犯的特殊预防，也包括阻止一般人犯罪的一般预防。"[③] 刑罚不仅仅要对罪犯进行惩罚，更重要的目的在于预防和矫正，社区矫正管理制度符合综合刑罚目的论的理论，通过对罪犯进行矫正，帮助其更好地复归社会。

---

① 张建明：《社区矫正理论与实务》，中国人民公安大学出版社 2008 年版，第 140 页。

② 邱兴隆、许章润：《刑罚学》，中国政法大学出版社 1999 年版，第 204 页。

③ 陈兴良：《刑法适用总论》，法律出版社 2001 年版，第 46 页。

（三）多元社会福利理论

“大社会”观念的出现，充分肯定了每个人对社会的价值与作用。对罪犯的矫正不能单纯依靠国家和政府的力量，还需要依靠社会的力量，当前社会力量迅速发展起来，不仅仅可以参与罪犯的矫正，而且还可以创新治理的方式。“市民社会参与刑罚执行与刑罚的公共性并不矛盾，因为公民的参与不是从私人的利益出发以个人的名义进行的，犯罪人的犯罪活动危害了整个社会的秩序和安全，公民是出于维护社会秩序，承担公民社会责任的目的来矫正犯罪人的。”① 社区矫正管理制度借助社区服务人员和广大的社会志愿者，实现了社会多元力量参与罪犯的矫正，充实了矫正人员的数量和矫正方式的多样化，充分发挥社会力量的作用，更好地完成对罪犯的矫正。

（四）刑法谦抑主义理论

关于刑法的谦抑性，陈兴良教授作了如下表述：“谦抑，是指缩减或者压缩。”刑法的谦抑思想有三层含义，刑法的补充性、刑法的不完整性和刑法的宽容性。在刑法谦抑主义思想的影响下，刑罚目的从重视对罪行的报应转为对犯罪者的矫正，西方国家的威慑理论指出，刑罚的确定性（入监概率）比刑罚的严厉性更有威慑效力。刑期长短和服刑方式只是满足人们的报复心理需求，对威慑犯罪作用不大，因此，将一些必须予以刑罚的犯罪人尽量避免采取监禁刑罚，运用社区矫正代替机构性处遇，社区矫正既节约了刑罚资源，又能帮助犯罪人顺利回归社会，与刑法谦抑主义思想的精神是相契合的。

（五）行刑社会化理论

行刑社会化为矫正对象的社会融入奠定了理论基础。行刑社会化是立足于监禁手段同罪犯再社会化目标之间的悖论而展开的，是人们对罪刑现象的认识达到一定深度的结果。所谓行刑社会化，就是为了缓解监禁刑对罪犯再社会化的副作用，一方面扩大非监禁刑的适用，尽可能把罪犯放到社会上接受矫正；另一方面适度弱化监狱的封闭性，使其尽可能接近于自由社会，并扩大社会力量对矫正过程的参与，以利于罪犯重新回归社会。矫正对象的再社会化是个人与社会的双向融入问题。社会

---

① 陈晓明：《论修复性司法》，《法学研究》2006 年第 1 期。

化能够促进个性形成和发展，培养完善的自我观念；内化价值观念，传递社会文化；掌握生活技能，培养社会角色。为了纠正和克服社会化过程中出现的病态和社会失范问题，就需要再社会化。而再社会化要想达到预想的效果，再社会化的形式要从强制性再社会化向参与性再社会化转变，从监禁刑向非监禁刑转变。

三 目前我国社区矫正管理制度存在的问题

我国社区矫正工作自 2003 年开始试点，到 2017 年已经经历了 14 个年头，在我国仍属于探索发展的阶段，在取得一系列成绩的同时，社区矫正在探索发展过程中不可避免地会存在一些问题与弊端，这些问题主要体现在：

（一）法律法规滞后

社区矫正是刑事措施，需要有系统性的法律法规制度。当前，我国现行涉及社区矫正工作制度的法律与法律之间、法律与规范性法律文件之间均存在某些冲突和衔接问题。虽然《刑法修正案（八）》和修改后的《刑事诉讼法》都对社区矫正给予了明确规定和法律确认，但都是系统阐述其基本的原则和方向，没有涉及社区矫正的具体内容、实施程序和实施措施等方面。虽然出台了《社区矫正实施办法》，将社区矫正制度大部分内容系统完整地规定下来，但并未触及刑罚体制的根本问题，而且与《刑法》和《监狱法》存在一定相抵触的地方。总的来说，我国现行刑事法律中虽然有社区矫正的规定，但其指导仍停留在对罪犯的社区矫正进行监督管理的层面，没有上升到促进罪犯回归社会的层面上。

（二）缺乏程序保障

法的正义包括实体正义和程序正义，实体正义是程序正义的基础和内容，程序正义是实体正义的形式和保障，两者相互影响、相互作用，缺一不可。社区矫正如果没有程度上的保证，那么就会影响其实施，达不到预期的效果。目前我国颁布的关于社区矫正的法律法规对社区矫正的定义、适用条件和对象进行了详细的说明，但是对如何实施、实施的手段方法、实施的监督等没有明确的规定。程序性的缺失是社区矫正管理制度实施过程的重大漏洞。目前，社区矫正在立法程序方面的不足主要有：一是监狱方面，假释、监外执行的手续复杂，效率低；二是各种判决、裁定书等法律信息不能及时送达到社区矫正机关；三是缺乏监督机关，无法做到有效监督，造成实施主体的“不作为”等。

（三）司法观念陈旧

社会控制论仍然是中国社会管理和统治的主导观念，在这一观念的影响下，人们把犯罪人看作是反社会的人、是不适应社会活动的敌人，一般民众对他们所持有的态度基本上是排斥和拒绝。加之公众对安全的过度期望要求将犯罪人关押起来，而不是把他们置于社区，认为将犯罪人置于社区就是对不安全、不稳定因素的放任不管。同时，受传统刑法观念的影响，刑罚始终以冷酷的面目出现，刑罚的惩罚性占主导地位，报应主义和重刑思想仍然根深蒂固，无论是公众还是司法人员都崇尚重刑，希望对犯罪人进行严厉的惩罚，推崇严厉的监禁刑的行刑方式。公众和司法人员很少将人道主义和刑罚的目的联系起来，因此导致司法观念的陈旧。

（四）相关机构不健全

对犯罪人进行心理矫治是专门化的活动，对机构和人员的专业性要求较高，相对应的社区矫正作为一项刑罚执行工作，需要配备专门机构和高素质的专业人员，这样才能保证社区矫正工作的顺利进行和工作效率的提高。而根据当前的实际情况来看，我国社区矫正缺乏正规的执行机构和专门的执行人员，社区矫正工作主要由司法行政部门及其隶属的机构负责。司法所作为最基层的司法行政机构，情况不容乐观。司法所的建设本身发展不平衡，工作人员数量有限，工作任务繁重，工作量大，很难有精力从事社区矫正工作，而且有些工作人员专业素质和能力有限，不能完全胜任社区矫正工作，成为影响社区矫正工作进行的一个重要因素。

四　我国犯罪青少年社区教育矫正管理制度的构建

（一）完善社区矫正立法

1. 完善现行的《刑法》《刑事诉讼法》和《监狱法》

《刑法》《刑事诉讼法》和《监狱法》从不同的层面对社区矫正进行了规定，如《刑法》中对社区矫正适用对象和社区矫正的种类进行了规定，《刑事诉讼法》中对社区矫正适用对象和执行主体进行了简单的规定，《监狱法》中对假释、暂予监外执行进行了相关规定。各项法律制度之间存在一定程度上的重复和衔接不顺畅的问题，因此，现行的《刑法》《刑事诉讼法》和《监狱法》应当进行修改，予以进一步完善。目前，对我国有关法律的修改与完善，要突出社区矫正的问题，在有关的基本法律中，做出与其法律规格和任务等相适应的规定。对社会矫正的有关规定不仅仅局限于社区矫正的内涵、社区矫正的对象等表面层次，要深入挖掘有关社区矫正的实施内容、实施手段、实施程序、实施监督等方面的问题，做出针对犯罪青少年具体明确的规定，同时规定具体适用社区矫正的判断依据，以及在社区矫正中加入权力保障机制，规定相应的权力救济程序，为制定行政法规、部门规章以及地方性法规等，提供起码的法律依据。同时，要注意各法律之间的衔接问题，避免出现法律上的冲突。

2. 制定规范的社区矫正法律制度

从社区矫正在我国的发展脉络来看，有关社区矫正的法律法规逐步完善，随着劳动教养制度的废除，在一定程度上加速了《社区矫正法》的出台。早在2004年，北京师范大学刑事法律科学研究院犯罪与矫正研究所所长、社区矫正研究中心主任吴宗宪就提出“在条件成熟时，全国人大应制定一部统一的《社区矫正法》，具体内容可包括总则、矫正对象构成、机构设置及分工、社区矫正管理者及管理程序、具体工作内容和保障制度等”。[①] 之后，国家立法机关和有关行政机关也对这个问题进行了新的探讨，当前社区矫正立法已经提上日程，国家司法行政部门在自己开展相关工作的同时，也在研究、制定并推动《社区矫正法》的立法工作。

（二）健全社区矫正程序

在制定有关社区矫正各项法律法规，做到有法可依的基础上，要在实践中进一步完善实施程序，保证社区矫正的规范高效运行。2012年颁发的《社区矫正实施办法》对全国一些有效的工作机制和实施办法进行了总结，并上升为一种固定的制度统一实施，成为一种基本的实施“模板”，但各地区在实际的社区矫正中还会遇到许多制度层面没有提及的问

---

① 吴宗宪：《关于社区矫正的若干思考》，《中国司法》2004年第7期，第63—64页。

题，造成社区矫正工作的混乱，因此，有必要完善社区矫正的程序，以保证社区矫正工作的顺利开展。

首先，在实施社区矫正有关法律法规的基础上，要充分考虑到犯罪青少年的身心发展特点，建立健全社区矫正对象调查评估、报到接收、教育管理、考核奖惩、收监执行、解除矫正等各个环节的配套制度和公、检、法、司之间的衔接制度，进一步细化社区矫正工作基本流程，确保社区矫正工作规范运行。其次，在开展调查评估方面，要建立配套细化的社会调查评估制度，重点对社会调查评估的适用范围、基本流程和具体内容予以明确。最后，在社区矫正工作执行衔接方面，要建立与之配套的社区矫正执行衔接制度，进一步明确社区矫正执行过程中审前社会调查、法律文书送达、人员报到、收监等衔接程序，将衔接过程中的“空当期”风险降到最小。

（三）明确社区矫正主体

社区矫正的具体执行由社区矫正机构和社区矫正机构的工作人员构成。社区矫正工作多数由基层司法所承担，司法所在组织居委会工作人员配合进行，有的地方社区工作刚刚展开，存在主管机构不明确、人员缺乏等问题，因此，社区矫正的主体问题也是当前急需解决的问题。

1. 建立独立的社区矫正机构

社区矫正工作是一项专业化的工作，首先需要专门的机构来进行完成，我国在法律法规中明确规定了社区矫正的主体机构，根据2003年“两高两部”联合发布的《社区矫正试点工作通知》的规定：“社区矫正由司法行政机构牵头，组织有关单位和社区开展社区矫正工作”。司法部2012年成立了社区矫正管理局，地方政府也对应设立社区矫正处等。同年颁布的《社区矫正实施办法》第2条和第3条明确规定：“司法行政机关负责指导管理、组织实施社区矫正工作。……县级司法行政机关社区矫正机构对社区矫正人员进行监督管理和教育帮助。司法所承担社区矫正日常工作”。在2013年召开的全国司法厅（局）长会议上，孟建柱同志讲话中指出：“社区矫正管理局设立以来，全国已有29个省（区、市）、83%的地（市）、77%的县（市、区）司法厅（局）设立社区矫正工作机构，建立起专兼职结合工作队伍。”①

从社区矫正机构的有关规定中可以看出，当前社区矫正机构在政府层面已经实现了组织化，但是要考虑司法部在承担繁重工作任务的同时是否还有精力进行专门的社区矫正工作，由司法行政机关牵头本身并没有问题，但是不可能由司法行政机关协调各部门具体开展社区矫正工作。因此，要保证社区矫正工作顺利开展的首要任务应该是，由司法行政机关牵头，协调各部门，设立具体的社区矫正机构，然后由具体的社区矫正机构来执行社区矫正工作，这是社区矫正工作开展的基础。

2. 培养高素质的社区矫正人员队伍

基于犯罪青少年这个群体的特殊性和社区矫正工作的专业性和困难性，迫切需要建设专业出身、高素质、稳定的社区矫正人员队伍，这样才能保证社区矫正工作的高效完成。当前，社区矫正人员存在两个方面的问题：一方面是人员数量不足的问题，基层司法所工作人员工作繁重且复杂，待遇不高，人员的配备远远不能满足社区矫正工作的需要。另一方面是人员的专业性问题，即质量方面的问题，一些司法所工作人员专业化素质不高，而招募的社区工作人员文化水平和能力素养较低，社区矫正工作不仅需要专业知识，还需要一定的能力水平来完成这项复杂的工作。

因此，培养并建设高素质的社区矫正人员队伍迫在眉睫。一方面，在社区矫正执法人员方面，由司法所中负责社区矫正刑罚执行事务的国家工作人员组成，在选择时继续坚持从政法专项编制的人员中选取科班出身、德才兼备、办事稳妥的工作人员担当。另一方面，在社区矫正辅助人员方面，即协助社区矫正执法人员开展社区矫正工作的人员，主要有三类：专职的社会工作者、合同矫正工作者、社区矫正志愿者。在社区矫正辅助人员方面要继续充实发展社会志愿者队伍，选聘志愿者要通过一定的程序，如社会考试、层层面试等，选拔出来的志愿者要经过培训、考核后，辅助社区矫正执法人员参与社区矫正工作，培养高素质的社区矫正人员，努力形成全社会共同参与的社区矫正组织体系。

---

① 《司法厅：全国司法厅（局）长会议召开　孟建柱出席并讲话》，2014 年 5 月 11 日，网址：http：//news. 163. com/13/0113/10/8L3HOTVU00014JB6_ all. html。

（四）加强社区矫正的监督

孟德斯鸠提到过："一切有权力的人都容易滥用权力，这是万古不变的一条经验……要防止滥用权力，就必须以权力约束权力。"① 一项法律制度只有在存在监督的前提下才能顺利执行。对社区矫正的监督，从监督主体的角度来看，可以分为检察监督和社会监督。

1. 检察监督

检察机关是我国目前社区矫正工作的法定监督机关，检察院监督可以渗透社区矫正的整个过程并且必须渗透于社区矫正的整个过程。检察院的监督应包括四方面，一是对法院、监狱、看守所交付执行活动是否合法实行监管（交付执行监督）；二是对司法行政机关监督管理社区矫正工作是否合法实行监管（监管活动监督）；三是对司法行政机关、法院、监狱、看守所变更执行活动是否合法实行监督（变更执行监督）；四是对司法行政机关终止执行活动是否合法实行监督（终止执行监督）。目前，由于我国社区矫正相关立法的落后，社区矫正的执行主体权力分散，以至于我国社区矫正监督的立足点不坚固，着力点分散，监督手段单一，所以监督效果不明显。在完善社区矫正相关立法的基础上，要从以上四个方面加强检察院对社区矫正工作的监督，既监督各个部门单位的工作人员在矫正工作中是否有违法、失职、渎职等犯罪行为，又监督社区矫正对象对于法律、纪律的相关遵守情况，才能预防社区矫正过程中有关工作人员的职务违法犯罪，维护社区矫正对象的合法权益，进而保证社区矫正工作的健康发展。

2. 社会监督

社会监督包括媒体监督、群众监督等，社区矫正的社会监督一般是在社区矫正开始执行之后才开始介入，其监督的范围有限，监督的力度也不及检察院的监督。但是，检察院的监督和社会监督两者缺一不可，不能相互替代。充分利用社会的资源，更能凸显在社区当中实施矫正行为的优势。一方面，社会监督可以辅助检察院的监督使社区矫正工作更加有力地进行；另一方面，可以使社会公众对社区矫正更加了解和接纳，进而支持，有利于形成社会全面参与、全员监督的社区矫正体系。

---

① 孟德斯鸠：《论法的精神》，张雁深译，商务印书馆 1982 年版，第 154 页。

（五）更新社区矫正观念

由于受传统思想观念的影响，一些人对社区矫正持有怀疑的态度，这也使社区矫正的结果不尽如人意。但是，随着社会的进步，人的权利和自由受到越来越多的重视，刑罚制度的价值构造也逐渐由原有的社会保护机能逐步转变成为对公民个体权利的保障，从而在刑罚判定方面更多地体现出现代人道主义与人文关怀的精神。因此，要更加有效地推进社区矫正工作，必须更新社区矫正的观念，对社会矫正有一个全新正确的认识。

1. 普通民众的理解

社区矫正效果的体现需要社会力量的广泛参与和行动支持，因此，要推广社区矫正，就必然要争取普通民众的理解和支持。如果进行社区矫正的犯罪人在所在社区总是受到排斥，那么对罪犯本人的社会融入感反而会起到负面影响，从而强化其排斥、报复社会的心理。因此，能否使社区矫正得到全社会民众的普遍认同，从而能够鼓励更多的民众参与到社区矫正体系中去，是我国社区矫正能否得以合理构建和顺利实施，乃至更好地发展下去的关键性因素。加强普通民众的理解需要发挥社会大众传媒的作用，媒体的正确舆论导向和必要的宣传可以引导民众改变传统刑罚观念，理解社区矫正的真正意义。

2. 司法人员的观念更新

关于司法人员观念的更新，可以通过定期培训学习提高理论素养和专业化水平，还可以在具体工作开展实践中不断创新和完善工作方法，定期总结、反思、提高，逐步改变自己对社区矫正的看法与认识。当前，创新和完善社区矫正工作的方法主要有：实施个案管理，提高矫正的针对性，确保矫正的质量；注重谈话教育实效，从解决实际问题出发，相互帮助、相互启发，加深感情，增进了解，调动一切积极因素，提高谈话教育质量，升华谈话教育效果；拓宽教育内容的广度，加强法律教育、社会道德教育和文化教育；开展多元化公益劳动，方式主要是集中公益劳动与自助式公益劳动相结合，多种公益劳动内容相结合，通过公益劳动培养他们积极的劳动态度和团队合作意识，增强社会责任感；开展专业的心理矫正，聘请心理学专家对矫正对象进行心理健康教育和提供心理咨询服务，心理咨询有助于矫正对象缓解情绪压力，正确认识自己，恢复对人生的希望，最终更好地回归社会。

社区矫正作为一种已经兴起、正在流行并将发展的社会化行刑方式，既是当下及未来全世界各国刑罚执行制度发展的主流趋势，也是人类文明社会发展到高级阶段的必然产物。任何新兴事物从萌芽到发展到成熟，都有一个比较漫长的过程，社区矫正也是如此，需要经历理论和实践的互相印证，需要经历历史和现实的双重考验。虽然现阶段社区矫正在实施过程中存在许多问题和局限，但是我们正在不断尝试探索、努力克服，探寻让犯罪者更好地复归社会，达到社会和谐的更好方式。

现阶段的试点工作是对社区矫正制度的有益尝试，为社区矫正制度的长远发展及今后的立法工作积累了丰富的经验，在社会舆论与公众知晓度以及社区矫正的工作组织体系方面做了良好的铺垫。通过不断完善社区矫正立法，健全社区矫正程序，明确社区矫正主体，加强社区矫正监督，更新社区矫正观念，构建起适合我国的犯罪青少年社区教育矫正管理路径。

第三节　山东省烟台市社区矫正的新思路、问题及完善建议

我国自2003年7月在全国6个省（市）进行社区矫正试点以来，经过多年发展，不少地区形成了自身独特性的发展经验，但也暴露出越来越多的问题。笔者通过查阅、收集、提取相关数据和资料，实地走访司法行政机关，访谈部分社区矫正工作人员等方式，对山东省烟台市A区社区矫正工作进行了调研，其矫正理念、“一对一”帮扶、矫正重点、矫正环节等先进做法为其他地区开展社区矫正提供了新思路和有益借鉴，但是在实际工作操作中还存在矫正立法、矫正队伍、矫正政策宣传、职能部门间配合、经费保障等方面诸多问题，针对存在的问题提出从社区矫正法律体系、矫正队伍建设、扩大社会力量参与度、矫正方式的选择等方面探寻完善的建议，可以为烟台市A区和其他地区开展社区矫正工作提供有益借鉴。

社区矫正是依法在社区中监管、改造和帮扶犯罪人的非监禁刑执行制度。2003年7月，山东省社区矫正试点工作启动；2007年8月，烟台

市社区矫正试点工作启动；2011 年 2 月，第 11 届全国人大常委会第 19 次会议审议通过了《中华人民共和国刑法修正案（八）》，正式确立了社区矫正制度；2012 年 1 月，最高人民法院、最高人民检察院、公安部、司法部联合制定出台了《社区矫正实施办法》；2012 年 8 月，烟台市 A 区社区矫正工作正式启动，2016 年 3 月，烟台市 A 区社区矫正管理局挂牌，标志着其社区矫正工作全面进入了规范化轨道，成为烟台市社区矫正的“带头兵”。五年来，烟台市 A 区社区矫正累计接收社区服刑人员 510 人，现有社区服刑人员 229 人，取得了良好成效，为我们提供了新思路，但在实际操作中还存在很多其他地区也普遍存在的问题，探寻完善和解决的建议对其他地区开展社区矫正工作提供了有益借鉴。

一 山东省烟台市 A 区社区矫正的新思路

（一）坚持“人性关怀”理念

烟台市 A 区对社区矫正对象始终秉持“人性关怀”的理念，突出矫正对象的主体性，如果矫正者剥夺了矫正对象的主体性地位，而使矫正对象处于矫正客体的地位，将会使矫正效果大打折扣。A 区坚持进行人性化管理，在“思想上”看紧、在“行动上”抓牢、在“管理上”松绑，走出了一条新型社区矫正管理之路。一是在“思想上”看紧，每月坚持对社区矫正对象单独谈心一次，悉心了解其生活各方面情况，全面掌握思想动态，为其答疑解惑，舒缓压力和情绪，使其轻松愉快地投入工作和生活。二是在“行动上”抓牢，抓好移动定位监管和脱管追查，通过配备具有定位功能的手机，将手机号录入社区矫正管理系统，一旦矫正人员离开烟台市，手机会自动向其管辖的基层司法所手机发送短信自动报告位置信息。通过掌控他们的行踪，可以有效地提高管控力度。三是在“管理上”松绑，坚持用真心换真心、以真情得信任。入矫时，通过谈心充分了解每个矫正对象的详细情况，对情节轻微、社会危害不大的从宽管理，以教育、督导为主，注重从思想上感化他们，鼓励他们在实践中习得一技之长，在工作中实现自我改造、自我提高；解矫时，了解其心理顾虑和困难，根据各人特长和需求提供不同建议，使其尽快实现“再社会化”，更好地适应社会。

（二）制定“一对一”矫正个案

正如菲利所言：“同样的犯罪，从人类学和社会学方面说，由于犯罪的原因不同，对各种人格的罪犯需要采取不同的治疗方案”，这就需要根据矫正对象的不同情况和特点进行矫正。烟台市 A 区坚持对不同矫正对象制定有针对性方案，进行“一对一”分析、帮扶和矫正，对矫正对象进行分类管控、个案矫正和人性化帮扶。一是实行分类管控，对每名社区矫正人员，在报到登记时，综合其犯罪类别、犯罪情节及对社会危害程度等方面进行综合评估，实行从严、一般、从宽三级监管，确定管理重点，采取不同的矫正措施；二是坚持个案矫正，在矫正对象进入社区矫正环节后，组织工作人员调查和走访，全面掌握基本情况，根据其年龄特征、犯罪原因、心理特征、生活经历等，制定有针对性的矫正方案，并根据情况随时完善；三是进行人性化帮扶，“一对一”矫正和服务，并定期开展心理健康教育和心理咨询服务，将各社区的综治调解员、矫正对象近亲属共同作为责任人组成帮扶小组，从思想上关心、生活上帮扶、就业上指导，共同开展矫正和教育，并组织志愿者经常性开展志愿帮扶活动，构建志愿帮扶长效机制。

（三）突出“三个帮扶”矫正重点

烟台市 A 区根据所管辖矫正对象的实际情况和特点，确定了“管、教、帮”三个矫正重点。一是“管”，即从矫正对象到本社区报到之日起就签订相关协议，根据不同的年龄段、性别、家庭状况、心理特征等分别制订矫正计划，与家人和亲属共同合作开展矫正；二是“教”，即进行个性化教育，建立个别谈话制度，扎实开展入矫教育、常规教育和解矫教育，不断丰富教育内容和形式，根据不同需求，将理论知识教育和实践技术教育相结合，通过知识传授内化为思想，通过职业技能教育提高其适应社会的能力；三是“帮”，即进行帮困解难，通过谈心，帮助其解决思想上的顾虑、生活上的困难、工作上的需求，帮助他们尽快适应、安心改造，并早日解除矫正、再社会化。

（四）把握“四个关键”的环节

烟台市 A 区注重多措并举，把握好制度建设、调查评估、人员衔接、文书送达四个关键环节，不断提高社区矫正实效。一是制度建设方面，制定下发了《烟台市 A 区社区矫正实施细则（试行）》《烟台市 A 区试行社区矫正工作实施方案》等一系列规章制度，建立起比较系统、规范的社区矫正管理制度；二是调查评估方面，注重对矫正对象进行全方位、多角度、多层次的了解和调查评估，全面掌握其家庭情况、心理特点、主要需求等，对调查评估过程、笔录意见制作及审核等环节也进行了规范、完善，做到了调查全面准确、结果客观公正、评估科学严谨；三是人员衔接方面，严格按照相关要求和制度开展各环节、各步骤的工作实施，及时发放《社区矫正人员报到告知书》《接收社区矫正人员通知书》等材料，避免了人员流转中的脱节、漏管现象；四是文书送达方面，按规定程序进行登记接收，对矫正手续不完备、档案材料不全的，及时联系相关部门查询、补送，确保每名矫正对象的材料真实、完整、全面，工作痕迹记录清晰，各项材料齐全完备，立卷归档及时，卷面整洁美观，确保档案管理规范化，保证了社区矫正工作的顺利开展。

烟台市 A 区在长期的探索、总结和完善中走出了一条职能优化、制度健全、实效性强的良性发展之路，其社区矫正工作的先进做法值得其他地区吸取和借鉴，但应注意到，其在工作开展中还存在很多问题和不足，需要在解决新问题的实践中不断总结完善。

二 山东省烟台市 A 区社区矫正存在的问题

烟台市 A 区在开展社区矫正工作中存在的问题和不足并不是特例，在其他地区也是普遍存在的，具有普适性，需要引起足够重视。

（一）缺乏完善的社区矫正立法

国外关于社区矫正的立法模式有采用专门的社区矫正的法律、采用专门的刑事执行的法律和采用单行的社区矫正法律规范等。针对社区矫正相关的法律法规，有澳大利亚的《矫正服务令》、美国的《社区矫正法》、中国香港的《社会服务令》等，但是目前我国与社区矫正相关的立法和制度仍然处于起步阶段，社区矫正的法律法规尚未健全。虽然《刑法修正案（八）》中将社区矫正提升到了法律层面，但是在基本法律中仅对社区矫正进行了较简单的规定，并无详细阐述。虽然 2012 年 1 月 10 日由最高人民法院、最高人民检察院、公安部、司法部联合印发了《社区矫正实施办法》，2016 年 12 月 1 日国务院法制办发出《中华人民共和国社区矫正法（征求意见稿）》，向社会各界征求意见建议，但是迄今为止，还没有颁布对社区矫正工作进行全面规范的、完备的、全面的、综合性的专门立法，这就导致社区矫正工作中的程序、要求、操作等方面还没有在立法中加以规定，缺乏法律依据，这对社区矫正的实施存在一定阻碍作用。

（二）缺乏高素质的社区矫正队伍

社区矫正工作对专业性、科学性和规范性的要求相对较高，也需要从事社区矫正的工作人员具备较高的理论知识、专业素养和实践能力。但是目前来看，社区矫正工作大多是由基层政府的司法所工作人员来开展，基层司法所存在人员不足、任务繁重、专业性素质不高等一系列问题，这些都影响了社区矫正工作的顺利推进和规范运作。一是司法所工作人员往往身兼数职，不仅需要进行日常性的常规工作，如法律援助、调解帮教、普法宣传等，还需要开展社区矫正工作，这就使工作量和工作压力大大增加。根据调查，社区矫正对象的数量在逐年增加，但与此同时，增加社区矫正工作人员数量则比较困难，这就形成了人员不足与职责较多的矛盾，大大阻碍了社区矫正的开展效果和良性发展。二是社区矫正专职人员和志愿者等非专职人员知识和技能有待提高，他们多数没有经历过系统培训，对社区矫正工作专业理论知识和实践技能的掌握程度不高，经验积累方面存在欠缺，创新意识和执行能力也存在不足，这些都在一定程度上制约了良好矫正效果的实现。三是缺乏专业化社区矫正志愿者队伍，并且在志愿者的选拔、招募、管理、工作等各方面尚未形成系统化的制度规定。目前招募的志愿者多是普通居民或学生，缺乏专业性人才，缺乏系统培训，部分志愿者对社区矫正并无深入理解，对矫正对象存在一定偏见甚至惧怕，这些因素都使服务和帮扶效果大打折扣，难以充分发挥社区矫正的帮扶作用。

（三）缺乏全方位、高效率的矫正政策宣传

社区矫正工作是一项复杂性、综合性工作，不但需要社会各方积极参与和共同协作，而且需要居委会和社区的理解、支持和协助。当前开展的社区矫正工作，虽然在居委会和社区做了一定的宣传工作，但总体来看，居民群众对社区矫正工作的接受度和认知度并不够高。一方面，部分居民和群众还心存疑虑，对社区矫正对象的接受程度较低，易对矫正对象表现出排斥、怀疑、惧怕等消极情绪和态度，并不愿意矫正对象

在自己居住的社区进行改造，也不愿意接受矫正对象提供的公益劳动和服务。另一方面，矫正对象自身在所居住的社区进行劳动或接受改造时，也易产生自暴自弃、自卑心理，担心邻居戴有色眼镜看待自己，担心自己已被“贴上标签”，往往存在“自己是不是不再被别人所接受”的焦虑情绪，有的甚至破罐子破摔，不再安心接受教育和改造。由于缺乏全方位、多角度、高效率的矫正政策宣传，社区矫正的社会接受度与参与度较低，由此导致的一系列因素都使社区矫正工作顺利开展和矫正效果大打折扣。

（四）缺乏职能部门间的良好配合和衔接

社区矫正工作是一项涉及多部门、综合性的工作，需要公、检、法、司等各项职能部门间做好衔接、配合、协作，但就目前工作开展情况来看，各职能部门间协作还有待加强。一是法律文书等相关材料送达方面，笔者通过对烟台市 A 区的调研发现，如法院、司法所、监狱、看守所等机构，部分还会出现提交的法律文书在内容上不完整、不齐全、不准确，在时间上不及时等现象，尤其材料需要异地送达时更易出现此类情况。二是矫正对象的交付和衔接方面，由于部分矫正对象存在人户分离现象，工作开展中居住地与户籍地之间缺乏有效衔接。还有部分矫正对象在接到生效判决书、裁定书等相关材料后，不按时到户籍地镇街司法所报到，也不按规定及时办理相关手续，个别基层司法所甚至还存在“见档不见人”的不良现象，这些都阻碍了社区矫正的顺利推进。三是司法所与派出所工作协作方面，在社区矫正工作具体操作过程中，还存在很多需要司法所与派出所共同配合、协作的情况，比如对于不服从监管教育甚至有对抗行为的矫正对象，需要派出所对其适当地进行训诫、警告等惩罚措施，对于一些下落不明的矫正对象，也需要派出所对其进行摸排查找。但是就目前开展情况来看，基层司法所与派出所的工作配合方面还存在一定问题，这在一定程度上影响了刑罚执行的强制性和权威性，进而影响了社区矫正工作的顺利开展。

（五）缺乏良好的经费保障

社区矫正工作是由基层政府开展的对国家刑罚的一种执行工作，涉及很多方面的内容，需要健全的工作经费保障体制作为坚实后盾。对于基层的司法所来讲，社区矫正工作需要一定数量经费作为支撑，比如社区矫正各类宣传、文书材料的设计、印刷、制作、发放，走访、联系、监管矫正对象的通信、交通工具，组织矫正对象集中学习或劳动的设施和场地，邀请心理咨询专家，购置心理测量仪器等方面。工作经费是基层司法机关开展社区矫正工作的必要保障，但是目前来看，尚未形成统一的、普遍的标准，尚未建立多层次的、正式的、科学合理的工作经费保障机制，导致很多基层司法所开展社区矫正工作的经费欠缺，再加上日益增加的工作压力，大大影响了社区矫正工作人员开展矫正的积极性和主动性，在一定程度上也限制了基层社区矫正工作的顺利开展和有效推动。

三　社区矫正的完善建议和对策

（一）构建科学合理的社区矫正法律体系

烟台市 A 区的社区矫正工作自 2012 年 8 月正式启动以来，参照《社区矫正实施办法》《中华人民共和国社区矫正法（征求意见稿）》《山东省社区矫正执法工作规范》《山东省社区矫正工作实施细则（试行）》等法律制度规定，结合 A 区实际，研究制定了《烟台市 A 区社区矫正实施细则（试行）》《烟台市 A 区试行社区矫正工作实施方案》《烟台市 A 区社区矫正工作制度》《A 区社区矫正人员移交方案》等规章制度，但是不难发现，在社区矫正工作的实际开展过程中，仍然缺乏完备的、规范的、全面的法律依据和有力支撑。预防犯罪比惩罚犯罪更高明，这乃是一切优秀立法的主要目的。我们应积极推动国家加快立法步伐，推动出台《社区矫正法》进程，并设立未成年犯社区矫正专章，进一步细化社区矫正相关要求、程序、环节等方面，着力构建一套科学的、专门的、合理的、统一的社区矫正法律体系和制度规定，以保证社区矫正工作的有效开展。在国家正式出台《社区矫正法》之前，可以根据当地实际情况，进一步完善 A 区社区矫正的相关地方性法规，对社区矫正工作进行规范，以确保国家正式立法出台之前有法可依，可以对当地社区矫正工作实践起到良好的规范和指导作用。

（二）加强社区矫正工作者队伍建设

基层社区矫正工作的顺利推进，离不开一支高质量、高水平、专业化的社区矫正工作人员队伍。针对烟台市 A 区社区矫正工作人员队伍现状与存在的问题，建议应以社区矫正工作者和志愿者队伍的规范化、专业化建设为工作重点。一方面，A 区司法行政机关应积极调整各镇街现有社区矫正工作队伍的力量配置和人员分配，以适应当前社区矫正工作。针对社区矫正人员不足的情况，可以通过向社会公开招录公益性岗位、社区工作者或申请增加编制等方式进行充实。针对工作人员存在的素质能力偏低和年龄老化问题，可以根据工作人员的工作能力差异和年龄分布，重新配置和整合现有人员队伍，并进行采取“老带新、新帮老”等互补方式开展工作，提高工作效率。另一方面，应注重加强对工作人员进行系统的、全方位的、职业化、专业化培训。上海大学的刘强教授提出，社区矫正工作者应学会社会工作者应该具有的工作能力和工作方法，提高在社区矫正工作中的创新意识。可以通过制定培训计划和配档表，定期、分批组织社区矫正工作者和志愿者进行理论知识培训、实践技能培训、心理咨询方法培训等，不断提升社区矫正工作者的理论素养、实践技能、专业水平和方式方法。另外，可以采取灵活多样的培训方式，如不定期邀请社区矫正领域相关专家进行授课，组织参观学习观摩示范点，到其他先进地区学习先进经验，组织业务实践测试和竞赛等，有针对性地改善当地社区矫正工作的不足，激发社区矫正工作者积极性。

（三）采取多种途径扩大社会力量参与度

司法行政机关是开展专业社区矫正的主要力量，但社区矫正工作的顺利开展也需要社会力量和社会资源的支持配合，需要社会工作者、社会组织和社会志愿者等广泛参与。在当前社区矫正的新形势下，应着力主张构建“政府主导、社团推动、公众参与”的社区矫正发展理念，通过各种途径和方式为社会力量参与社区矫正提供有效平台和便利条件。应注重不断整合各种社会资源，打造参与平台，畅通参与渠道，完善矫正保障措施，充分激发社会力量的重要作用。一是不断加强社区矫正社会工作者的队伍建设。社会工作者是在社区中直接面对矫正对象的人员，是社区矫正的社会力量中的核心骨干，可以通过加强业务培训，建立相应考评机制，促进其不断提高综合素质和能力，激发其工作热情和作用发挥。二是提高社会组织的参与度。社会组织是在社区矫正工作开展中一个不容忽视的社会力量，可以通过政府购买社会组织服务的方式，扶持、推进和鼓励公益类、志愿服务类的社会组织参与社区矫正工作，以培养和提高居民对社区矫正的认同感和接受度，为推动矫正对象“再社会化”创造条件。三是充分发挥社会志愿者作用。可以招募具有教育学、法学、社会学等学科背景的、热爱公益志愿活动的在校大学生；有一定专业知识和社会工作经验的离退休干部；矫正改造情况良好的解矫人员；社会爱心公益人士等，根据矫正对象不同特征和实际需求，定期为其提供法律援助、心理辅导、问题咨询、就业指导等方面的帮助，并营造一个平等舒适的矫正对话环境，一个中立性的商谈环境对于交往参与者的交往实践具有重要意义，可以有效改善社区矫正对象的心理状态和自暴自弃情绪，提高信任度，推动其早日回归社会。

（四）根据实际采取适合的社区矫正方式

天生的犯罪人是没有的，一个人之所以走向犯罪，主要是由于社会化过程中的缺陷。社区矫正的目标和关键在于推动矫正对象“再社会化”，帮助其早日回归社会，其中，矫正教育的质量是我们的关注重点，这就要求我们在实施社区矫正的方式方法上不断完善和创新。一是重视学习教育矫正。通过组织矫正对象集中学习和自学法律法规、心理疏导等方面知识，观看学习法制、心理讲座，开展文明建设活动，组织公益劳动等多种教育形式，推动矫正对象不断接受并熟悉法律法规、道德规范、行为准则等，改变其认知，促进其积极配合矫正工作。二是重视心理矫正。通过对矫正对象“一对一”谈心和对家人访谈调研，根据各矫正对象不同的精神特点、心理状态、犯罪历史、行为表现等情况进行个案分析，综合运用心理咨询与治疗的各种模式和方法，针对不同对象制定“一对一”心理矫正和帮扶方案，不断提高矫正对象心理承受能力，改善其消极情绪，促使其打开心扉，激发内生动力，树立适应社会、服务社会的信心，积极进行改造。三是重视就业技能培训。就业对于社区矫正对象来说是关乎生存和价值实现的重要事件，也是他们回归社会后所面临的最主要问题。要注重通过教育培训理论知识，开展灵活多样的实践活动、公益劳动等提高矫正对象就业技能，针对矫正对象不同的兴趣爱好、年龄特征、过往工作经历等进行有针对性的就业指导和技能培训，并激发其内在动力，为其回归社会打好基础。

烟台市A区社区矫正工作的先进做法值得借鉴，但社区矫正工作开展过程中普遍存在的问题需要引起足够重视，围绕这些问题提出的完善社区矫正工作的建议对 A 区和其他地区开展社区矫正工作都具有良好的借鉴意义，但仍然需要在工作实践中不断总结和完善。

第四节　公众认同、社会支持与教育矫正质量

——基于山东省社区服刑青少年调查

我国青少年犯罪仍处于频发态势，成为影响社会稳定和发展的重要因素。社区矫正适应青少年犯罪行刑社会化趋势。社区矫正对预防青少年重新犯罪、塑造公民人格等方面发挥重要作用。但是，通过调查发现，社会公众对社区矫正存在认识偏差，社会公众认同度低；社会支持网络处于脆弱状态；矫正项目和方案形式单一，缺乏针对性，矫正机构保障机制和社会化水平低，难以适应青少年社区服刑人员现实需要。因此，必须加强青少年社区矫正专项立法，构建适应青少年身心特点的社区矫正体系，多部门协同搭建青少年社区矫正社会化服务体系。

青少年犯罪的预防和矫正是创新社会管理的重要课题，青少年社区矫正在矫治青少年犯罪恶习，避免监禁“亚文化”交叉感染，节约司法成本，使之重新回归社会等方面发挥重要作用。目前国际司法界对青少年犯罪行刑方式转向以社区矫正为主，社区矫正顺应行刑社会化的国际潮流，彰显现代司法制度文明。在我国，社区矫正试点工作于 2003 年开始实施。社区矫正作为一种全新的犯罪处遇模式得以“破茧而出”，但是，政府“自上而下”式推行社区矫正，如果缺少其社会心理基础——公众的认同，会遭遇来自民间的强大阻力而步履维艰。因此，探讨公众的社区矫正认同和支持问题，为社区矫正本土化推进提供稳定的社会心理基础，具有重要的理论意义和实践价值。

党的十八大三中全会提出，建设中国特色的社区矫正制度，其核心是提高教育矫正质量，构建监督管理、教育矫正和社会化帮扶的立体化矫正体系。山东省是全国最早开展社区矫正试点省份之一，目前社区服刑人数居全国首位。选择济南、烟台、枣庄和潍坊等地市作为调查点，本次社区居民调查问卷发放 700 份，回收有效问卷 680 份，有效回收率 97%；青少年社区服刑人员调查问卷发放 200 份，回收有效问卷 180 份，有效回收率 90%；社区矫正机构调查问卷发放 100 份，包括社区居委会、

基层政府、社工组织等相关机构专职负责人以及专业矫正人员，回收有效问卷95份，有效回收率95%。从社区居民、青少年社区服刑人员和社区矫正机构三个维度考察青少年社区服刑人员社区教育矫正实施现状，并据此提出改进对策。

一　服刑青少年社区矫正的公众认同调查

社区矫正是与监禁矫正相对应的行刑方式。社区矫正是犯罪青少年再社会化的过程，通过矫正不良行为，修复其社会关系，使之顺利回归社会。因此，社区矫正是否获得社区居民的认可和接受，关系其是否有效运行和取得实效。阿历克斯·英格尔斯认为，即便设计极为完美的社会制度或组织体系，如果缺乏支撑其有效运行的社会公众基础和赋予其生命活力的社会心理支持，那么只能停留于纸面或流于形式。缺乏公众积极参与的社区矫正将异化为另一种形式的监禁矫正。

（一）社区居民对于社区矫正认知度低

虽然我国社区矫正试点实行已经有十几年历史了，但是目前居民对社区矫正工作的认知度低。18.3%的人对社区矫正“完全没有听说过”，37.9%的人表示“听说过，但不了解”，38.7%的人表示“了解一些，但认识模糊”，对于社区教育矫正完全了解的仅有5.1%。受访者对青少年社区矫正行刑性质存在认识偏差，公众理解和支持力度不够。

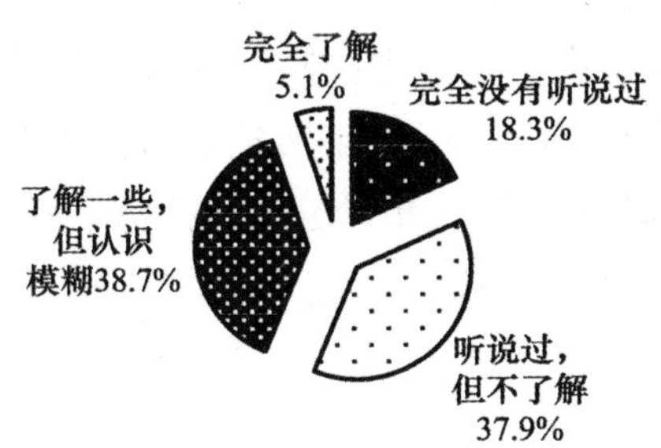

图7.1　社区居民对社区矫正的认知

社区居民对社区矫正的认知主要通过新闻传媒和政府宣传，分别为80.1%、71.5%，各级政府宣传是公众获得社区的矫正信息的重要渠道，居委会向社会公众宣传力度不够，仅有23.4%的调查者从居委会获得社区矫正相关信息。访谈中发现，一些社区居委会为了避免所在小区居民心理恐慌，刻意隐瞒相关社区服刑人员信息，部分服刑人员家庭也要求居委会保密犯人信息。

社区矫正的非监禁性要求广泛的社会民众参与监督。社区矫正本质是建立在社会公民积极参与基础上，调查表明公众对社区矫正理解偏差，社会力量参与范围和力度不够。社区矫正作为行刑社会化处罚方式，仅靠少数专职社区矫正工作人员无法完成。

（二）社区居民对于社区矫正认同感低

社会公众心理认同和自愿参与是社区矫正制度有效运行的基础。对于所处社区存在矫正对象，7.4%的人表示“完全可以接受，能够预防青少年重新犯罪，体现法律具有人性化”，58.2%的人表示“能够接受，但需要做好监管措施”，29.1%的人表示“不太能接受，感到不安全”，5.3%的受访者表示“完全不能接受，对于犯人感到恐惧”。安全感影响社区居民对社区矫正的接受度。

社区服刑青少年遭遇歧视、信任危机，其污名化效应导致社会公众顾虑重重。个别受访者甚至担心社区矫正可能放任犯罪青少年恶习，导致监管流于形式，尤其是导致未成年人可能重新犯罪。调查表明，社区矫正所依赖的社会心理基础较为脆弱，社区居民对社区矫正认同感偏低。

社区参与性是社区矫正的核心表征。社区矫正是依托社区进行的司法活动，公众的认同感，决定着公众的参与和支持程度。社会公众与社区服刑青少年之间社会排斥和心理区隔，极易导致他们形成消极的自我概念和社会印象，从而影响社区矫正实施效果。因此，必须营造良好的社区矫正氛围，让民众对社区矫正的性质、内容、目的和意义有所了解、理解，并逐步提升至认知、认同层面，是实践与深化社区矫正的重要步骤。

二　青少年社区服刑人员社会支持状况调查

《联合国少年司法最低限度标准规则》强调青少年社区矫正的主旨是“充分调动所有可能的资源”，包括执法部门、家庭、社区、志愿人员及其他社会机构，“以便促进他们的幸福，减少根据法律进行干预的必要，并在他们触犯法律时对他们加以有效、公平及合乎人道的处理”，“充分调动所有可能的资源”实际上指利用青少年犯罪者的社会支持网络。

青少年社区矫正社会支持系统，既包括正式社会支持系统，例如，执法机构、居委会、各级政府和社工组织，也包括父母、配偶、亲戚和同辈群体等各类非正式支持系统。社区矫正青少年获得各类社会资源支持，主要包括经济支持、心理支持和就业支持。

调查表明，在青少年社区服刑人员所获得经济来源中，85.3%的被调查者强调以父母经济支持为主，其次是配偶和亲戚，政府以及专业社会组织提供经济支持分别为18.3%、17.1%，相对较少。社区矫正青少年经济支持结构主要是以父母、亲戚和配偶等血缘和亲缘为核心的非正式社会支持网络占据主导地位，社区矫正专业组织发挥经济救济作用不够。

心理支持是社区矫正重要维度之一，社区矫正强调罪犯与社会环境不相隔离，充分利用社区各类生态资源，包括社区居民、居委会、社工组织、志愿者等关心和帮助，使服刑人员化解心理焦虑和思想负担，通过社会融合、情感呵护和尊重接纳，使之重新回归社会。调查发现，父母、亲戚和配偶等血缘和亲缘关系所维系非正式网络是服刑青少年获得精神慰藉的最大来源。其中来自父母的心理支持高达84.2%，其次是配偶或恋人的精神支持，为78.3%，46.8%来自亲戚的心理支持。正式社会支持体系提供精神支持比重偏低，各级政府仅为11.6%、专业矫正人员为18.9%、社工组织为24.3%。

就业支持是社区矫正青少年顺利回归社会的重要保障。社区矫正青少年就业问题是整个社区矫正工作重要任务。但是，社区服刑青少年在解矫之后遭遇求职困境，受制于社会及其用人单位歧视和排斥，矫正人员就业机会和就业质量不容乐观，主要表现为工作极不稳定，流动性大，工资待遇低。即使是低层次的就业机会获得，也主要依靠家庭成员的帮助和政府以及社会专业组织的支持。

在调查“哪些机构或个人提供就业帮助（包括安排工作、介绍工作和提供就业信息）”时，虽然社区矫正对象在求职过程中获得社会支持呈现多元化，但是父母、配偶（恋人）、亲戚等非正式社会支持网络仍然占据首位，分别为85.7%、80.1%和52.3%。表明来自家庭成员的就业支持意向较为强烈，由于大多数社区服刑青少年家庭生活状况较差，缺乏广泛的人脉关系，社会网络平均规模小且呈现差序格局，信息共享和资源交换不充分，难以提供实质性帮助。

社区服刑青少年从社区和社会专业组织为代表的正式社会网络获得一定程度的帮助，其中各级政府、专业矫正人员和社工组织支持分别为48.3%、35.3%、28.6%。但是矫正对象处于被择业状态，各级政府及专业组织承担繁重行政事务，介入力度不够，缺乏长效机制（见表7.1）。

美国犯罪学家特拉维斯·赫希认为，青少年犯罪是由于个人与社会之间“社会键”（社会联系）薄弱或断裂的结果。修复其社会关系是社区矫正的重点，但是青少年社区矫正的社会化工作体系尚未完善，正式社会支持系统与非正式社会支持系统处于失衡和断裂状态。各类专业社会组织参与范围和力度仍然无法全程覆盖所有矫正项目。社区矫正青少年所依赖的街道、居委会、各级政府和社会组织等资源没有充分发挥矫正体系整合功能。

表7.1　　社区服刑青少年社会支持源调查（%）

	经济支持	心理支持	就业支持
父母	85.3	84.2	85.7
配偶（恋人）	76.5	78.3	80.1
亲戚	56.3	46.8	52.3
社区居委会	16.3	10.7	29.5
各级政府	18.3	11.6	48.3
专业矫正人员	13.4	18.9	35.3
社工组织	17.1	24.3	28.6

注：本项目为多项选择，故总和不等于100%。

三　社区服刑青少年矫正质量调查分析

被调查社区矫正青少年的基本情况，主要包括调查对象的家庭经济收入、文化程度、婚姻状况、就业状况、对社区矫正态度以及对自己罪行的认识等情况（见表7.2）。

表 7.2 社区矫正青少年样本的基本情况

变量	分类及百分比
性别	男性 72.6%；女性 26.4%
年龄	14—17 岁 47.6%；17—25 岁 52.4%
婚姻状况	未婚 74.1%；已婚 25.9%
受教育程度	初中及以下 86.3%；高中教育程度 13.7%
经济状况	低收入 70.4%；中等收入 28.6%；高收入 1.0%
来源地	本地 45.6%；异地 54.4%
犯罪类型	盗窃 51.3%；寻衅滋事 30.4%；抢劫 18.3%

社区服刑青少年中未成年所占比例较大，体现犯罪低龄化趋势；受教育程度低，初中及以下文化程度占 86.3%；家庭经济状况主要以低收入群体为主；社区矫正青少年犯罪类型集中在寻衅滋事、盗窃和抢劫。

（一）社区服刑青少年调查

关于社区服刑青少年对教育矫正质量评价，19.6% 的被调查者表示非常满意，67.1% 感到满意，认为有一定帮助，13.3% 的认为没有帮助。大多数调查对象对社区矫正表示肯定态度，能够通过法制教育、心理矫正等方面严格监管，顺利回归社会。

但是也发现，一些青少年社区教育矫正项目，特色不够鲜明，个性化教育矫正开展乏力，并未设置针对青少年身心特点和教育需求的矫正项目，大多数与成人矫正项目混为一谈。在实施操作中，未能充分顾及未成年隐私，部分社区服刑青少年对于社区矫正存在抵触情绪。

大多数社区矫正青少年原先处于“失学、失业、失管”状态，文化程度较低，缺乏谋生技能。对于目前社区矫正内容，86.1% 受访者认为主要是思想法制教育，89.4% 的表示经常参加社会公益活动，14.3% 的表示存在技能培训项目，20.4% 的人认为接受过心理疏导。社区矫正项目以思想教育和公益劳动为主，忽视心理矫正和技能培训的重要性，矫正方案过于泛化，形式单一，缺乏针对性，对矫正对象的吸引力不够，难以适应青少年社区矫正现实需要（见图 7.2）。

（二）社区矫正机构调查

目前，社区矫正机构保障机制仍然处于初级水平，75.3% 的被调查

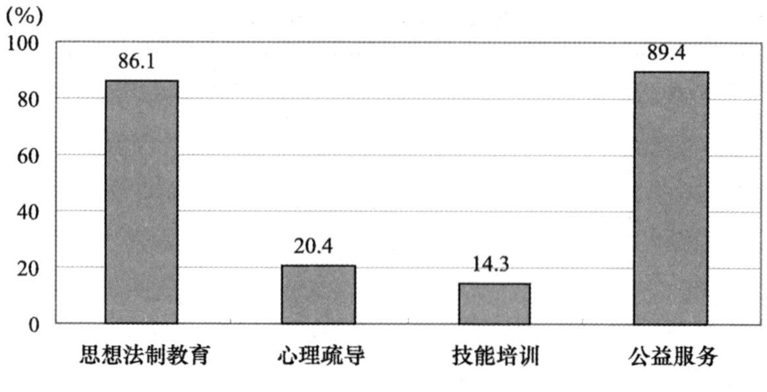

图 7.2　青少年社区矫正项目调查

者认为缺乏专业的矫正人员，79.5% 的认为社区矫正工作经费拮据，矫正专业人员和经费不足是制约社区矫正机构良性运行的关键。大多数基层司法所“一人一所”，虽然设立专职人员，但是大多数司法所并没有专门的青少年社区矫正工作者。社会专业工作力量介入不够，山东省平均每一个专业矫正工作者负责监督改造 35 个社区矫正对象。省内不同地市经费保障不均衡，个别县（区）尚无专项经费。65.2% 的认为涉矫部门协同配合意识不强，社区矫正社会化工作体系不尽完善，53.7% 的认为社工队伍不健全，专业社会组织参与不够，个别地区基本没有专业社会组织和社工服务团队。50.3% 的认为工作人员专业素养亟待提升（见表 7.3）。

表 7.3　社区矫正机构调查（%）

项目类别	百分比
缺乏矫正专员人员	75.3
经费不足	79.5
部门协同乏力	65.2
社工组织不健全	53.7
缺乏专设青少年社区矫正机构	87.6
工作人员专业素养亟待提升	50.3

注：本项目为多项选择，故总和不等于 100%。

四　青少年服刑人员社区矫正存在的问题

（一）立法不完善，缺乏青少年社区矫正专门法律

青少年社区矫正法律细则的缺失及针对未成年人身心特点的矫正方案、矫正项目等的缺位会导致社区矫正无法充分发挥其积极效果，社区服刑青少年的矫正法律和制度亟待健全。随着青少年社区服刑的数量增加，现行法律制度滞后问题日益突出。我国社区矫正法律零散于其他部门法律、法规以及规范性文件之中，至今尚无一部完整的《社区矫正法》，更缺乏针对犯罪青少年社区矫正的专门法律。

现行法律法规对犯罪青少年社区矫正性质缺乏明确定位，在具体细节实施中模糊不清，例如，执法权限、执法责任和执法程序缺乏清晰的界定，在适用范围与对象上仅限于缓刑、假释、暂予监外执行等，缺乏与现行少年司法制度相衔接。由于立法不完善，缺乏统一范式，容易导致执法随意性，使社区矫正背离法制。

（二）保障不“给力”，缺乏科学有效的社区青少年矫正机制

青少年社区矫正的保障机制和措施不健全。缺乏青少年社区矫正的专业人员，专业素质参差不齐，难以适应监督管理、教育矫正和社会适应帮扶。社区矫正经费拮据，甚至缺乏专有工作场地，工作程序规范化水平低，评估考核机制不完善，缺乏完整社区矫正机制链，评估机制和标准主观随意化严重，社区矫正流于一般性日常管理，形式化明显，社区矫正管理机构和领导体制有待进一步创新。

（三）特色不鲜明，缺乏专门的青少年社区矫正机构

我国青少年社区矫正项目主要包括社区服务、思想教育、法制教育、心理教育、就业指导等，虽然矫正工作取得一定成效，但是青少年在生理、心理与行为等方面与成年人不同，因而需要建立适应青少年身心规律的社区矫正机构，提高教育矫正质量。

社区矫正对象缺乏分类操作，更缺乏对青少年社区服刑人员矫正对象实行差别化管理，青少年社区矫正与成人矫正混同操作，缺乏适合青少年尤其是未成年身心特点发展需求的矫正项目，社区矫正针对性和实效性不强，无法对青少年社区矫正对象形成足够的约束力，社区矫正面临虚化的危险。在矫正过程中，并没对青少年配设独立矫正小组和个案

矫正制度，基本没有建立针对性强、适用个案特殊需要的矫正项目和矫正计划。目前，青少年社区矫正以单纯的公益劳动和说服教育为主，忽视心理矫正、社会融入以及青少年身心特殊需求，造成青少年社区矫正方案过于简单化，无法适应青少年社区矫正现实需求。

（四）社会关注度低，缺乏系统的社会支持网络

社会各界对社区矫正意义、理念和功能认识不够，存在理解误区。受传统重刑思想影响，社会公众、学校、企业及其用人单位对矫正青少年的抵触、排斥仍然存在。处于歧视和排斥的社会舆论极易导致社区服刑青少年将负面刻板印象身心内卷化，造成社会交往的退缩化和边缘化，形成自卑、悲观、孤单、消沉等不良情绪，加大重新犯罪可能。

社区矫正作为“没有围墙”的管教模式，理应充分发挥社区各类资源改造罪犯。青少年社区服刑所依靠的专业支持网络较为脆弱。我国社区发育不成熟，青少年社区矫正是一个复杂的系统工程。但是涉矫部门之间协同配合乏力，信息资源共享尚未建立，社区服刑人员脱管、漏管问题突出。

五　构建社区服刑青少年教育矫正体系的政策建议

党的十八届三中全会将健全社区矫正制度纳入全面深化改革总体布局。深入探析社区矫正规律，提高教育矫正水平，促进社区服刑人员融入社会，是创新社会管理的重要需求。

（一）加强青少年社区矫正专项立法，将其纳入法制轨道

增加法律制度供给，系统构建社区矫正相关法律法规，目前《社区矫正法》已列入全国人大常委会五年立法规划和国务院 2014 年立法计划。以法律形式确立社区矫正机构地位以及矫正人员的职责，社区矫正通过融通规范社区矫正科学化运作。

世界发达国家对犯罪青少年社区矫正都有专门立法，我国现行法律中缺乏针对犯罪青少年社区矫正的专门法律。基于青少年犯罪特有的身心变化规律及其矫正特点，应建立区别于成年人的青少年社区矫正法律体系。将青少年社区矫正与少年审判、少年法院等形式相衔接，实施审前调查评估、分类矫正、分类管理、个案矫正等完整的矫正运作机制，探索实施犯罪青少年社区矫正的特殊路径，并以立法形式固定，逐步形

成相对独立、完整的青少年社区矫正专用法律。

（二）以个性化教育为导向，构建适应青少年身心特点的矫正体系

个性化教育矫正是青少年社区矫正体系取得实效的关键。个性化矫正彰显社区矫正人文价值向度，旨在贯彻“以人为本”的教育管理理念，基于日常教育监督保障之下，结合犯罪青少年个性特征和行为表现，在心理矫正和风险评估基础上，采取因人而异、因罪而异矫正目标、方案、计划，建立具有针对性、适用于个案特殊需要的青少年社区矫正项目。

基于青少年犯罪程度轻重，对其精细化分类，建立入矫前、入矫初、矫正中、解矫后不同阶段效果评估标准，分级处遇，构建个性化、层次鲜明的青少年社区矫正梯形结构体系。一级矫正主要以教育性社区矫正项目为主，包括思想法制教育、社区服务、家庭矫正等；二级矫正采取监管性社区矫正项目为主，强调定期报告、集中学习项目、技能培训、促进就业等；三级矫正实施强制性社区矫正项目，主要指电子监控、居家监禁等。

（三）以协同创新为平台，构建犯罪青少年社区矫正社会化服务体系

犯罪青少年社区矫正社会化体系是由司法部门、社区、政府和社工专业组织多主体协同创新构成的系统结构。政法部门应该在领导体制和管理机构方面创新思路，建立专门从事青少年社区矫正的专门机构并配置专门人员，提升青少年社区矫正人员专业化水平，提高矫正职业能力。

健全社区自组织发育，增强公众参与意识。加大社区矫正理念、发展现状和公众参与途径的宣传，理解犯罪青少年生成及其防治规律，改变公众重刑法观念和保守社会意识。充沛的社区资源、完善的社区教育监督功能、发达的非政府组织是社区矫正主要力量源泉。各级政府加强对公民社会的积极培育，倡导扶持非政府组织介入社区矫正。

各级共青团组织、司法部门、教育机构、人力资源与社会保障部门、财政部门、民政系统搭建协同创新平台，共建社会化服务体系。司法部门与共青团组织协同各职能部门，完善青少年社区矫正工作机制；刑罚执行部门、矫正机构与教育部门协同配合，突破部门壁垒困境，将义务教育纳入未成年社区服刑人员教育矫正体系中，也可将工读学校改造为未成年社区矫正教育基地，化解未成年作为罪犯与接受义务教育学生之间的角色冲突；与人社部门协同配合，加强职业技能培训，帮助社区矫

正青少年就业创业；与财政部门配合，加强经费和财政投入，推动政府购买青少年社区矫正社会化服务；与民政部门联动配合，培育社会工作服务机构和扶持社工专业人才。

参考文献

康树华：《青少年犯罪——未成年人犯罪的界定与涵义》，《公安学刊》2000 年第 3 期。

罗大华、马皑：《犯罪心理学》，中国人民大学出版社 2012 年版。

关颖、鞠青：《全国未成年犯抽样调查分析报告》，群众出版社 2005 年版。

斯蒂芬·E. 巴坎：《犯罪学：社会学的理解》，秦晨译，上海人民出版社 2011 年版。

［美］特拉维斯·赫希：《少年犯罪原因探讨》，吴宗宪等译，中国国际广播出版社 1997 年版。

弗兰佐·斯蒂芬：《社会心理学》，葛鉴桥、陈侠、胡军生等译，上海人民出版社 2010 年版。

［美］道格拉斯、［美］瓦克斯勒：《越轨社会学概论》，张宁、朱欣民译，河北人民出版社 1987 年版。

吴宗宪：《西方犯罪学》，法律出版社 2006 年版。

［美］拉姆森：《少年犯罪心理学》，张永满等译，北京科学技术出版社 1989 年版。

罗大华：《犯罪心理学》，中国人民大学出版社 2012 年版。

［美］Curt R. Bartol、Anne M. Bartol：《犯罪心理学》，杨波等译，中国轻工业出版社 2016 年版。

王玉德：《文化学》，云南大学出版社 2006 年版。

［美］本尼迪克特：《文化模式》，张燕、傅铿译，浙江人民出版社 1987 年版。

［美］George G. Bear：《自律的培养和不良行为的预防与矫正》，黄喜珊译，华中科技大学出版社 2016 年版。

［美］罗尔夫·E. 缪斯：《青春期理论》，周华珍等译，上海社会科学院出版社 2014 年版。
彭华民、杨心恒：《社会学概论》，高等教育出版社 2006 年版。
孟昭兰：《婴儿心理学》，香港：天地图书有限公司 2000 年版。
朱智贤主编：《中国儿童青少年自我意识发展与教育》，中国卓越出版公司 1990 年版。
皮亚杰：《儿童的道德判断》，傅统先、陆有铨译，山东教育出版社 1984 年版。
科尔伯格：《道德发展心理学：道德阶段的本质与确证》，郭本禹等译，华东师范大学出版社 2004 年版。
罗森塔尔、雅各布森：《课堂中的皮格马利翁》，唐晓杰等译，人民教育出版社 1998 年版。
庞丽娟：《幼儿同伴交往类型、成因与培养的研究》，北京师范大学出版社 1991 年版。
李幼穗主编：《儿童社会性发展及其培养》，华东师范大学出版社 2004 年版。
费孝通：《乡土中国·生育制度》，北京大学出版社 1998 年版。
方晓义、董奇：《初中一、二年级学生的亲子冲突》，《心理科学》1998 年第 2 期。
廖红、陈会昌：《中学生对同伴群体和家庭影响力的判断》，《心理发展与教育》2000 年第 4 期。
俞国良、辛自强：《社会性发展心理学》，安徽教育出版社 2004 年版。
王殿春、闵慧男：《家庭结构对儿童情绪状态的影响研究》，《黑龙江教育学院学报》1999 年第 1 期。
罗国芬、邓喜芬：《寄养到底有什么影响——农村初中寄养子女群体社会化状况调查报告》，《青年探索》2002 年第 6 期。
王轶凡：《家庭结构与青少年犯罪》，《河北公安警察职业学院学报》2012 年第 2 期。
薛宝雯：《家庭结构变化对儿童心理健康的影响》，《江苏预科医学》2013 年第 1 期。
林磊、董奇、陶沙、曾琦：《母亲教育方式与学龄前儿童心理发展的关系研究》,《心理发展与教育》1996 年第 4 期。

张文新、林崇德:《青少年的自尊与父母教育方式的关系——不同群体间的一致性与差异性》,《心理科学》1998 年第 6 期。

崔哲、张建新:《家庭教养模式、中学生应对方式及其心理健康状况的关系》,《中国临床心理学杂志》2005 年第 2 期。

韦凡荣:《青少年网络成瘾与父母教养方式》,《太原师范学院学报》2006 年第 1 期。

风笑天:《独生子女:媒介负面形象的建构与实证》,《社会学研究》2010 年第 3 期。

宋宏伟、郭保红:《独生子女和非独生子女体格发育指标的追踪观察》,《实用预防医学》2002 年第 3 期。

姚引妹、李芬、尹文耀:《单独二孩政策下独生子女数量、结构变动趋势预测》,《浙江大学学报》2015 年第 1 期。

郑杨:《对中国城乡家庭隔代抚育问题的探讨》,《学术交流》2008 年第 9 期。

康树华:《家庭·青少年犯罪与救治》,重庆出版社 1995 年版。

范存仁、林国彬、万传文:《家庭结构对农村学前儿童性格特点的影响》,《中国心理卫生杂志》1994 年第 1 期。

杨胜慧、叶裕民:《2000—2010 年中国城乡家庭结构变动分析》,《南通大学学报》2015 年第 2 期。

韩俊生:《几种特殊家庭对青少年犯罪的影响》,《江苏公安专科学校学报》1998 年第 3 期。

董士昙:《山东省农村留守儿童犯罪问题的调查与分析》,《山东警察学院学报》2009 年第 4 期。

董士昙、曹延彬:《农村留守儿童犯罪的成因及解决途径——基于山东省农村留守儿童犯罪问题调查之数据》,《山东警察学院学报》2010 年第 2 期。

关颖:《学校教育对未成年犯罪影响的调查》,《预防青少年犯罪研究》2012 年第 3 期。

雍自元:《青少年犯罪研究》,安徽人民出版社 2006 年版。

路琦、董泽史、姚东、胡发清:《2013 年我国未成年犯抽样调查分析报告》（下），《青少年犯罪研究》2014 年第 4 期。

吕吉：《当前青少年性教育问题省思》，《青少年犯罪问题》2004 年第 4 期。

赵谦：《构建校园警务共同体之思考》，《青少年犯罪问题》2012 年第 6 期。

金一清：《师生关系互动与青少年犯罪预防》，《青少年犯罪研究》2005 年第 2 期。

单柳迎、阳德华：《对青少年中的“反学校文化”现象的探讨》，《教育探索》2010 年第 9 期。

郑金洲：《教育文化学》，人民教育出版社 2001 年版。

操学诚、刘桂明、路奇、牛凯：《我国未成年犯抽样调查报告》，《青少年犯罪问题》2010 年第 4 期。

赵军、祝平燕：《学校联系紧密度与未成年人犯罪因果性经验研究》，《教育研究与实验》2012 年第 1 期。

唐士红、陈乾雄：《中小学“问题学生”产生的伦理文化探讨》，《河北师范大学学报》（教育科学版）2003 年第 6 期。

朱月红：《加强中职校校园文化建设的措施探讨》，《江苏教育》2010 年第 18 期。

李大鹏：《解析校园暴力行为》，《思想·理论·教育》2004 年第 Z1 期。

管晓静：《论未成年人暴力犯罪的家庭防控措施》，《青少年犯罪问题》2002 年第 5 期。

董晓莹：《校园性暴力的现状与思考》，《中国性科学》2013 年第 9 期。

柳斌：《三谈关于素质教育的思考》，《人民教育》1996 年第 9 期。

F. R. 斯卡皮蒂：《美国社会问题》，中国社会科学出版社 1986 年版。

陆学艺：《当代中国社会流动》，社会科学文献出版社 2004 年版。

黄教珍、张停云：《社会转型期青少年犯罪的心理预防与教育对策》，法律出版社 2007 年版。

钟其：《社会转型期中的青少年犯罪问题研究》，浙江工商大学出版社 2014 年版。

“流动青少年权益保护与犯罪预防研究”课题组：《我国 8 省市青少年违法犯罪状况调查报告》，《中国青少年研究》2009 年第 2 期。

周路：《犯罪调查十年——统计与分析》，天津社会科学院出版社 2001 年版。

董伟：《后危机时代——制度与结构的反思》，社会科学文献出版社 2011 年版。

宋培军、张秋霞：《中国社会：断裂的洋葱头》，《社会考察》2005 年第 2 期。

张小虎：《转型期中国社会犯罪原因探析》，北京师范大学出版社 2002 年版。

陈新民：《德国公法学基础理论》，山东人民出版社 2001 年版。

戴剑波：《权力正义论》，法律出版社 2007 年版。

邹农俭：《论农民的阶层分化》，《甘肃社会科学》2004 年第 4 期。

又贤：《新生代农民工市民化中的价值观问题研究——以福建省为例》，《福建师范大学学报》2012 年第 82 期。

王笛：《街头文化——成都公共空间、下层民众与地方政治（1870—1930）》，商务印书馆 2013 年版。

刘新玲：《中美服刑人员未成年子女救助的理论与实践比较》，《福建行政学院学报》2009 年第 1 期。

方曙光：《社会支持理论视域下失独老人的社会生活重建》，《国家行政学院学报》2013 年第 4 期。

袁登明：《行刑社会化研究》，中国人民公安大学出版社 2005 年版。

张志泉：《矫正社会化的国外实践及其启示》，《中国行政管理》2011 年第 9 期。

[日] 法务省法务综合研究所：《犯罪白书》，佐伯印刷 2007 年版。

《改革和完善我国社区矫正制度之研究》（上），《中国司法》2003 年第 6 期。

兰洁：《监狱学》，中国政法大学出版社 1999 年版。

张建明：《社区矫正理论与实务》，中国人民公安大学出版社 2008 年版。

邱兴隆、许章润：《刑罚学》，中国政法大学出版社 1999 年版。

陈兴良：《刑法适用总论》，法律出版社 2001 年版。

陈晓明：《论修复性司法》，《法学研究》2006 年第 1 期。

吴宗宪：《关于社区矫正的若干思考》，《中国司法》2004 年第 7 期。

孟德斯鸠：《论法的精神》，张雁深译，商务印书馆 1982 年版。

David P. Farrington, Losel. School Bullying, Depression and Offending Behaviour Later in Life: An Updated Systematic Review of Longitudinal Studies. Stockholm: Swedish National Council for Crime Prevention, 2012.

Dan Olweus, Limber S. P. Bullying Prevention Program (Blueprints for violence prevention). Washington, DC: Center for the Study and Prevention of Violence, 2012.

Dan Olweus. Bullying at School: What we know and what we can do. Oxford: Blackwell, 1993.

Thomas W. Miller. School Violence and Primary Prevention. Springer New York, 2008.

William F. Pinar. The Character of Curriculum Studies. Palgrave Macmillan US, 2011.

Phillip T. Slee, Grace Skrzypiec. Well-Being, Positive Peer Relations and Bullying in School Settings. Springer International Publishing Switzerland, 2016.